학문의 이해
7

종교 상징의 이해

종교 상징의 이해

초판 1쇄 인쇄   2021년 3월 26일
초판 1쇄 발행   2021년 4월 2일

—

지은이   유요한
펴낸이   이방원
편 집   송원빈 · 김명희 · 안효희 · 정조연 · 정우경 · 최선희 · 조상희
디자인   박혜옥 · 손경화 · 양혜진
영 업   최성수

—

펴낸곳   세창출판사
　　　　신고번호 제300-1990-63호   주소 03736 서울특별시 서대문구 경기대로 58 경기빌딩 602호
　　　　전화 02-723-8660   팩스 02-720-4579   **이메일** edit@sechangpub.co.kr   **홈페이지** http://www.sechangpub.co.kr
　　　　블로그 blog.naver.com/scpc1992   **페이스북** fb.me/Sechangofficial   **인스타그램** @sechang_official

—

ISBN   979-11-6684-018-0   93210

학문의 이해
7

종교 상징의 이해

유요한 지음

세창출판사

종교학을 통해 인간 이해하기

　　최근 한국 사회에서는 '인문학(人文學, humanities)' 공부가 유행이라고 해도 과언이 아닐 것이다. 기업 운영과 사업 확장에 적용할 수 있는 실용적 효용성을 위해서건, 그저 자신의 교양을 자랑하기 위해서건, 많은 사람이 인문학에서 지혜를 얻겠다는 생각에 강의를 듣고 책을 읽는다. 이렇듯 인문학에 대한 기대가 높아지고 있는 것은 사실이나 한편으로 인문학은 여전히 경시되고 있기도 하다. 적지 않은 사람들이 인문학을 만만하게 본다. 누구나 인문학 전문가가 될 수 있다고 생각하고, 조금의 지식만 가지고도 마치 대가가 된 것처럼 이야기한다. 인간 현상을 이해하기 위해 기본적으로 필요하다고 할 수 있을 인문학적 지식이 종종 불필요하게 여겨지기도 한다. 때로는 최소한의 학문적 훈련을 받지 않고도 인문학 교수를 넘어서는 '이론적 설명'을 누구나 만들어 낼 수 있다고 생각하는 사람들도 만나게 된다. 왕년에 문학 소년 아니었던 사람 없고, 개똥철학 없이 살아가는 사람 없고, 역사책 한두 권 읽어 보지 않은 사람 없고, 교회나 절에 가본 적 없는 사람이 없기 때문에, 인문대에서 가르치는 문학, 철학, 역사학, 종교학이 별것 아닌 것으로 보일지도 모른다.

인문학자들에게도 이러한 현상에 책임이 있다. 나는 인문학의 이름으로 묶이는 여러 학문 분야는 인간을 이해하는 것을 목적으로 삼는다고 믿는다. 문학을 통해서건 철학을 통해서건 역사를 통해서건, 인간의 개인적 성향이 주제이건 인간 집단의 속성이 주제이건, 인간의 과거를 조명하든 현재를 조명하든, 인간의 감정을 중시하든 이성을 중시하든, 인문학은 결국 인간을 이해하려고 하는 학문이다. 종교학도 마찬가지다. 신, 초월적 존재, 초자연적인 현상, 혹은 절대적인 진리가 진짜인지 아닌지를 탐구하려 하지 않는다. 종교학은 남루한 현실에 굴복하지 않고 이를 넘어서려는 인간의 꿈, 혹은 궁극적인 의미를 찾으려는 인간의 갈망을 단순한 거짓과 속임수로 치부하지 않으면서도 객관적인 연구의 대상으로 삼으려는 노력 속에서 발전해 왔다. 그리고 종교학이 이 노력을 치열하게 경주할 때 인문학의 사명을 다하는 것이라 할 수 있다.

그런데 나를 비롯한 인문학자들은 지금 우리 개인과 우리 사회, 나아가 우리 인간이 어디에 있고, 무엇을 바라며, 어디로 나아가려 하는지에 대해 진지하게 말하는 것을 주저해 왔다. 한편의 인문학자들은 자신의 연구가 지닌 가치에 자신감을 갖지 못했다. 제기될지

모르는 반론과 비판에 미리 위축되어 점점 좁아지는 전문 분야에만 집중했고, 과학적 엄밀성을 내세우는 사람들의 공격에 제대로 대응하지 못했으며, 인문학이 없어도 사는 데 아무 문제가 없다고 평가하는 자본주의의 경제적 척도에 압도되었다. 다른 한편의 학자들은 인문학을 시장에 판매하는 데에만 관심을 기울여서, 학문적인 엄밀성은 제쳐 두고 매력적으로 보이도록 포장하려고만 노력했다. 인문학의 위기를 극복하기 위해서는 대중에게 다가갈 수 있는 인문학을 생산해야 한다고 주장하며, 탄탄한 근거와 설득력에 근거한 인간 이해 대신에 가급적 많은 사람들의 공감을 얻을 수 있는 교훈이나 설교가 인문학의 전부인 것처럼 보이도록 만들었다. 우리 인문학은 엄밀한 학문과 교훈적 가르침 사이에서 헤매며 나아갈 방향을 제대로 잡지 못하는 것이 아닌가 싶다.

그렇다고 이 책이 현재 인문학이 맞닥뜨린 딜레마를 넘어서는 대안적 사례가 될 수 있을 것이라는 말은 아니다. 위에서 언급한 인문학의 문제점은 우리 시대 인문학의 문제를 고스란히 안고 있는 나 자신에 대한 반성이기도 하다. 이 책이 학문적 가치를 유지하는 동시에 인간에 대한 우리의 시야를 조금이나마 넓혀 줄 수 있을 것인지에 대해, 나는 그다지 자신이 없다. 다만 종교 상징의 주요한 원리와 특징을 학문적 시각으로 살펴보는 일이 '인간'을 깊이 있고 폭넓게 이해하는 데 매우 유용하다는 것을 보일 수 있기를 기대하며 이 책을 썼다. 인간의 전체적인 속성과 성향을 논하는 작업이 엄밀하고 학문적인 연구의 수행에 방해가 될 것으로 생각하는 사람도 있을 것이다. 그러나 인문학자는 학문적 엄밀성을 무너뜨리지 않도록 조심하면서, 한편으로는 과감하게 인간에 대해 논해야 한다고 생각한다. 이 책에서 자주 인용하게 될 종교학자 미르체아 엘리아데(Mircea Eliade, 1907-1986)는 인간에게 본래 종교적인 속성이 있다고 말한다. 그런 의미에서 인간은 종교적 인간(homo religiosus)이라는 것이다. 엘리아데의 이론과 자료에는 학문적 엄밀성을 기준으로 보면 문제가 될 소지가 있는 것이 사실이고, 나 자신도 그의 연구에 나타나는 문제점을 지적하는 논문을 발표한 일이 있다. 그러나 인문학이 제대로 방향을 잡지 못하고 있는 지금, 인간을 보는 엘리아데의 통찰력은 다시금 주목을 받을 가치가 있다. 엘리아데는 인간을 제대로 이해하고 설명하기 위해서는 종교적이고 신화적인 측면을 간과해서는 안 된다고 단언한다. 또한 현대인이 계몽주의 전통의 합리적, 자연주의적, 과학적 지향성의 산물이라고는 하지만, 현대인에게도 종교적인 측면이 있다고 지적한다.

이 책은 종교적인 상징이 우리 자신을 이해하는 데 매우 중요하다는 인식에서 출발한다. 종교 상징을 유형화하고 이를 자세히 설명하려는 것이 아니라, 종교적인 상징을 통해 이해할 수 있는 인간의 성향과 모습을 조명하고자 한다. 따라서 개별적인 종교 상징의 의미를 이해하는 것보다는 복잡한 문화 현상들 뒤에 깊이 뿌리내리고 있는 종교 상징들의 의미를 읽어 내는 데 중점을 두고 논의를 전개할 것이다. 종교적인 상징을 접하고 해석하는 작업을 통해 동서양의 고전은 물론 다양한 현대 문화를 더 잘 이해하고, 나아가 궁극적으로는 우리 자신을 더 깊이 이해할 수 있을 것으로 기대한다.

현대의 수많은 인간은 의식적으로 비종교적이고 비신화적인 방식으로 스스로를 정의하고 그렇게 살아간다. 쉬운 예를 들어 보자.

내가 가르치는 교양 과목을 수강하는 학생들 중에는 자신이 '종교적'인 면을 지니고 있음을 알게 되면서 부끄러워하고, 나아가 자기 자신에게 분노하는 학생들이 종종 있다. 자신은 철저히 합리적이고 과학적인 사람이라고 생각했는데, 어려운 일이 닥치면 그 일이 자신에게 '계시하는' 의미를 생각하게 되고, 대학 입시 등의 큰일을 앞두고는 자신도 모르게 어떤 초월적 존재에게 기도했던 경험들을 회상하면서, 스스로에게 종교적인 면이 있다는 사실에 놀라며 이를 부정하고 싶어 한다. 그러나 엘리아데의 말대로 대부분의 현대인이 여전히 많든 적든 어느 정도의 종교적인 면을 가지고 있기 때문에, 우리 자신을 이해하려면 우리의 종교적인 면을 이해하지 않으면 안 된다. 예컨대 알게 모르게 사용하는 상징적인 표현들, 무의식, 꿈, 환상, 향수(鄕愁) 등과 같은 삶의 개인적인 영역은 물론, 영화, 소설, 시, 드라마 등 현대 대중 예술의 여러 분야, 그리고 민족주의, 외국인 혐오, 정치적·경제적 이데올로기, 여전히 왕성한 종교 근본주의, 폭력과 전쟁, 세계화 과정에 수반되는 설득과 반발의 수사법 등 전 세계적 문제들까지, 종교적인 요소를 무시하고는 이 모두를 이해할 수 없을 것이다.

『논어』「안연(顏淵)」에서 공자는 "아는 것은 곧 인간을 아는 것"이라고 말했다[問知 子曰 知人]. 인문학의 제 분야는 '인간을 이해하는 것'을 목표로 한다. 인문학의 한 분야인 종교학도 종교를 통해 인간을 이해하는 것을 추구하는 학문이다. 그러나 이러한 인문학적 종교학의 목표를 달성하는 일은 쉽지 않다. 이는 많은 경우 인간에 대한 애정이 결여되어 있기 때문이다. 현대인들은 소위 과학적이고 합리적인 사고에 바탕을 두지 않은 모든 것을 부끄러워하며 때로는 혐오한다. 신영복의 책에서 한 구절 인용해 보자.

> 우리는 사랑하지 않는 것도 알 수 있다는 생각을 버려야 합니
> 다. 애정 없는 타자와 관계없는 대상에 대하여 알 수 있다는
> 환상을 버려야 합니다. 그리고 더욱 중요한 것은 인간에 대한
> 이해가 진정한 의미의 지(知)라는 사실입니다.[1]

인간에 대한 이해가 진정한 의미의 지(知)이며 인간에 대한 애
정을 통해서만 그 지(知)를 얻을 수 있다는 말은, 인문학 자체의 속성
과 방향을 규정한다고 할 수 있을 만큼 중요하다. 이는 인문학을 연
구하려면 누구나 개인의 관점을 유보하고 모든 인간의 경험과 성향
과 속성을 '정당한 것'으로 승인해야 한다는 말과는 다르다. 그러나
적어도, 인간으로서 우리가 가진 모습에 고개를 돌리지 않으며, 인간
이 오랜 세월 품어 온 꿈과 지향성을 비웃음 없이 연구의 대상에 포함
시키고, 인간에 대해 이해하려는 인문학적 노력의 가치를 인정하는
것이 필요하다. 탈종교의 시대를 사는 많은 현대인 중에는 이 책에
서 앞으로 전개될 종교적 인간에 대한 논의를 불편하게 느끼거나 무
가치한 것으로 단정하는 이가 있을 수도 있다. 그러나 "사랑하지 않
는 것도 알 수 있다는 생각을 버려야" 하기 때문에, "인간에 대한 이해
가 진정한 의미의 지(知)"이기 때문에, 종교적 인간의 상징을 바라보
는 본 연구의 시선은 불편함이나 혐오가 아닌 애정에서 출발하는 것
이다.

　　수많은 편견과 어려운 여건을 이겨 내고 한국에서 학문적 종

교 연구의 길을 열어 온 서울대 종교학과의 선배 교수님들 덕분에 나는 참 쉽게 종교 연구의 길을 걷고 있다. 내가 가르치는 종교학 수업을 듣겠다고 학기마다 찾아오는 모든 학부 학생들에게 고마움을 전한다. 종교학도가 된다는 것이 엄청난 용기를 내야만 가능한 일인 이 땅에서, 과감히 종교학에 뛰어들어 땀을 흘려 공부하는 서울대 종교학과 대학원생들이 고맙다. 제자이자 학문적 동지인 이들이 확장시킬 지적 지평을 생각하면 가슴이 설렌다. 새로운 개정판의 교정을 보며 함께 고민한 최명훈에게 따로 감사의 말을 전한다.

　　마지막으로, 지루하고 딱딱한 원고를 출판하기로 결정하고 멋진 책이 되도록 도움을 아끼지 않은 세창출판사 관계자들께 감사한다.

2021년 3월
유요한

차례

일러두기

1. 이 책은 『종교적 인간, 상징적 인간』(이학사, 2009), 『종교, 상징, 인간』(21세기북스, 2014)의 개정판이다.
2. 외국 인명, 지명 등은 국립국어원 외래어표기법을 따랐으나, 일반적으로 통용되고 있거나 굳어진 표현은 예외로 두었다. 또한 저자와의 협의에 따라 외래어표기법과 다르게 적은 것도 있다(예: 조나단 스미스).
3. 원저자에 의한 볼드체는 주석을 통해 따로 알렸다.
4. 국내에 소개된 단행본 등은 번역된 제목을 따랐고, 국내에 소개되지 않은 것은 원어 제목을 우리말로 읽은 것을 적었다.
5. 논문과 단편, 시, 설화, 백과사전 등의 항목, 성서의 제목은 「」로 묶었고, 신문과 잡지, 단행본과 장편 제목은 『』로, 영화와 그림, 영상물의 제목은 〈〉로 묶었다.
6. 본문 하단에 있는 각주와 권말의 미주 모두 저자에 의한 것이다. 각주와 미주의 구별을 위해 각주에 별색을 입혀 표시하였다.
7. 본문과 주의 인용문에 쓰인 대괄호 또한 저자에 의한 것이다.

1장

상징을 사용하는 종교적 인간

이 장의 제목은 인간의 보편적 속성을 보여 주는 인간의 두 명칭으로 구성되어 있다. '종교적 인간(*homo religiosus*)'이라는 표현은 인간이 종교적인 성향을 가지고 있음을 뜻하며 '상징을 사용하는 인간(*homo symbolicus*)'이라는 표현은 인간이 상징을 사용하는 특징을 지니고 있음을 나타낸다. 상징을 사용하는 종교적 인간(*homo religiosus symbolicus*)이라는 이 장의 제목은 이러한 인간의 두 속성을 같이 드러낸다.

1) 종교학적 관점의 종교 상징 연구

종교학적 관점의 종교 상징 연구는 서로 연결된 두 가지 작업을 수반한다. 첫째는 인간이 종교 상징을 통해 추구하는 의미와 가치가 무엇인지 밝히는 일이다. 인간은 다른 동물과 달리 단지 먹고사는 문제 외에도 다른 것을 지향하고 갈망한다. 앞으로 자세히 다루겠지만, 종교학은 특히 성스러움과 관련된 인간의 종교적인 지향성에 주목한다. 둘째, 인간이 추구하는 의미와 가치가 어떻게 표현되는지를 연구한다. 이는 오랜 역사와 각기 다른 문화 내에서 종교 상징이 나타나는 다양한 모습과 공통적인 양상을 설명하는 일이다. 인간의 문화에 깊이 뿌리내리고 있는 종교 상징들을 설명하기 위해서는 상징의 속성에 대한 이론적 관점을 바탕으로 해당 종교 상징과 관련된 종교 전통 및 역사적 배경에 대한 이해가 필요하다. 이 책에서 나는 종교 상징을 통해 인간이 나타내고자 하는 의미를 인간의 종교적인 성향과의 관련성 속에서 설명하고, 상징의 속성에 대한 이론적 지식을 바탕으로 종교 상징이 나타나는 맥락과 종교 상징의 중요한 유형들을 살펴볼 것이다.

　　종교 상징을 설명해야 할 필요성은 특히 기존 지식으로는 이해할 수 없는 다른 문화의 산물과 접했을 때 강하게 부각된다. 자신의 문화에서는 볼 수 없었고 자신이 가진 지식으로는 이해할 수 없는 종교 상징을 어떻게 설명할 것인가?

　　죽은 사람의 뼈를 보관하는 유럽의 가톨릭 성당 건물 '해골 사원'을 예로 생각해 보자. 해골 사원 중에는 로마에 있는 산타 마리아 델라 콘체치오네(Santa Maria della Concezione dei Cappuccini) 성당과 오스트리아 할슈타트(Hallstatt)에 있는 미하엘 예배당(Michaelskapelle) 내의 납골당(Beinhaus)이 잘 알려져 있고, 체코의 쿠트나호라(Kutná Hora)라는 도시에 있는 세들레츠 납골당(Kostnice Sedlec)도 많은 관광객이 찾는다. 특히 '인골 교회'라고도 불리는 세들레츠 납골당에는 4만 명에서 7만 명으로 추산되는 죽은 사람의 뼈로 만든 화려한 샹들리에를 비롯한 갖가지 장식들이 있다. 이곳을 방문하는 가톨릭 신자들은 자신들이 알고 있던 성당과는 전혀 다른 기괴한 모습을 보고 충격을 받거나, 아니면 적어도 도대체 왜 이런 성당이 만들어졌는지 의아하게 여긴다. 이 질문에 답하려면 왜 이렇게 많은 사람의 뼈가 이 납골당에 있게 되었으며 왜 이 뼈들이 거리낌 없이 장식으로까지 사용되었는지를 알아야 할 것이다. 이를 이해하기 위해 필요한 그리스도교 전통에 대한 지식을 바탕으로 역사적 배경과 종교 상징적 의미를 함께 검토해야 한다.

　　많은 가톨릭 신자들의 시신은 성당이나 수도원의 묘지에 묻힌다. 그중에서도 유달리 시신이 많이 몰리는 인기 있는 묘지가 있다. 특히 체코의 인골 교회는 중부 유럽 사람들이 가장 묻히고 싶어 하던 묘지에 자리 잡고 있다. 이는 이곳이 다른 묘지들보다 예수 그리스도의 죽음과 더 밀접한 관계를 맺고 있다고 생각되었기 때문이다. 13세기 말 왕명으로 성지순례를 갔던 시토 수도회(Cistercian)의 수도원장 앙리(Henry) 신부가 예수가 십자가 처형을 당했던 골고다 언덕의 흙을 가져와 수도원 묘지에 뿌린 이후, 이곳은 예수의 죽음과 관련된 성스러운 장소로 인식되었다. 이 묘지에 묻힌다는 것은 성스러운 존재인 예수와의 관련을 통하여 자신의 죽음에 가치와 의미를 부여하는 일이었다. 그리스도교인에게 골고다 언덕은 죽음과 관련된 상징적인 중심의 장소이고, 예수는 그리스도교인들의 모든 삶을 통해 본받아야 할 가장 성스러운 존재이자 원형이다. 상징적인 중심의 장소는 확장이 가능하다. 골고다 언덕에서 가져온 흙 때문에 인골 교회가 있는 묘지는 그리스도교인들의 죽음과 관련된 성스러운 중심이 되었다. 지금 언급된 성스러움, 원형, 중심 상징 등의 용어가 모호하게 느껴지더라도 앞으로 반복해서 설명될 개념이니 여기서는 넘어가자. 일단 종교적 인간들은 신화에 나타난 성스러운 원형의 행위를 자신의 삶 속에서 재현하고자 한다는 점을 염두에 두어야 할 것이다. 예수는 신자들의 삶뿐 아니라 죽음의 원형적 본보기이기도 하다. 그리스도교인들은 예수의 죽음이 부활로 이어졌다고 믿고 자신들의 죽음도 그렇게 되기를 소망한다. 이를 『신약성서』는 "그리스도께서 죽은 자 가

운데서 다시 살아나사 잠자는 자들의 첫 열매가 되셨도다"라고 표현한다.[2]

이제 왜 많은 사람의 시신이 이곳으로 몰려들었는지는 이해할 수있지만, 사람들의 뼈가 해골 사원에 보관된 이유에 대해서는 아직 더 설명이 필요하다. 제한된 땅에 오랜 세월 많은 사람이 묻히면서 묘지를 확장하는 것만으로는 밀려오는 시신을 더 이상 처리할 수 없게 되었다. 특히 흑사병이나 전쟁 등으로 인해 단기간에 시신이 너무 많이 들어오면 아주 오래된 무덤을 파내서 인골을 정리해야 했다. 이 인골들이 납골당으로 사용될 목적으로 건축된 교회 안에 안치된 것이다. 체코의 인골 교회는 16세기 초반에 묘지를 정리해서 발굴된 사람들의 뼈를 안치하기 위해 건립되었다. 현재의 기괴한 모습은 1870년 교회 내의 뼈를 정리하는 일을 맡은 조각가에 의해 탄생되었다.

왜 교회 내에 해골로 화려한 장식을 만들었는지, 그리고 어떻게 이것이 그 문화 내의 사람들에게 수용될 수 있었는지에 대해서도 설명이 필요할 것이다. 이는 종교 전통의 역사적이고 문화적인 맥락을 이해해야만 가능하다. 무엇보다 먼저 고려해야 할 점은 유럽 문화에서 해골은 무시무시하거나 기괴하게만 여겨지지는 않는다는 것이다. 예를 들어 17세기에 제작된 '바니타스' 미술 작품에는 해골이 자주 등장한다. 해골을 그린 바니타스 미술 작품이 아무런 거부감 없이 많은 가정의 서재나 침실에 걸렸다는 점을 고려해야 한다. 작품 속에서 해골은 인간의 허무함을 상징한다. 이 그림은 소유자들이 짧은 인생을 돌아보며 자신의 부족함을 성찰하고 삶의 미덕에 관심을 기울이도록 하는 효과를 낳았다고 한다.[3] 유럽인들에게 해골은 무시무시

인골로 장식된 체코의 세들레츠 납골당 내부의 모습.　ⓒ김다솜(서울대학교 정치학과 졸업)

한 사신(死神)의 상징만이 아니었다. 해골 사원도 방문자들에게 죽음을 기억하며 삶을 성찰하는 기회를 제공하는 것이다.

또한 유럽에서는 유골이 사람들에게 힘을 불어넣어 주는 성스러운 힘을 지닌 것으로 여겨졌다는 점도 기억해야 한다. 가톨릭교회의 오랜 전통 중에는 성인(聖人)이 남긴 것을 숭배하는 '성유물(聖遺物, holy relics)' 숭배가 있다. 성유물 중에서도 유골이 가장 중요한 것으로 여겨져서, 중세의 기사들은 뼈나 치아 등을 칼자루에 붙여서 성스러운 힘을 얻으려고 했다. 정당한 방식으로 죽은 성인, 혹은 성도의 유골은 살아 있는 사람에게 힘을 줄 수 있는 성물(聖物)인 것이다.

덧붙여 설명하자면, 유골이 두려움이나 회피의 대상이 아니라 가까이서 힘을 주는 것으로 생각되는 그리스도교 전통은 사제와 성소를 중심으로 하는 위치 지정적(locative) 세계관이 부활과 내세를 믿는 유토피안(utopian) 세계관으로 전환되면서 확대되었다. 물론 게르만족이나 켈트족의 고대 풍속에도 적의 유골이 부적과 같은 힘을 발휘한다고 믿는 속신이 있기는 했지만, 사도 바울(또는 바오로, Paul)의 부활 관념이 그리스도교 세계에 퍼지고 난 후에는 시체와 죽음이 더 이상 위험하고 더러운 '부정'으로 여겨지지 않게 되며 관점의 큰 변화를 가져왔다.[4] 박해받던 그리스도교인들은 무덤에 들어가 사는 것을 꺼리지 않았으며, 그리스도교가 유럽에 뿌리내린 이후 마을에서 상당히 떨어진 곳에 자리 잡았던 무덤이 마을 한가운데로 들어왔다.

요컨대, 해골 사원에 많은 사람들이 모여든 이유를 이해하려면 묘지와 관련된 역사적 사건 및 성스러움과 원형 상징의 속성을 함께 고려해야 한다. 그리스도교인들에게 예수 그리스도는 죽음과 부활의 원형적 모델이다. 신자들은 골고다 언덕에서 가져온 흙이 뿌려진 수도원 묘지에 묻힘으로써 자신의 죽음이 예수의 죽음과 부활을 재현할 수 있기를 기대했다. 뼈를 실내 장식용으로 사용할 수 있었던 배경에는 유럽 사람들에게 해골이 인간 삶의 허무함을 상징하며 자신을 돌아보는 성찰의 도구였다는 것과, 성인의 뼈에 성스러운 힘이 있다고 생각해 온 가톨릭교회의 전통이 있었다. 그저 이국적이고 신기하다고만 여기고 지나갈 수 있는 다른 문화의 종교 상징을 복합적이고 설득력 있게 설명하려면, 이처럼 인간의 종교적인 갈망에 대한 이해를 바탕으로 특정 종교 상징의 맥락 및 내용을 고려해야 하는 것이다.

인골 교회의 해골 장식처럼 무척 낯설기만 한 종교 상징도 있지만, 많은 종교 상징들은 친숙한 것 같으면서도 의미가 모호하게 느껴지기도 한다. 나는 독자들이 이 책을 읽고서 종교 상징이 지닌 의미를 파악할 수 있는 시각을 갖추게 되기를 바란다. 이러한 목적에서 이 책은 특히 네 개의 중요한 주제 또는 관심사에 초점을 맞춘다. 첫째는 '의미와 존재를 갈망하는 인간의 종교적 성향'이라 할 수 있고, 둘째는 '철저히 인간에게 초점을 한정하는 종교학적 관점'이며, 셋째는 '상징이 전달하는 의미와 그 변용', 마지막으로 '종교 상징의 유형과 다양성'이다. 이 논의들을 통하여 인간의 종교성과 종교 상징의 속성에 대한 균형 잡힌 시각과 지식이 제공될 수 있기를 기대한다.

이 책의 앞부분에서는 먼저 종교와 상징에 이론적으로 접근한다. 2장에서는 종교, 성스러움, 그리고 성스러움을 지향하는 인간의 종교성을 설명하는 기본 이론을 제시하겠다. 3장에서는 상징의 개념과 특성을 살피고, 다른 상징들과 구별되는 종교 상징의 속성에 주목한다. 종교 이론과 상징 이론은 각각 여러 권의 책으로 구성될 수 있을 방대한 분야이며, 학자마다 견해가 다른 복잡한 주제이기도 하다. 그러나 종교적 인간이 상징을 사용하는 모습을 이해하기 위해서는 종교, 종교성, 상징, 종교 상징에 대한 최소한의 기본적인 이론들을 알아야 할 것이다. 4장에서는 신화와 의례를 조명한다. 신화와 의례는 종교 상징을 가장 체계적으로 반복하며 가장 효율적으로 사용한다는 점, 종교 상징은 의례로 극화되거나 신화로 이야기되어 의미를 전달한다는 점, 신화와 의례를 통해 종교 상징의 힘이 극대화될 수 있다는 점 등이 강조될 것이다. 5장에서는 종교적 인간이 상징적으로 이해하는 공간과 시간, 즉 '우주'를 주제로 한다. 공간과 시간을 여러 영역으로 구별하고 그 구별된 영역 사이에 질서를 수립하고 의미를 부여하는 다양한 과정과 그 뒤에 자리하는 인간의 갈망을 조명하고자 한다. 6장에서는 정결과 부정의 문제를 5장에서 다룬 우주론과 관련시켜서 설명할 것이다. 7장에서는 하늘, 태양, 달, 물, 땅, 돌, 동물, 식물 등이 종교적 인간에게 어떻게 이해되었으며 어떤 상징적 의미를 지녔는지 간략히 살펴본다. 각 상징이 가진 개별적인 의미를 정리하기보다는 종교적 인간이 상징을 통해 성스러움을 나타내는 모습에 초점을 맞출 것이다. 마지막으로 이 책의 결론인 8장에서는 인간의 한계와 그 극복을 나타내는 상징을 통하여 지금까지 주장한 내용들을 점검한다. 종교적 인간이 가변적이고 불안정하며 불완전한, 그래서 무의미하고 덧없는 범속한 세상 속에서 살면서도, 불변적이고 항구적이며 초월적이고 유의미한 성스러움을 경험하고자 한다는 것을 확인할 수 있을 것이다.

　각 장에서 종교적 인간이 상징을 사용하는 모습을 보일 때, 반드시 종교 전통에서 가져온 내용만을 논거로 제시하지는 않을 것이다. 상징적 의미로 구성된 종교의 내용들과 함께, 우리가 자주 접하는 구체적인 문화 콘텐츠에서 종교와 연관된 상징적 의미를 엿볼 수 있는 사례를 찾아보도록 하겠다.

2) 문화 콘텐츠에서 종교적 상징의 의미 찾아내기

　우리가 접하는 문화 콘텐츠에서 종교와 연관된 상징적 의미를 찾는 일은 상징의 개별적인 의미에 대한 지식을 쌓아 가는 것보다 훨씬 중요한 결과를 낳을 것으로 확신한다. 학문적으로 접근하는 종교는 인간과 문화를 깊이 이해하도록 하는 지표이자 자료가 될 수 있다. 인류가 종교를 통해 표현하고 축적해 온 상징적 의미를 찾는 작업 역시 우리가 문화를 보는 시각을 더 풍요롭게 할 것이다. 예를 들어 보자. 그리스 신화를 잘 아는 사람이라면 산드로 보티첼리(Sandro Botticelli)의 〈비너스의 탄생〉(1486)이 헤시오도스(Hesiodos)의 『신통기(Theogonia)』에서 묘사하는 아프로디테의 탄생 신화에 근거하고 있다고 말할 수 있다. 그러나 이 그림을 인류 역사상 가장 많이 다루어진 종교적 주제 중의 하나인 '탄생-죽음(소멸)-재생'과 연결시킨다면 더 깊이 있는 생각을 전개할 수 있을 것이다. 아들 크로노스에 의해 잘린 우라노스의 성기가 바다에 빠져 거품을 발생시키고 거기서 아프로디테가 나왔다는 신화에서 출발해 보자. 이 신화를 이해하려면 먼저 물의 중요한 종교 상징적 의미를 알아야 한다. 많은 문화에서 물은 이전 존재의 죽음과 새로운 존재의 탄생을 의미한다. 그리스도교에서 입교자에게 베푸는 세례(혹은 침례)도 이러한 물의 상징적 의미와 관련된다. 현대의 수많은 소설과 영화에서 물은 여전히 이전의 존재가 죽고 새로운 존재가 탄생하는 곳을 상징한다.[01] 좀 더 구체적으로 보자면 바닷물은 흔히 우주적 생명을 탄생시키는 모체이자 이를 파괴하는 본원적 물질로 여겨진다. 달리 말하면 우라노스의 거세된 성기가 아름다운 여신 아프로디테로 재생되는 장소가 바다라는 것은 결코 우연이 아닌 것이다.

폴 리쾨르(Paul Ricoeur)의 말을 빌리자면 상징은 "두 겹의 지향성"을 가지고 있기 때문에, 그 자체의 의미를 지니면서 동시에 다른 어떤 것을 가리킨다. 그런데 상징이 나타내는 다른 의미는 상징으로 사용된 구체적 사물이 가진 속성과 밀접히 관련된다. 예를 들어 조개의 모양이 여성의 성기 모양과 유사하다는 점, 조개 속에서 진주라는

---

01 영화 〈본 아이덴티티〉(2002), 〈본 슈프리머시〉(2004), 〈본 얼티메이텀〉(2007) 3부작을 다 본 독자들이라면 이해하기가 좀 더 쉬울 것이다. 1편은 주인공 본(Bourne)이 바다에 빠졌다가 나와서 예전의 자신이 누구인지를 잊어버리고 자신의 존재를 찾아 나서는 내용으로 시작하며, 2편은 주인공이 총에 맞은 애인과 함께 강물에 빠졌다가 나와서 은둔자 생활을 청산하고 CIA를 공격하게 되는 내용이다. 3편에는 본이 예전의 자신을 잊고 CIA의 비밀 요원으로 재탄생하게 되는 과정을 기억하는 장면이 나온다. 본이 기억하기로 그는 알지 못하는 죄수를 죽이고 수조 속의 물에 강제로 들어가야만 했다. 3편 마지막 장면은 본이 바다로 뛰어든 후 한동안 죽은 듯하다가 헤엄을 치는 모습을 그린다. 이는 비밀 요원이라는 이전의 존재를 끝내고 새로운 존재로 살아갈 본의 삶을 암시하는 것이다. 유명한 일본 애니메이션 〈공각기동대〉(1995)에서, 주인공 쿠사나기는 몸체가 사이보그이기 때문에 가라앉아 버릴 위험성이 있는데도 바닷속 깊이 잠수한다. 물속에서 나오면 지금까지의 나와는 다른 존재가 되어 있기를 바라기 때문에 잠수를 한다는 그녀의 말 역시 소멸과 재생이라는 물의 상징적 의미에 근거하고 있다고 할 수 있다.

산드로 보티첼리, 〈비너스의 탄생〉(1486)

보석이 자라난다는 점, 조개는 껍질 속에 생명체를 포함하고 있는 수
생동물이라는 점 등을 인식한 사람들은 조개를 다산, 풍요, 생식력,
여성성, 그리고 생명의 수태를 상징하는 의미로 종종 사용했다. 〈비
너스의 탄생〉의 비너스도 조개 위에 서서 서풍의 신 제피로스의 도
움으로 키프로스(Cyprus)에 도착한다. 신화 속에서 아프로디테가 여신
의 지위를 얻는 키프로스섬에서는 아프로디테에게 조개를 바쳤다고
도 한다. 중세 그리스도교에서 조개가 물방울과 함께 그려지면 새로
운 탄생을 뜻하는 세례를 상징했다. 이 역시 생명의 탄생과 연관된
조개의 상징적 의미를 이용한 것으로 볼 수 있을 것이다.

　　선불교 계통의 사찰의 법당에서 흔히 볼 수 있는 〈심우도(尋牛

圖〉 혹은 〈십우도(十牛圖)〉는 수행자가 본성을 찾는 것을 소를 찾는 것에 비유하여 그린 선화(禪畫)다. 여기서 본성을 상징하는 동물로 양이나 염소가 아니라 소가 이용된 것은 무엇 때문일까. 〈심우도〉 중 "득우(得牛)" 장면에서 소를 끌고 가기 위해 전력을 다하는 동자의 모습을 보라. 처음 선을 수행하는 사람이 자신의 본성을 찾고 이를 다스리는 과정은 결코 쉽지 않다. 가축 중 가장 크고, 따라서 길들이지 않으면 끌고 가기도 가장 어려운 소야말로 가장 효율적으로 이런 메시지를 전달할 수 있는 상징인 것이다. 예수가 어린양을 안고 있는 그리스도교 성화 역시 같은 맥락에서 이해할 수 있을 것이다. 연약한 인간을 돌보는 신의 사랑을 상징적으로 표현하기에는 당연히 소보다 어린양이 적합하지 않겠는가.

더 나아가 고전 작품에 등장하는 상징을 이해하기 위해서 그와 연관된 역사적, 지리적, 문화적인 맥락까지 공부한다면, 혹은 현대 문화 콘텐츠에 사용되는 상징을 더 잘 이해하기 위해 작가가 묘사하고자 하는 내용의 배경까지 찾아본다면 금상첨화일 것이다. 예컨대 피에르 미냐르(Pierre Mignard)의 〈포도를 든 성모자〉(17세기)에서 아기 예수가 옆에 있는 사과가 아니라 포도를 들고 있는 이유를 설명하려면 성서에서 예수가 자신을 포도나무에 비유했으며, 최후의 만찬에서 자기희생의 피를 기념하는 상징으로 직접 포도주를 지목했다는 사실을 알아야 한다.

앞에서 조개를 죽음 및 재생과 연관시켜 설명했으나, 이것이 시대나 지역에 따라 다른 상징적 의미를 지닐 수 있다는 점을 기억하자. 중세 가톨릭교회에서 조개는 순례자나 순례자의 수호성인인 성

피에르 미냐르, 〈포도를 든 성모자〉(17세기)

야고보의 상징으로 등장하는데, 이는 야고보가 어부 출신인 데다 해
변을 따라 선교를 했기 때문이라고 종종 설명된다. 지금도 스페인의

산티아고 순례의 길에서는 조개가 순례자의 길을 안내하는 표지로 사용된다. 또한 조개껍데기가 유한한 인간을 상징하는 경우도 있는데, 이는 성 아우구스티누스가 조개껍데기로 바닷물을 퍼내는 아이를 꿈에서 보고 유한한 인간이 무한한 신을 이해할 수 없음을 깨달았다는 일화에서 비롯되었다고 한다. 조개 자체의 속성과 관련되었다고 할 수 있을 다산, 풍요, 생식, 수태, 여성 등과는 다른 상징적 의미를 설명하려면 역사적인 연구가 수반되어야 하는 것이다.

이러한 배경과 맥락에 대한 역사적 연구 역시 종교학의 매우 중요한 부분이다. 그러나 이 책은 상징의 다양한 구체적 의미와 그 배경을 정리하는 것을 목표로 하지 않는다는 점을 분명히 하고자 한다.[5] 이 책의 목적이 종교적 상징의 속성을 이해하고, 이를 통해 인간의 갈망, 바람, 지향성을 읽어 내는 것임은 이미 밝힌 바 있다. 종교적인 상징과 인간의 모습들에 대한 이해를 추구하는 일은 더욱 체계적이고 폭넓은 상징의 연구를 시작하는 데 도움을 줄 수 있을 것이다.

2장

인간은 종교적 인간이다

1) 종교 개념 이해하기

종교적 인간에 대해 논하기 위해서는 먼저 '종교' 개념을 검토할 필요가 있다. 일단 종교를 정의하는 일은 매우 복잡하고 어려운 작업이라는 것을 지적하면서 시작하자. 윌프레드 캔트웰 스미스(Wilfred Cantwell Smith)는 "우리가 종교적이라고 부르는 현상들은 의심의 여지없이 존재"하며 "인간은 언제 어디서나 오늘날 우리가 '종교적'이라고 부르는 삶을 살아왔다"고 단언하면서도, '종교'라는 용어의 효용성은 부정한다. 종교는 내적인 다양성과 역사적인 유동성을 지니고 있어서 포괄적이고 범주적인 정의를 내리기 어려울뿐더러, '종교'라는 말이 여러 의미로 사용되어 혼동을 유발할 수 있다는 것이 그의 주장이다. 대신 그는 우리가 종교라고 부르는 대상을 "신앙"과 "축적된 전

통"으로 구별하여 부를 것을 제안했다.[6]

사실 현대인들보다 훨씬 진지하게 종교적인 삶을 살았던 근대 이전의 사람들에게 '종교'라는 용어는 필요하지도 않았다. 우리가 보기에는 그들의 삶이 종교적이지만, 당사자들에게는 모든 것이 너무나 당연하기만 해서 자신이 생각하고 행동하는 방식이 어떤 범주에 속한 것이며 이를 어떻게 명명해야 할지 생각하지 않았다. 예컨대, 오스트레일리아 원주민들은 자신들이 사냥하고 채집한 동물과 식물이 모두 초자연적인 존재들의 창조물이라고 생각하며, 자신들이 먹는 것은 태초에 신화 속 선조들이 최초로 먹었던 방식을 재현하고 있다고 생각했다. 이 경우 학자들은 그들의 행위가 "음식을 먹는 것이 단지 생리적인 행위일 뿐 아니라 동일하게 '종교적'인 행위"라고 평가할 수 있을 것이다.[7] 하지만 당사자들이 자신들의 신앙과 행위가 종교적이라고 의식한 것은 아니다. 여러 종교가 부딪치는 상황이 생기고 자신들의 삶에서 한 발짝 떨어져 이를 대상화하여 살펴볼 기회가 생긴 다음에야, 자신들의 사고 및 행위 방식이 '종교'라는 범주에 해당한다는 것을 생각할 수 있을 것이다.

그러나 종교 연구자들은 종교를 정의하는 일을 포기하지 않고, 각자 자신의 관점에 따라 종교에 관한 다양한 정의를 제시해 왔다. 일찍이 임마누엘 칸트(Immanuel Kant)가 종교를 신적 계시의 차원에서 보지 않고 인간의 본성에 뿌리내린 것으로 보고 인간의 윤리적인 속성이 종교의 기초를 이룬다고 말한 이래, 여러 학자가 종교를 인간의 속성이나 활동으로 정의했다. "종교학의 아버지"라 불리는 프리드리히 막스 뮐러(F. Max Müller)는 종교를 "무한에의 인식이 도덕적 특성에 영향을 끼칠 수 있도록 표명된 것"이라고 정의했고, 애니미즘 이론을 주창했던 인류학자 에드워드 버넷 타일러(Edward Burnett Tylor)는 "영적 존재들에 대한 신앙"이 종교라고 했다. 가장 유명한 20세기 신학자들 중의 하나인 폴 틸리히(Paul Tillich)는 종교를 "궁극적 관심에 사로잡힌 상태"라고 말했다.

하지만 이러한 정의들은 종교를 제대로 보여 주지 못한다. 첫째, 종교는 매우 포괄적인 범위의 현상을 아우르기 때문에, '윤리', '신앙', '궁극적 관심' 등 하나 혹은 둘 정도의 측면으로 정의될 수 없다. 이와 마찬가지로, '경제적 불평등을 잊게 하는 수단', '사회 통합의 도구', '신경증 해소를 위한 장치' 등과 같이 종교의 기능을 강조하는 부분적 정의들도 정의하는 사람이 강조하고 싶은 점만 내세운다는 문제를 안고 있다. 둘째, 이러한 정의들에서는 서구의 관점이 두드러진다. 서구 그리스도교 신학의 영향을 받은 무한이나 궁극 등의 개념은 서구 외 지역의 종교에 적용되기 어려운 경우가 많으며, '무한'이 무엇인지, '궁극'이 무엇인지를 다시금 정의해야 하는 과제를 안고 있다. 또한 윤리나 도덕을 종교의 기준으로 삼게 되면 서구인들의 윤리적 기준을 충족시키지 않는 제 종교는 종교가 아닌 것으로 규정된다.[8] 이러한 단편적이며 서구 중심적인 종교 정의는 최근 학계에서 그 자리를 잃고 있다. "종교는 존재의 일반적인 질서 개념을 형성하며 이것에 사실성을 부여함으로써 인간에게 강력하고 지속적인 기분과 동기를 부여하는 상징 체계"[9]라는 클리포드 기어츠(Clifford Geertz)의 종교 정의는 앞서 언급한 정의들보다 좀 더 세련된 것으로, 1980년대까지 학계에 큰 영향력을 끼쳤다. 그러나 이 정의는 종교의 내면적 요소를 강조하고 행위와 공동체 등을 무시하는 개신교적 성향을 지니고 있다고 탈랄 아사드(Talal Asad)가 지적한 이후[10] 영향력이 매우 약화되었다. 서구 중심적 정의를 극복한 포괄적인 종교 정의가 요구되는 것이다.

학자들은 자신의 관점에서 종교를 연구하기 위한 출발점을 만들 목적으로 종교를 정의하기도 한다. 자신의 관점을 반영하는 작업가설적 정의를 먼저 설정함으로써, 이어서 제시할 이론을 더 견고하게 발전시킬 수 있는 틀을 수립하는 것이다. 사회학자 에밀 뒤르켐(Émile Durkheim)은 지금까지도 가장 널리 수용되는 종교 정의를 제시했다. 뒤르켐에 따르면 종교는 "성스러운 것, 즉 격리되고 금지된 것과 관련된 신앙과 행위의 통합 체계인데, 이 신앙과 행위는 추종자들을 교회라고 하는 단일한 도덕 공동체로 묶는다."[11] 이는 성스러움과 관련된 신앙과 행위의 체계를 바탕으로 공동체를 아우른다는 면에서 단편적인 정의를 극복한 포괄적인 정의다. 대부분의 현대 학자들은 신앙, 행위, 공동체 중 한 요소가 빠지면 종교라고 보기 어렵다는 데 동의한다. 뒤르켐은 이 종교 정의를 사회학적 관점에 근거하여 발전시켰다. 그가 말하는 "성스러운 것"은 사회가 구성해 낸 것으로, 사회질서에 바탕을 두고 구성되며, 사회의 유지를 위해 형성된 것이다. 여기에는 개인의 종교적 성향이나 지향성이 포함될 여지가 없다. 개인적 갈망에서 비롯된 신앙과 행위, 그리고 이를 통해 형성될 수 있는 신화, 교리, 사상, 윤리 등 종교의 수많은 중요 요소는 이 정의에서 고려되기 어렵다. 그런가 하면 사회 대신 '문화'를 강조하는 정의도 있다. 조나단 스미스(Jonathan Z. Smith)는 종교 연구를 위한 작업가설적 정의로, "인간이 문화적으로 유형화된 수단으로 상정된 신성한 힘에 접근하거나 이를 피하는 데 이용하는 공동의 그리고 개인적인 다양한 기술"이 종교라고 말한 바 있다.[12] 스미스의 이 정의는 종교의 요소들이 문화적으로 형성되었다고 주장한다는 점에서 "종교는 문화적으로 조건 지어진 초인간적인 존재와의, 문화적으로 유형화된 상호 행위로 구성된 제도"라는 멜포드 스피로(Melford E. Spiro)의 종교 정의와 유사해 보인다.[13] 그러나 "문화적으로 상정된 신성한 힘에 접근하거나 이를 피하는" 관계를 포함시키며, 공동체와 개인의 역할을 모두 인정하고 있다는 점에서, 스미스의 정의가 좀 더 세련된 방식으로 다듬어졌다고 봐야 한다.

종교의 본질을 찾아 정의하기보다는 그 내용을 기술하는 이른바 "기술적인(descriptive) 정의"를 시도하는 학자들도 있다. 요아힘 바흐(Joachim Wach)가 인간의 종교경험이 이론적, 실천적, 공동체적으로 표현된다고 분류하고 종교의 여러 요소를 이 세 유형에 따라 정리한 것이 대표적이다.[14] 이를 좀 더 세분하여, 니니안 스마트(Ninian Smart)는 종교의 요소들을 교리적·철학적 차원, 신화적·서사적 차원, 윤리적·율법적 차원, 의례적·실천적 차원, 경험적·감정적 차원, 사회적·조직적 차원 등 여섯 개의 범주로 분류하고 이를 정리했다.[15] 바흐가 인간의 종교경험을 세 유형으로 구별한 반면, 스마트는 종교의 경험적 차원을 여섯 차원들 중 하나로 위치시킨 것이 가장 큰 차이라고 하겠다. 이렇게 종교의 내용을 유형별로 분류하고 기술하는 작업은 엄밀한 의미에서 정의라고 하기 어렵다. 게다가 각 종교마다, 혹은 종교를 보는 관점에 따라 강조하는 요소들이 달라질 수 있다는 문제도 있다. 이 범주들이 다 포함되어 있다고 해도 종교라고 하기 어려울 수도 있고, 이 중 한 요소가 약한 종교도 있다.

그러나 종교의 주요한 요소들을 확인하는 것은 매우 큰 가치가 있다. 종교의 요소들을 균형 잡힌 시각에서 고려해야 어떤 현상의 종교 상징적 의미를 제대로 읽어 낼 수 있기 때문이다. 부분적 정의에 근거하여 종교 상징적인 해석의 대상을 설정한다면 적지 않은 종교의 요소들을 간과하기 쉽다. 예를 들어 "영적 존재들에 대한 믿음"이라는 타일러의 종교 정의에 근거해서 해석 대상을 설정하면, 현대인의 삶에서도 여전히 중요한 위치를 차지하는 '행위적 측면'에는 주목하지 않게 될 수도 있는 것이다. 특정한 종교 정의를 수용하는 것보다는 종교의 속성을 전체적으로 잘 이해하는 것이 종교의 상징적의미를 이해하는 데 더 중요한 이유다.

2) 인간의 종교성

① 인간은 종교성을 가진 종교적 인간이다

종교를 연구하는 학자들 중에는 종교 자체에 주목하는 대신 종교를 인간의 다른 활동의 부산물로 설명하는 사람들도 많이 있다. 예를 들면 종교를 정치, 경제, 사회적인 활동을 하는 중 생겨난 부산물로 보거나, 성적 억압이 심리적으로 투사되어 나타난 결과로 보는 것이다. 과학이 발전하면 종교가 쇠락할 것으로 예견한 이들도 있었고, 근대 이후 지극히 사적인 영역에 국한되는 종교가 공론장에서 그 힘을 잃어버린 것을 당연히 여기는 사람도 있다.[16] 그러나 이들이 인간에게 '종교적 성향'이 있음을 부인하는 것은 아니라는 사실을 기억해야 한다. 진화론에 근거한 애니미즘 이론을 전개한 타일러는 자신이 "영적 존재들에 대한 믿음"으로 정의한 종교가 인간에게 보편적으로 나타나며 모든 인간 사회에서 이를 찾을 수 있다고 확언했다.[17] 최근에는 프랑스 출신의 인류학자 르네 지라르(René Girard)가 종교의 보편성과 중요성을 더 강조했다. 그는 "종교는 모든 것의 기원이며 모든 것의 핵심"이고, "인간을 인간으로 만든 것은 종교"라고 단언한다. "우리의 의식은 선사시대와 역사시대의 장구한 시간을 거치면서 종교와 제의에 의해 형성되고, 또 이런 것들에 의해 다음 세대로 전수되어 온 것이 분명"하다는 것이다.[18]

종교가 거짓에 근거한 것이라는 무신론적 관점의 종교 비판가들도 인간이 종교적 성향을 가지고 있다는 것을 인정한다. 유물론을 주창한 루트비히 포이어바흐(Ludwig Feuerbach)는 종교가 "상상력이나 환상에 관계되는 일, 곧 감정에 관계되는 일일 뿐만 아니라 욕구 능력과 관계되는 일"이며 신은 인간의 욕구에서 비롯된 "환상이 만들어 낸 창조물"이라고 정의한다.[19] 그의 영향을 받았던 카를 마르크스(Karl Marx)는 종교가 "억압받는 자들의 탄식"이며 "인민의 환상"으로 "민중의 아편"과 같은 것이라고 비난한다.[20] 지크문트 프로이트(Sigmund Freud)는 종교가 신경증과 마찬가지로 "억압에 근거한 그릇된 환상"이며 자아가 투사된 결과물이 종교를 이루고 있다고 주장한다. 이들은 종교가 실재가 아니라 인간이 투사해 낸 환상이며 종교인들이 믿는 내용은 날조된 것이라고 말하고 있다. 그러나 동시에 이들은 종교가 인간의 가장 중요한 특성 혹은 성향으로 인해 발생한 것임을 주장하고 있다고도 말할 수 있다. 나아가 이들은 이러한 인간의 성향을 극복의 대상으로 보고, 언젠가 이 굴레와도 같은 인간의 성향을 없애거나 이를 유발하는 환경을 없앤다면 종교도 없어질 것이라는 낭만적 낙원을 꿈꾸고 있으나, 지금까지의 인간에게 종교적 성향이 있음을 부정할 수 없다고 인정한다. 포이어바흐는 "우상숭배와 신의 예배, 종교와 미신은 그 가장 깊은 근거에서 인간의 본질 속에 들어 있는 하나의 공통적인 근원에서 연원한다"고 말했다.[21] 프로이트는 종교를 언젠가는 극복해야 하는 대상이면서도 동시에 가장 오래되고 가장 강렬한 인간의 소망이라고 규정한다.[22] 최근 맹렬히 종교를 비판하며 신은 인간이 만들어 낸 망상이며 종교는 우연히 발생한 심리적 부산물이라고 주장하는 리처드 도킨스(Richard Dawkins)도, 종교가 오랜 인간 역사를 통해 어디서나 존재해온 이유는 종교가 절대적인 생존 능력을 지닌 문화적 정보 및 진화의 단위인 밈(meme)의 선택 과정을 거쳐 형성되었기 때문이라고 설명한다.[23] 비록 종교를 비판과 타도의 대상으로 보기는 하지만 이들은 인간에게 종교적 성향이 있다는 것을 어떻게든 인정하고 있다.

20세기의 가장 영향력 있는 종교학자 미르체아 엘리아데는 종교를 부정적으로 설명한 이들과는 정반대의 입장에서 인간의 종교적 성향을 강조한다. 엘리아데는 인간이 종교적 인간(homo religiosus)이라고, 다시 말해 모든 인간에게는 종교적 성향이 있다고 주장한다. 그의 주장은 지금까지 언급했던 학자들이 인간이 종교적이라는 것을 인정하는 것과는 다른 관점을 기반으로 한다. 성적인 요소, 경제적인 요소, 사회 기능적 요소가 인간을 구성하는 매우 중요한 부분들이라는 사실을 그가 부인하는 것은 아니다. 그러나 개별적인 이 요소들은 인간 전체를 설명하기에는 부족하고, 따라서 인간의 가장 복합적인 현상인 종교를 설명할 수도 없음을 지적한다. 엘리아데에 따르면, 인간의 존재론적 지향성은 인간의 근본적인 성향이자 종교의 동인(動因)이다. 따라서 매주 교회나 사찰에 찾아가는 적극적인 종교 참여자만이 종교적이라는 말은 아니다. 엘리아데에게 종교는 "반드시 신, 신들, 정령에 대한 신앙을 의미하는 것이 아니라, 성스러움의 경험을 가리키며, 따라서 **존재, 의미, 진리**의 개념과 연관이 있는 것"이기 때문이다.[24] 인간은 범속한 영역에서 경험하는 일들에 이 영역을 넘어서는 어떤 의미가 있다고 생각하고, 현재 우리의 삶을 구성하는 존재와는 다른 존재가 되기를 바라거나 적어도 그런 초월적 존재와 관계를 맺기를 갈망하며, 시간의 흐름 속에서 변해 가고 결국 소멸하는 이 세상의 원리를 초월하는 절대적 진리를 추구한다. 엘리아데의 주장은 "겉으로는 그렇게 보이지 않는다고 하더라도, 삶의 의미에 대하여 이야기하기 때문에 인간 존재는 근본적으로 종교적"이라는 것이다.[25] 어떻게 보면 그는 인간은 종교적이기 때문에 인간이라고 말하고 있다.

> 문화의 가장 원초적인 차원에 있어서, 인간 존재로 살아간다고 하는 것은 그 자체로 종교적인 행위이다. 왜냐하면 음식 섭취, 성생활, 그리고 노동은 성사(聖事)로서의 가치를 가지고 있기 때문이다. 다시 말해 **인간으로 존재한다는 것, 아니 오히려 인간이 된다는 것은 '종교적'이라는 것**을 의미한다.[26]

엘리아데는 인간이기 때문에 겪을 수밖에 없는 실존적 상황으로 인하여 인간이 "종교적"이게 되는 것이라고 말한다. "모든 실존적 위기는 세계의 현실과 세계 속에서의 인간의 현존을 모두 다시 한번 의문에 붙이는 것"이기 때문에, 거룩한 것을 곧 진정으로 존재하는 것으로 여겼던 고대인들에게 있어서 실존적인 위기는 인간을 궁극적으로 종교적으로 만드는 것이다.[27]

현재 활동하는 종교학자들 중 가장 영향력이 있는 조나단 스미스도 인간의 '종교적' 특성을 인정한다는 점에서 엘리아데와 일치한다. 하지만 좀 더 엄밀한 학문적 방법과 표현을 추구하는 스미스는 "인간은 종교적이다"라고 말하지 않는다. 대신 "'종교적'이라고 평가할 수 있는 자료가 엄청나게 많다"고 표현한다. 그는 1982년에 출판된 『종교 상상하기(*Imagining Religion*)』에서 '종교'라는 개념과 '종교적'이라는 것의 특성을 좀 더 명확히 구별하여 정리해 주고 있다. "종교 연구는 반성적 상상(reflective imagination)이라는 이차 행위이며, 그것이 모든 종교학자가 가장 집중해야 할 일"이라고 말한 뒤, 종교가 학문적 연구를 위해 만들어진 범주라고 강조한다.

> 특정한 문화에서건 혹은 다른 문화에서건, 하나의 기준에 의해서건 다른 기준에 의해서건, **종교적이라고 특징을 기술할 수 있는 엄청난 양의 자료, 현상, 인간 경험과 표현이 있지만, 종교를 특징지을 자료는 없다.** 종교는 학자의 연구를 위한 창조물일 뿐이다. 그것은 학자들이 분석을 위한 목적으로 비교와 일반화의 상상적 행위를 통해 만들어 낸 것이다.[28]

그렇다고 해서 조나단 스미스가 윌프레드 캔트웰 스미스처럼 종교라는 개념이 가치가 없으니 사용하지 말아야 한다고 주장하는 것은 아니다. 그는 '종교'가 특정한 대상을 가리키는 실체적인 현상 혹은 외연이 명확한 범주가 아니라고 지적하고 있다. 동시에 학문적 작업을 위해서는 종교의 범위를 설정할 필요가 있음을 인정하면서, 앞에서 언급했듯이 일종의 작업가설적 정의를 제시하기도 했다. 하지만 스미스도 인간에게 종교적인 면이 있다는 것을 부인하지 않는다. 그는 엄청나게 많은 자료, 현상, 인간의 경험 및 표현의 특징을 '종교적'이라고 기술할 수 있다고 지적한 것이다. 스미스의 이러한 지적은 이전까지 '종교적'이라고 간주되지 않았던 현상들을 종교 연구의 논의로 끌어오는 데 큰 공헌을 했다고 평가되기도 한다.[29]

② 우리는 우리가 생각하는 것보다 더 종교적이다

여러 개별 종교 전통들은 종교성이 다른 생명체와 공유할 수 없는 인간만의 특징 중 하나라는 것을 분명히 한다. 바빌론의 신년제의 때 낭송되었던 것으로 추정되는 『에누마 엘리쉬(Enuma Elish)』는 인간이 창조된 목적이 신을 섬기고 제사를 올리는 일을 담당하기 위해서라고 기록하고 있다. 물론 여기에는 효율적인 종교적 지배를 추구했던 사제들의 이데올로기적 주장이 반영되어 있다는 것을 부정할 수 없다. 그러나 『에누마 엘리쉬』가 인간의 존재 목적 자체를 종교적인 것에 두고 있음은 간과할 수 없는 부분이다. 유대-그리스도교 전통에서는 『구약성서』 「창세기」 2장의 기록에 근거하여 신이 인간을 자신의 형상으로 빚어서 그 코에 신의 생기를 불어넣었다고 믿어

왔다. 『구약성서』 「전도서」에는 "하나님이 모든 것을 지으시되 (…) 사람들에게는 영원을 사모하는 마음을 주셨느니라"라는 구절이 나온다. 인간에게는 유한한 자신을 넘어서는 영원을 갈망하는 지향성이 있다는 것을 주장하는 것이라 고 할 수 있다. 『신약성서』 「사도행전」에 따르면(17:22) 사도 바울은 자신과 전혀 다른 종교 전통을 가진 아테네 사람들에게 "너희를 보니 범사에 종교성이 많도다"라고 말했다. 이슬람교는 인간으로 존재하는 한 종교적이지 않을 수 없다고 가르친다. 이란 출신의 무슬림 종교학자 호세인 나스르(S. Hossein Nasr)는 다음과 같이 풀어 설명한다.

> 이슬람교는 종교가 인간의 본성 속에 있다고 가르친다. 인간이라는 것은 곧 종교와 관련을 맺는 것을 의미한다. 남녀 인간들이 그렇듯이 직립한다는 것은 초월을 찾는다는 것을 의미한다. 인류는 그들의 영혼의 본질에 신의 모습을 받았다. 그래서 숨을 쉬는 일을 피할 수 없는 것과 마찬가지로 종교를 피할 수 없게 되어 있는 것이다.[30]

나스르에 따르면, 인간은 직립하고 숨을 쉬는 것처럼 종교와 관련을 맺게 되어 있다. 이렇게 이슬람교는 인간이 본성상 종교적일 수밖에 없고, 인간 존재를 정의하는 조건이 곧 종교라고 보는 것이다.

동양의 종교들도 마찬가지다. 먼저 불교에 대해 생각해 보자. 불교 역시 인간의 종교성을 전제로 하고 있다고 말해도 무리는 아닐 것이다. 불교는 윤회의 굴레에 매인 육도(六道)에서 벗어나 성불(成佛)

하는 것은 천계(天界)의 신들에게도 불가능한 일이며, 오직 인간에게
만 주어진 특권이라고 보고 있다. 대승 불교 전통에는 동물을 포함하
여 모든 중생이 불성이 있는 것으로 보는 관점도 있으나, 대체로 자신
에게 불성이 있음을 깨달아 붓다가 될 수 있는 존재는 인간뿐이라는
것을 인정한다. 한편 도교 전통의 문헌인 『열선전(列仙傳)』에는 실제
로 개가 초월적 존재가 되어 선계로 들어간다는 파격적인 내용이 나
온다. 그러나 이때 개는 신선이 되는 영약을 만든 사람인 위백양(魏伯
陽) 옆에 있다가 같이 혜택을 얻은 것이다. 인간이 만들어 놓은 종교
적 기술의 덕을 본 것이지 개 자체가 행위 주체는 아니었다. 유교에
서도 인간의 종교성을 말한다. 유교는 인간이 물질적 자연 세계인 땅
의 속성뿐 아니라 궁극적인 존재인 하늘의 성품을 가지고 있다고 말
한다. 따라서 인간은 하늘과 땅 사이의 관계를 조화롭게 하기 위해서
존재한다. 오직 인간만이 할 수 있고 또 해야만 하는 일이 하늘과 땅
의 조화를 이루어 내는 것이다.[02] 이에 덧붙여, '유교의 종교성'도 지
적하고자 한다. 유교가 종교인지 아닌지에 대한 논의는 지금도 지속
되고 있지만, 내가 보기에 사상적 측면만 강조하는 현대의 시각으로
는 유교를 제대로 설명하지 못한다. 우리는 종교, 사상, 정치, 도덕,
규범 등이 분리되지 않고 하나의 총체적인 체계를 이루고 있었던 근
대 이전의 관점에서 유교를 봐야 한다. 총체적인 체계로서의 유교가
제시하는 인간과 우주에 대한 설명에서 종교적인 관점과 내용은 핵

02 금장태, 『유학사상의 이해』(파주: 한국학술정보, 2007), 94, 107-109쪽. 금장태는 유교에서 인
    간은 물질세계를 넘어서 있는 궁극적 존재인 하늘로부터 성품을 받고 물질적 자연 세계인 땅
    으로부터 육신을 부여받은 존재이며, 따라서 유교가 말하는 인간의 기본 목표는 하늘과 땅 사
    이의 관계를 조화롭게 이루는 것이라고 설명한다.

심을 이룬다고 할 수 있다.[03]

이렇듯 종교 전통들이 인간의 종교성을 주장한다고 해서 모든 사람이 똑같은 수준으로 종교적이라는 말은 아니다. 위에서 본 것처럼 모든 인류가 근본적으로 종교적이라는 엘리아데의 말도 실증할 방법은 없다. 인간 전체를 종교적이라고 보고 논의를 전개하는 것은 이론적 편의를 위한 가설적 설정이다. 종교 공동체에 소속되어 종교 의례에 참여하는 사람들이 같은 생각과 의도를 지닌 것처럼 설명하는 것도 이론적 작업의 수준에서 이루어진다. 엘리아데의 기준으로 말한다고 하더라도, 스스로를 종교적이지 않다고 하는 사람들, 달리 말해 존재, 의미, 진리를 추구하는 인간을 이해하지 못하는 사람들이 특히 현대에는 분명히 존재할 것이다. 구성원들이 종교 의례에 매우 진지하게 참여하는 원시 부족도 면밀히 조사해 본다면 적어도 몇몇은 의례 진행 중에 뒤에서 하품을 하고 있을지도 모른다.

김훈의 소설 『남한산성』은 청나라와의 화친을 주장하는 최명길과 죽을 각오로 싸우자는 김상헌을 통해 인간의 종교적 성향의 정

---

03 유교의 종교성에 대한 문제는 이 책의 방향과 직접적인 연관이 없으므로 여기서 자세히 논하지는 않겠다. 다만 유교의 종교성을 강조하는 입장에서 유교가 "종교"라고 단언하는 일본 학자 가지 노부유키(加地伸行)의 주장을 소개하도록 하겠다. 노부유키는 유교가 천하(天下)와 지상(地上)으로 제한된 세계관, 사람이 죽은 후 갈라진 혼(魂)과 백(魄)을 불러들여 재생하는 초혼재생(招魂再生) 의례와 그 바탕이 되는 생사관(生死觀), 심신 이원론에 근거한 인간관, 모든 종교 행사의 장이자 중심이었던 가문 등이 뼈대를 이루는 "종교"라고 단언한다. 그는 '효'와 같은 유교의 도덕성도 죽음을 극복하고자 하는 종교성에 근거하는 구조로 되어 있다고 강조한다. 가지 노부유키, 『침묵의 종교 유교』, 이근우 옮김(서울: 경당, 2002[1994]). 이 책의 1장 「유교의 심층 ― 종교성」과 2장 「유교의 구조」 전체를 참조할 것. 유교를 종교로 설명한 서양학자들의 본격적인 연구서로는 Rodney L. Taylor, *The Religious Dimensions of Confucianism* (Albany: SUNY Press, 1990); Julia Ching, *The Religious Thought of Chu Hsi* (Oxford: Oxford University Press, 2000); Tu Weiming & Mary Evelyn Tucker (eds.), *Confucian Spirituality* (New York: Crossroad Publishing, 2004) 등이 주목할 만하다.

도가 개인에 따라 얼마나 다를 수 있는지를 보여 준다. 남한산성의 온조 사당에서 제사를 지내는 동안 김상헌이 "향 연기 속에 떠오른 온조의 혼령이 일천육백 년의 시간을 건너서 이쪽으로 다가오는 환영"을 느끼는 동안, 최명길은 이런 쓸데없는 일을 할 것이 아니라 빨리 나가서 살길을 찾아야 한다고 생각하고, 이들의 중간적 성격을 지닌 김류는 온조의 혼령이 다가오다가 가 버렸다고 느낀다. 조선 국왕이 망궐례를 하는 동안에도 "김상헌은 임금의 춤이 멀고 아득한 것들을 가까이 끌어당기는 환영을 느꼈다. 반면 최명길은 멍석 위에서 펼쳐지고 접혀지며 다가오고 물러가는 임금의 춤 그림자를 들여다보고 있었다."[31]

탈신화화(脫神話化)된 과학적 사고를 지닌 현대인들 중에는 종교가 인류 역사상 가장 효율적으로 인간에게 위안을 줄 수 있는 요소들을 융합했다는 데에는 동의하면서도 굳이 종교가 없어도 종교가 담당했던 기능은 충분히 수행될 수 있을 것이라고 생각하는 사람들이 많다. 2005년 미국 외교 전문지 『포린 폴리시(Foreign Policy)』와 영국의 평론지 『프로스펙트(Prospect)』가 공동으로 선정한 "최고의 지식인 100인" 리스트에서 5위로 뽑혔던 크리스토퍼 히친스(Christopher Hitchens)는 위에서 언급했던 도킨스만큼이나 신랄하게 종교를 비난한 인물이다(도킨스는 같은 리스트에서 3위를 차지했다). 그는 종교가 없어도 "사랑, 섹스, 음악, 철학, 아이러니를 찾는 재미"가 인간에게 위안을 줄 수 있는 것이라고 말했다[32]. 도킨스나 히친스와 같이 인간이 굳이 종교적일 필요도 없고 그래서도 안 된다는 사람은 우리 주변에 흔하다.

그러나 좀 더 시각을 확대해 본다면, 현대인들은 자신이 생각하는 것보다 실제로는 더 종교적이라는 사실을 알 수 있다. 예를 들어 김훈의 『칼의 노래』를 엘리아데의 관점에서 본다면, 주인공 이순신은 매우 종교적인 사람이다. 책의 서두부터 이순신은 임금이 집착하는 "무의미", "무내용", "헛것"과 싸우면서, 자신의 삶과 죽음에서 '의미'를 확보하려 노력한다.[33] 그 의미가 반드시 흔히 '종교적'이라고 불리는 것과 직접 연관되는 것은 아니다. 이 책에서 이순신이 명백히 종교적인 행위를 하는 것은 마지막 결전을 앞둔 바다에서, 비가 내리지 않게 해 달라고 "내가 아닌 어떤 힘"에게 빌 때 단 한 번이다. 자신으로서는 어쩔 수 없는 자연현상에 부딪혔을 때 그는 인간 질서의 영역을 초월한 존재를 생각하게 되는 것이다. 김훈은 이 기도에 이순신의 절박한 환경이 투사된 것이라는 식의 분석을 덧붙이지 않는다. 이순신이 기도한 존재에 대해서도 전혀 언급하지 않는다. 그저 "비는 오지 않았다"는 말로 결과를 말해 줄 뿐이다.[34] 그러나 분명한 것은 김훈이 창조해 낸 소설 속의 이순신은 인간으로서는 불가능한 일을 지향하는 영웅이라는 점이다. 김훈은 「책머리에」에 다음과 같이 기록한다.

> 눈이 녹은 뒤 충남 아산 현충사, 이순신 장군의 사당에 여러 번 갔었다. 거기에, 장군의 큰 칼이 걸려 있었다. 차가운 칼이었다. 혼자서 하루 종일 장군의 칼을 들여다보다가 저물어서 돌아왔다. **사랑은 불가능에 대한 사랑일 뿐이라고, 그 칼은 나에게 말해 주었다. 영웅이 아닌 나는 쓸쓸해서 속으로 울었다.**[35]

"절망의 시대를 절망 그 자체로 받아들이면서 통과"하는[36] 모범을 제시한 자들이 신화의 영웅들이라면, 일상을 살아가는 영웅이 아닌 자들은 이러한 삶을 지향하는 존재들이다. 영웅이 사랑하는 "불가능"은 눈속임이나 헛된 희망이 아니다. "인간으로 존재한다는 것, 아니 오히려 인간이 된다는 것은 '종교적'이라는 것"이라는 엘리아데의 관점에서 말하자면,[37] 종교적 인간은 매일, 아니 매 순간 자신의 자리에서 불가능을 살아 낸다. 자신이 살고 있는 공간과 시간에 의미를 부여하여 경건하게 만든다. 이 책이 2000년대 한국에서 가장 많이 읽힌 소설 중 하나라는 점에서, 현재를 사는 우리 한국인들은 여전히 종교적 인간의 고뇌와 결단에 매력을 느끼거나 공감하고 있다고 생각할 수 있을 것이다.

김훈의 문학이 종교적 인간을 그리고 있을 뿐만 아니라, 인간과 세계를 보는 김훈 자신의 시각이 엘리아데가 말하는 종교적 인간의 태도와 매우 유사하다는 것을 주목할 필요가 있다. 이러한 점은 그의 수필집 『바다의 기별』에서 분명히 확인할 수 있다. 그는 악과 폭력이 지배하는 참담한 삶을 너무나 적나라하게 그려 내며 인정하지만, 동시에 이를 정면으로 마주 보는 분노와 사랑의 시선을 던짐으로써 희망이라는 합(synthesis)을 끌어내고야 만다.[38] 무기력하고 불완전한 인간 김훈은 참담하고 불완전한 세계에 살지만 그 너머에 대한 사랑을 놓지 않는다. 그는 참혹한 현실 너머 어딘가에 있는 "모든, 닿을 수 없는 것들과 모든, 건널 수 없는 것들과 모든, 다가오지 않는 것들과 모든, 참혹한 결핍들을" 포기하지 않고 이들을 "모조리 사랑이라고" 부르며 "기어이 사랑이라고 부르는" 결단을 내린다.[39] 그가 바라보는 불가능에 대한 사랑은 인간의 행위를 통해 환상이나 거짓이 아닌 "확실하고 절박한" '참'으로 경험된다.

> 내가 당신의 이름을 부르는 그 부름으로 당신에게 건너가고
> 그 부름에 응답하는 당신의 시선이 내게 와 닿을 때, 나는 바
> 다와 내륙 하천 사이의 거리와, 나와 코끼리 발바닥 사이의 시
> 간과 공간이 일시에 소멸하는 환각을 느꼈다. 그것이 환각이
> 었을까? 환각이기도 했겠지만, 살아 있는 생명 속으로 **그처럼**
> **확실하고 절박하게 밀려들어온 사태가 환각일 리도 없었다.**[40]

내가 황석영의 소설 『바리데기』를 종교적이라고 평가하는 이
유도 단지 이 책이 저승, 죽음, 신접, 무속 등을 다루고 있기 때문만은
아니다. 주인공 바리가 그토록 찾고자 하는 것이 세상의 모든 부조리
가 지닌 "의미"가 무엇인지에 대한 답변이기 때문이다.[41] 어디 한국인
뿐이겠는가. 전 세계적으로 2천만 부 이상이 팔렸다는, 브라질의 작
가 파울로 코엘료(Paulo Coelho)의 대표작 『연금술사』 역시 엘리아데의
관점에서 보면 매우 종교적이다. 이 책이 성서의 이야기와 이슬람교
의 종교 의례를 소재로 전개되기 때문만은 아니다. 주인공 산티아고
가 "자아의 신화"를 찾아서 일상을 떠난다는 기본 줄거리나, 그가 경
험하는 평범한 일과 자연의 모습은 보이는 그대로가 아닌 다른 의미
를 지닌 "표지"라는 점을 기억해 보자. 또한 이 소설에서 "자아의 신
화"는 개인이 무언가를 이루기를 소망하는 것이며, 그것을 바라는 마
음이 곧 우주의 마음에서 비롯되었다고 언급된다. 이러한 소망으로
인해 인간은 "만물의 정기", 곧 "신의 정기"에 가까워질 수 있다는 것

이다.[42] 앞으로 다시 다루겠지만, 엘리아데는 인간이 통합된 상징체계를 형성한 것은 시원적 종교(archaic religion)[04]를 가졌던 사람들이 자연과 인간과 우주의 모든 존재가 유기적으로 연결되어 있다고 생각했기 때문이라고 주장한다. 엘리아데의 관점에서 『연금술사』가 종교적이라고 할 수 있는 근거는 논의가 더 진행될수록 더 많이 찾을 수 있을 것이다. 여기서는 현대인들이 자신이 인식하는 것보다 더 많은 종교성을 지니고 있다는 것을 지적하는 정도로 만족하고자 한다. 이제 종교적 인간이 추구하는 "존재, 의미, 진리"를 "성스러움"으로 설명하는 엘리아데의 이론을 중심으로 논의를 확장하도록 하겠다.

3) 성스러움과 성현

① 종교적 인간이 경험하는 "성스러움"에 대하여

자신의 삶의 요소들이 시간에 따라 변하고 소멸되며 장소의 한계에 갇혀 있음을 자각하며 살아가야 하는 한, 인간은 종교적이다. 가변적이고 제한적인 자신과는 다른, 초월적이고 완전한 존재와 접촉하거나 그를 모방하기를 갈망하고, 불완전한 감각적 경험을 통해 실재의 의미를 파악할 것을 추구하며, 때로는 자기 스스로 인간의 한계를 초월하는 존재가 되려고 시도하는 모든 자세가 인간의 종교적

---

04 상식 및 과학과 신앙을 구별하지 않는, 다시 말해 탈신화화되기 이전과 같은 종교 체계를 고수하는 종교적 인간의 종교에 적용될 수 있는 개념이다. 시대나 지역에 국한되지 않으며, 고대 종교(ancient religion)나 원시 종교(primitive religion)와는 구별되는 용어라는 것을 주의해야 한다.

지향성이다. 이때 인간이 갈망하고 지향하는 존재, 의미, 상태, 속성을 아울러 '성스러움'이라고 할 수 있다. 초월적 존재의 생기를 받았으며 영원을 사모하게 되어 있는 유대-그리스도교 전통의 인간, 초월적 존재와의 관계에서 삶을 규정하는 바빌론 고대 종교의 인간, 진리에 대한 깨달음을 얻어 윤회의 속박에서 벗어나려는 불교의 인간, 영약을 먹고 불사의 존재인 신선이 되고자 하는 도교의 인간….

　　종교적 인간들이 믿는 대상, 즉 신을 포함하는 모든 초월적 존재를 부정하고 종교의 부정적 측면만을 강조하는 사람들은 성스러움을 지향하는 인간의 종교성이 진지하게 고려할 만한 가치를 지니지 않는다고 생각할 수도 있을 것이다. 많은 현대인은 자신이 허구라고 생각하는 신 혹은 신적인 존재를 다른 사람들이 믿고 그 대상과의 관계를 기준으로 우주를 이해한다는 것을 용납하지 못하며 혐오하기까지 한다. 또한 과학적인 계몽을 통해서 종교라는 어리석은 속임수로부터 벗어나야 한다는 주장을 종종 제기하기도 한다. 사실 이는 서구 열강이 다른 지역을 침공하면서 자신을 정당화하기 위해 사용했던 논리와 유사한 논리다. 그뿐만 아니라 자신과 다른 세계관을 가진 사람들과 사회를 공유한다는 사실을 인정하기 싫어한다는 면에서, 이들의 태도는 이들 자신이 비난하는 근본주의적 종교인들의 태도와도 다르지 않다고 하겠다.

　　인간이 성스러움을 갈망하는 태도를 가지고 있다는 데 동의한다면, 그리고 그 갈망의 대상에 대해서는 세계관에 따라 다른 설명이 나올 수밖에 없다는 것을 인정한다면, 이러한 인간 현상을 아예 관심의 대상에서 제외시키거나 아예 없애 버리자고 주장할 것이 아니라,

인간이 어떻게 성스러움을 인식하며 어떻게 성스러움과 관계를 유지하려 하는지에 초점을 맞추어 연구하는 것이 인간을 이해하는 데 도움이 될 것이라고 본다. 그렇기 때문에 이 책에서는 인간의 사상과 행위 양태를 중심으로 성스러움에 대하여 논하는 것이다. 우리의 출발점이 인간이라는 사실을 다시 기억하자. '완전하고 초월적인 실재'는 인간이 그렇게 상정하는 한에서만 연구의 대상이 될 수 있다.

역사 전반에 걸쳐서 그리고 모든 문화에서 인간이 성스러움을 인식하는 양상을 찾아볼 수 있다. 많은 학자가 성스러움에 대해 설명하려고 시도했다. 포이어바흐 이후 여러 학자가 성스러움을 인간의 욕망과 두려움이 만들어 낸 것이라고 말했고, 개별적인 인간보다는 인간 집단에 더 관심을 가지고 있었던 뒤르켐은 사회가 유지되고 기능하기 위해 사회 자체를 투사한 성스러움을 만들어 낸다고 주장했다. 반면에 신학자 등 종교 전통 내부의 학자들은 절대적 존재를 전제로 하여 그 존재가 가진 속성으로 성스러움을 설명한다.

종교학자들 중 성스러움을 가장 주목한 학자는 엘리아데다. 그는 성스러움이 종교를 이해하는 데 가장 중요하다고 보았다. 그러나 성스러움에 관한 엘리아데의 이론의 논점을 파악하는 일은 쉽지 않다. 그가 말하는 성스러움의 개념에 대해서는 수많은 학자가 상이하게 해석했다.[43] 일부 비평가들은 엘리아데가 종교인들의 관점을 그대로 수용하여 성스러움의 실재를 전제로 한다고 비난하기도 한다. 다른 학자들은 엘리아데가 인간의 인식을 근거로 성스러움을 설명한다고 해석한다. 종교인의 관점에서 종교현상을 기술하는 종교현상학적 방법으로 논의를 전개했기 때문에 그의 태도가 모호해 보일 때가 있는 것은 사실이지만, 그 자신이 성스러움의 실재성을 전제로 학문적 작업을 했다고 볼 수는 없다. 이 문제에 대해서는 여기서 더 논의하지 않겠다. 엘리아데의 학문 세계의 성격을 엄밀히 분석하고 규명하는 것은 이 책의 초점이 아니다.[05] 다만 인간이 우주를 이해하고 삶의 문제에 대처하는 방식의 관점에서 엘리아데의 성스러움에 대한 설명을 받아들인다면, 우리가 종교와 관련된 상징체계를 이해하는 데 큰 도움이 된다는 점은 분명히 해 두고 싶다.[06]

② 엘리아데의 성현 이론: "성과 속의 변증법"

엘리아데의 주된 관심사 중의 하나는 종교적 인간이 어떤 방식으로 자신이 생각하는 "거룩한 우주"에 머무르고자 했는지, 그리고 그 방식에 따라 구성된 삶의 경험이 어떤 특징을 갖는지를 밝히는 일

---

05 엘리아데의 학문적 성과에 대한 내 입장은 졸고 「거인 엘리아데의 어깨 위에서: 엘리아데 비판에 대한 엘리아데 관점의 답변」, 『종교학연구』 30(2012), 55~74쪽에 자세히 설명했다. 이 책의 「책을 내면서」에서도 언급했듯이, 이 책에서 나는 엘리아데의 학문적 관점을 통해 인간과 종교를 설명하고자 한다. 물론 엘리아데의 이론과 방법을 그대로 반복하거나 재사용하기보다는, 그의 진술들을 현대 학문의 기준에 따라 바꿔서 표현하기도 하고, 필요하면 다른 학자들의 이론을 통해 그가 다루지 않은 빈 곳을 채워 가며, 종교적 인간의 지향과 갈망이 신화와 의례를 비롯한 다양한 상징을 통해 표현되는 모습을 보일 것이다. 하지만 이 책이 "거인 엘리아데의 어깨 위"를 출발점으로 하고 있다는 것은 분명하다. 인간의 종교적 행위 및 사고방식에 반복되어 나타나는 현상들을 주제로 삼는 비교종교학 연구자들의 출발점이 엘리아데의 어깨 위라는 것은 결코 잘못된 일이 아니다. 때로는 그 위에서 내려와 더 세밀하고 자세한 것들에 주목하는 비교종교학 연구를 발전시켜야 하겠지만, 이는 적어도 먼저 거인의 어깨 위에 올라앉아 본 후에 하는 것이 올바른 순서일 것이다.

06 엘리아데는 Mircea Eliade, *Patterns in Comparative Religion*, trans. by Rosemary Sheed (New York: Sheed & Ward, 1996[1949]), p.2 [『종교형태론』, 이은봉 옮김(서울: 한길사, 2004), 54쪽]를 비롯한 그의 저술 여러 곳에서, 인간의 종교적 경험을 표현하는 성현(hierophany)이 자신의 연구 대상이라는 것을 강조한다. 특히 *Ordeal by Labyrinth*, p.154에서는 성스러움에 대한 견해를 자세히 밝힌다. 그는 성스러움을 역사적 사실이나 물리적 현상과 동일시해서는 안 된다고 주장한다. 여기서 그는 현상학적 전통에 따라 성스러움의 실재성 여부에 대한 견해를 묻는 질문에는 대답을 보류한다. 다만 성스러움의 경험이 의식의 영역에서 일어나는 내부적인 것, 다시 말해 개인이 인식할 수 있는 내적 경험에 의한 것임을 강조한다.

이었다.[44] 다시 말하면 엘리아데는 성스러움과 관련을 맺으려는 인간의 시도와 관련된 삶의 모습에 대해 설명하고자 한 것이다. 이런 종교적 인간에게 성스러움은 "속(俗)과 대립하는 것", 궁극적으로 인간과는 완전히 구별되는 것으로 인식된다.[07] 인간은 이 성스러움을 모방하여 현실의 삶을 살고자 노력한다.[45]

엘리아데는 인간에게 경험되는 성스러움의 내용을 "보통과 대립되는 완전함", "개인의 한계를 초월한 것", "초월적인 것", "다른 존재론의 영역", "세속과 반대되는 것, 질적으로 다른 것", "완전한 것", "남다른 것", 아울러 "신기"한 것, "이상"하고 "웅대"하고 "이례"적인 것, 완전히 "새로운 것" 등으로 설명한다.[46] 현대인들이 흔히 생각하는 "성스러움"의 개념과 달리, 이러한 속성 모두를 가지고 있어야 성스러운 존재로 간주되는 것은 아니라는 점에 주의해야 한다. 인간의 범속한 영역과 대비되는 것으로 정의되는 성스러움은 매우 광범위한 대상을 포함하는 개념이다. 19세기 말 아메리카 원주민 샤먼들이 설명한 성스러움의 개념을 참고해 보자. 샤먼들은 당연하게도 신, 신의 세계, 신과 관련된 사물, 저승 등을 성스러운 것의 범주에 포함시켰다. 하지만 그들이 말한 성스러움의 사례들 중에는 우리가 흔히 성스러움의 범주로 인식하지 않는 것들도 있다. 이들은 여기에 성스러움의 범위를 제한하지 않고, "무엇이든 성스러울(wakan) 수 있다. 우리가

07 뒤르켐이 성스러움을 사회가 범속함으로부터 금지시키고 격리한 것으로 설명한 이후, 성은 속과는 구별된 것이라고 정의되어 왔다. 엘리아데도 속과 대립된 성스러움이라는 뒤르켐적 의미를 수용하여 경험적 차원과 결합시킨다. 엘리아데, 『종교형태론』, 46, 572쪽 등에서 "속과 대립하는 것"으로서 성스러움의 의미가 요약된다. 이 책에서 『종교형태론』을 인용할 때, 단락이나 문장 단위의 인용은 영문판 *Patterns in Comparative Religion*을 번역했고, 단어나 구절 중심의 인용은 편의상 국역본 『종교형태론』을 인용했다.

이해할 수 없는 것이 성스럽다"고 말했다. 예를 들어, 미친 사람과 지배자들은 일반적인 사람들과는 다른 힘을 지니고 있기 때문에 성스럽게 여겨진다. 또한 술은 "성스러운 물"이라고 불린다. 술에는 일상과는 다른 이례적인 힘이 있어서, 평소에는 경험할 수 없는 것을 경험하게 해 주고, 보통 때는 나타나지 않는 힘을 발휘하도록 해 주기 때문이다. 나아가, 백인들을 성스럽게 여기는 원주민들도 있었다. 백인들은 자신들에게는 없는 힘을 지니고 미 대륙에 들어와서 자신들이 믿어 온 신의 힘마저 굴복시켰다. 아메리카 원주민들의 기준으로 볼 때 백인들은 평범하지 않고, 그래서 성스럽다고 할 수 있다. 여기서 우리는 성스러움이 일상과 구별되는 모든 것을 아우르는 매우 폭넓은 범주라는 것을 알 수 있다.[47]

오직 하나의 신만 인정하고 믿는 유일신적(monotheistic) 관점에서건 여러 신들의 존재를 인정하지만 그중 한 신을 예배하는 단일신적(henotheistic) 관점에서건, 성스러움은 절대적으로 선하고 완전하며 전지전능한 지고(至高)의 존재(Supreme Being)로 간주되는 신(神)만을 의미하지 않는다. 예를 들어 『파스칼 세계대백과사전』이 "초인간적이고도 초자연적인 능력을 발휘하는 주체라고 믿어지는 대상을 범칭하는 말"로 정의하는 귀신(鬼神)도 이 세상에 사는 인간과는 완전히 구별되는 성스러움이다.[48]

"존재론적 차원의 단절"을 일으키는 "전혀 다른 존재론의 영역에 속하는" 사물, 인물, 장소 등[49] 종교적 인간이 경험하는 모든 종류의 성스러움이 드러나는 것을 성현(聖顯, hierophany)[08]이라고 한다. 성스러움은 평범한 삶의 환경과 완전히 다른 이질적인 것으로 경험되지만, 이 경험은 인간의 삶의 영역, 즉 범속함의 영역에서만 가능하다. 인간이 성스럽다고 경험하는 사물들은 원래는 평범하지만 인간의 경험을 통해 가치가 변화되어 성스럽게 인식된다는 것이다. 정의상으로나 종교적 인간의 경험상으로나 성스러움은 범속함과 완전히 구별되지만 범속함을 통해서만 나타나는데, 엘리아데는 이것을 "성스러움의 변증법", "성과 속의 변증법", "성현의 변증법", 혹은 "역(逆)의 일치" 등으로 부른다.

> 어떠한 나무와 식물도 단지 나무와 식물로서 성스러운 것은 아니다. 이들이 성스럽게 되는 것은 초월적인 실재에 **참여하며** 그 초월적인 실재의 **의미를 나타내기** 때문이다. 신성한 속성에 의해, 개별적인 '범속한' 식물 종의 실체가 변화된다. 성스러움의 변증법에서 일부(나무, 식물)는 전체(우주, 삶)의 가치를 가지고, 범속한 것은 성현이 된다.[50]

종교적 인간의 관점에서 본다면, 범속한 세계에서 성스럽게 인식되는 대상들은 성스러움이 드러났기 때문에 성스러울 수 있다. 이들에게 성은 속과 질적으로 다른 것이지만, 성은 어디까지나 속의 세계에서 경험된다. 본래 속의 성질을 지니고 있었던 사물이 완전히 다른 것, 즉 성스러움으로 인식되는 것이다. 성스러움이 나무나 돌 같

---

08 엘리아데가 종종 사용하는 이와 유사한 용어들로 현현(顯現, epiphany: 다른 질서에 속한 존재가 인간에게 드러남), 역현(力顯, kratophany: 성스러움의 속성인 힘이 나타남), 존현(存顯, ontophany: 인간과는 다른 실재로서 존재의 나타남), 신현(神顯, theophany: 신이 인간에게 나타남) 등이 있다.

은 사물에서 드러난다는 인식은 현대인들에게 어리석은 미신으로만 간주될지도 모른다. 그러나 중요한 것은, 돌이나 나무는 그 자체로 숭배되는 것이 아니라, "거룩한 것, 전적으로 다른 것을 보여 주는 존재가 되기 때문에 숭배를 받는다"는 사실이다.[09] 이 "전적으로 다른 것"으로서의 성스러움은 동시에 그 반대인 속의 속성을 지니고 있기 때문에 "성과 속의 합일" 혹은 "역의 일치"라는 말로 묘사되기도 한다.[51]

인간의 경험에 의해 어떤 사물이나 다 성현으로 인식될 가능성은 있다. 그러나 아무래도 더 쉽게 성현의 상징으로 이용될 수 있는 것들은, 초월적이고 완벽하며 질적으로 다르게 느껴지는 사물들이다. 『여행의 기술』에서 알랭 드 보통은 현대인들도 여전히 광대한 자연을 통해 자신을 초월한 어떤 존재를 인식하게 된다는 점을 생생하게 묘사한다. 그에 따르면, 세상이 불공정하게 느껴지거나 도저히 이해할 수 없을 때, 사막, 바다, 큰 산은 "우리를 다독인다." 사람들은 이러한 숭고한 장소를 여행하면서 자신의 한계를 자각하고, "우리는 바다를 놓고 산을 깎은 힘들의 장난감이다"라고 인정한다는 것이다.[52] 드 보통은 『구약성서』의 욥이 자신의 고난을 이해하지 못할 때, 신은 그 이유를 말하는 대신 "욥의 눈길을 자연의 엄청난 현상으로 돌린다"는 것을 지적한다. 우주와 자연현상이 인간보다 얼마나 크고 놀라운지를 보여 줌으로써, 인간의 삶이 모든 것의 척도가 될 수 없음을 깨닫게 하고 인간의 한계를 초월한 신의 계획을 신뢰하라고 설득하는 것이다. 이어서 그는 이 종교적인 교훈이 "물리적으로 인간을

---

09 엘리아데, 『성과 속』, 12쪽. 인용한 책에서는 "거룩한 것"으로 번역했으나, "성스러운 것" 혹은 "성스러움"으로 번역하는 것이 더 적절하다.

넘어서는 자연의 요소들"을 대하는 현대의 세속적인 사람들에게도 타당성을 지닌다고 주장한다. "우리가 넘을 수 없는 장애와 이해할 수 없는 사건들을 마주쳤을 때, 숭고한 풍경이 그 웅장함과 힘을 통해 우리가 원한을 품거나 탄식하지 않고 그 사건을 받아들이도록 상징적 역할을 한다는 데는 변함이 없다."[53] 알랭 드 보통은 이스라엘의 시나이 사막을 여행하면서 인간이 웅장한 자연에서 성스러움을 접하게 되는 것을 자연스러운 일로 여기게 되었다고 말한다.

> 1739년 시인 토머스 그레이는 알프스를 도보로 여행했다. 숭고한 것을 찾는다는 자의식을 가지고 출발한 (…) 그는 이렇게 기록했다. "그랑드 샤르트뢰즈로 올라가는 짧은 여행 동안 나는 열 걸음 정도를 내디딜 때마다 억누를 수 없는 탄성을 내지르곤 했다. 그것은 단순한 절벽도 아니요, 격류도 아니요, 낭떠러지도 아니었다. 그것은 종교와 시를 잉태하고 있었다." 새벽의 시나이 남부, 그렇다면 이 감정은 무엇일까? 이것은 4억 년 전에 만들어진 골짜기를 통해 느끼는 감정, 2300미터 높이의 화강암 산을 통해 느끼는 감정, 일련의 가파른 협곡의 벽에 표시된 수천 년의 침식 흔적을 통해 느끼는 감정이다. 이런 것들 옆에 있으면 인간은 그저 늦게 나타난 먼지에 불과하다. **숭고함은 우주의 힘, 나이, 크기 앞에서 인간의 약함과 만나는 것이다.** (…) **풍경은 힘, 즉 인간의 힘보다 크고 인간에게 위협이 될 만한 힘을 보여 줄 때만 숭고하다는 감정을 불러일으킬 수 있다.** (…) 숭고한 장소는 일상 생활이 보통 가혹

하게 가르치는 교훈을 웅장한 용어로 되풀이한다. 우주는 우리보다 강하다는 것, 우리는 **연약하고, 한시적이고, 우리 의지의 한계를 받아들일 수밖에 없다는 것, 우리 자신보다 더 큰 필연성에 고개를 숙일 수밖에 없다는 것.**
이것이 사막의 돌과 남극의 얼음 벌판에 쓰인 교훈이다. (…)
인간보다 강한 것을 전통적으로 신이라고 불러왔기 때문에, 시나이에서 신을 생각하게 되는 것은 특별한 일이 아닐 것 같다.[54]

  알랭 드 보통은 숭고한 감정을 불러일으키는 "힘", 우리보다 강한 "우주", 우리보다 더 큰 "필연성"을 사람들이 "전통적으로 신이라고 불러왔다"고 말한다. 이러한 사실이 현재는 부정되거나 혹은 다른 이름으로 불리더라도, 그가 말하는 힘, 우주, 필연성은 성스러움의 범주에 속한다. 그는 고대의 종교적 인간들만이 자신의 삶의 영역을 초월한 성스러운 존재를 생각하고 자신보다 더 큰 필연성과 더 강한 힘에 고개를 숙이게 된다고 하지 않았다. 사람들 대부분이 이러한 감정과 생각이 "종교적"이라는 것을 알지는 못한다고 하더라도, 알랭 드 보통을 비롯한 현대인들도 자연을 대하면서 흔히 자신의 약함을 인식하고 신을 생각하게 된다. 특정한 종교를 가지고 있지 않은 현대인들 중에도 엘리아데가 말하는 "성현"을 경험하는 사람들이 있다. 우리는 우리가 생각하는 것보다 더 종교적인 것이다.

③ 성현의 다양성과 역사성

  '성현'이라고 불리는 현상들은 '성과 속의 변증법'이라는 공통

적인 구조를 통해 나타난다. 그러나 동시에 성현으로 인식되는 대상
은 너무나 다양하다. 사람들은 자신의 삶과 연관된 거의 모든 것을
통해 성스러움이 드러난다고 생각해 왔다. 자연물과 인공물을 포함
하는 모든 사물은 물론, 신화, 의례, 추상적 공간, 시간 등이 상징을
통해서 성스러움을 드러내는 것으로 간주될 수 있다. 성스러움 혹은
성스러움과 연관된 것을 드러내는 상징들 중 중요한 것을 뽑아 4장부
터 설명하도록 하겠다. 이 종교 상징들은 다양한 성현의 모습 속에서
반복적으로 나타나는 형태(pattern)들을 중심으로 서술될 것이다.[10]

　　우리는 다양한 성현의 모습 속에서 어느 정도 일정한 형태를
찾을 수 있다. 예를 들어 인간의 삶의 영역과, 그것과 구별되는 신의
영역을 연결시켜 주는 신성한 나무가 등장하는 신화와 의례는 세계
대부분의 지역에서 찾을 수 있다. 『구약성서』 「창세기」는 에덴동산
한가운데 생명나무와 선악과가 있었다는 유명한 이야기를 전하고, 야
곱이 꿈에서 본 하늘과 땅을 연결하는 사다리를 언급하기도 한다. 고
대 중국 신화에는 신인(神人) 복희(伏羲)가 "하늘 사다리"를 타고 하늘과
땅 사이를 오르내렸다는 이야기가 있다. 중국의 신화학자 위앤커(袁
珂)는 중국 신화에서 하늘 사다리는 세계의 중심에 있는 산이나 나무
를 가리킨다고 말한다.[11] 우리나라의 전통적인 무속 종교에서도 인간
의 영역과 신의 영역을 연결하는 나무는 많이 찾아볼 수 있다. 제주도

10　엘리아데는 역사학자들이 어느 시기에 어떤 성스러움이 어떤 방식으로 묘사되었다는 사실 자
　　체를 추적한다면, 종교학자는 성현이 공통적으로 드러내는 성의 형태를 이해하고 설명하는
　　작업에 힘을 기울여야 한다고 주장한다. 엘리아데, 『종교형태론』, 58-59쪽.
11　위앤커, 『중국신화전설 1』, 전인초 · 김선자 옮김(서울: 민음사, 2007[1984]), 50-52쪽. 산, 나
　　무, 사다리 등은 하늘과 땅을 연결하는 중심축이라는 점에서 같은 형태로 분류될 수 있다. 뒤
　　에서 더 자세히 다룰 것이다.

신화인 「천지왕본풀이」에는 온 세상을 다스리는 천지왕이 땅에 남겨둔 두 아들 대별왕과 소별왕이 박 덩굴줄기를 타고 하늘에 올라가 아버지를 만나는 이야기가 나온다.[12] 오늘날에도 제주도의 와흘 본향당이나 현씨 일월당 등의 마을 본향당에는 제사 때 신이 타고 내려오는 것으로 여겨지는 신수(神樹)들이 중심적인 위치를 차지하고 있다.

인간이 인식하고 경험하는 성스러움의 내용에 공통적인 구조와 형태가 존재한다는 말이 성스러움의 실재를 주장하는 것도 아닐 뿐더러, 모든 종교에서 말하는 성스러움이 본질적으로 다 같은 것이라는 의미도 아니라는 것에 주의해야 한다. 모든 종교의 성스러움이 궁극적으로 다 같다는 주장은 우리 주변에서 흔히 찾을 수 있다. 황석영의 『바리데기』에서 바리는 한국 무속 신앙의 "하늘님"과 "알라신"이 같은 존재라고 받아들인다. 또한 그녀와 시할아버지 압둘은 이슬람교, 불교, 도교, 그리스도교의 차이는 같은 궁극적인 우주의 섭리를 다른 방식으로 경험한 것에 있다는 점에 동의한다.[55] 그러나 이러한 종교 이해는 개인적인 우주관과 세계관을 반영하고 있다는 점에서 교리적이고 고백적인 사고를 근거로 하며, 학문적인 종교의 이해

---

12 '본풀이'는 제주도에서 신화를 가리키는 말로, '신의 근본을 풀어내기'라는 뜻이다. 이 책에서 나는 우리나라 전통 신화 중에서 주로 제주도 신화를 많이 인용할 것이다. 제주도 신화는 두 가지 이유에서 학문적 연구의 자료로서 큰 가치가 있다. 첫째, 제주도 신화는 다른 지역의 신화에 비해 상당히 체계적으로 정리되어 있다. 신동흔의 말을 빌리자면, 우리나라의 신화는 대개 일목요연한 체계를 갖추고 있지 않은데, "그나마 체계성을 갖추고 있는 것이 제주도 신화"다[신동흔, 『살아있는 우리 신화』(서울: 한겨레출판, 2006), 306쪽]. 둘째, 엘리아데는 신화가 살아 있는 문화를 연구하는 것은 신화적 사고를 이해하는 데 가장 좋은 기회를 제공한다고 말한 바 있다. 신화가 살아 있는 문화란, 신화가 '참'으로 받아들여지며 사람들의 종교적 삶의 기반을 구성하는 문화를 말한다. 제주도에는 토착종교의 신화를 참으로 받아들이며 이 신화와 연결된 제의에 진지하게 참여하는 주민들이 많이 있다는 점에서 제주 토착종교는 여전히 "살아 있다"고 할 수 있으며, 따라서 비교적 정확하게 신화적 사고를 이해할 수 있다(Eliade, *The Quest*, p.73 참조).

와흘 본향당 신수. ©윤순희(제주생태관광)

와는 거리가 멀다고 할 수 있다. 종교 상징을 이해하기 위해 지금까
지 내가 강조한 것은 여러 종교 현상에 나타나는 성현의 구조에서 공
통점을 찾을 수 있다는 것, 즉 인간이 속을 통해 성을 경험하는 성현
의 변증법이 동일하다는 것과,[56] 인간이 성현으로 인식하는 대상들을
형태에 따라 분류할 수 있다는 것이다.

　　성현의 다양성으로 다시 돌아가자. 인간 삶의 모든 환경이 성
현의 다양성에 영향을 끼친다. 역사적 상황, 문화적 배경, 종교적 위
치, 사회 계급, 그리고 개인의 성향까지, 수많은 요소에 따라 사람들
은 범속한 삶의 환경을 넘어서는 성스러움을 다양하게 경험한다. 인

간이 자신과 다른 존재론적 영역을 다양하게 인식하므로 성현도 다양하게 나타난다. 간단한 예를 들어 보자. 사제들이 성상(聖像) 자체가 성스러운 존재는 아니며 사람들이 신을 이해하도록 하는 도구라고 가르친다고 하더라도, 일반 신도들 중에는 자신의 집에 모신 성상 자체가 성스러움을 직접 드러낸다고 생각하는 사람이 있을 것이다. 캘커타의 칼리카트 사원에서 두르가(Durga) 여신에게 양을 희생 제물로 바치는 많은 일반 힌두교인에게 여신은 공포를 자아내는 숭배의 대상이지만, 힌두교 신학자들은 여신을 계속해서 재생하는 우주 생명의 표상으로 해석하기도 한다. 대중이 생각하는 성스러움의 속성과 종교적 엘리트가 강조하는 성스러움의 내용이 다른 것이다. 그러나 두려움 속에서 여신에게 제물을 바치는 일반 신도와, 여신에게 철학적 의미를 부여하는 신학자 모두 일상의 영역과는 전적으로 구별되는 성스러움의 속성들을 말하고 있다는 것은 분명하다. 이들은 우리가 성스러움을 설명하면서 제시할 수 있는 여러 특징을 보완적으로 제시하고 있는 것이다.

다시 반복해서 말하지만 종교학에서 신 혹은 다른 성스러운 존재의 실재 여부는 논의의 대상이 되지 못한다. 하지만 사람들이 그렇게 믿고 묘사하는 대상이 학문적 논의에서 완전히 제외되어서는 안 된다. 바로 이 때문에 '성스러움이 현실에 나타난 것이라고 종교적 인간이 인식하는 것'이라는 성현의 개념이 유용한 것이다.[13] 어떤

---

13 엘리아데, 『성과 속』, 12쪽 참조. 이 외에도 엘리아데는 성현에 드러나는 성스러움의 형태를 밝히는 작업에 몇 가지 장점이 있다고 생각했다. 무엇보다도 종교를 다른 요소로 환원해서 설명하는 '환원주의'를 강하게 반대했던 엘리아데에게 성현을 중심으로 하는 종교 연구는 종교를 종교 자체로 이해하도록 하는 방법이었다. 인간이 인식하고 경험하는 모든 대상이 성현이

대상이 성현인지 아닌지의 여부는 사람들이 그것을 성현으로 인식하는지 아닌지에 달려 있다. 따라서 성현이라는 개념은 상대적이다. 힌두교인들은 갠지스강을 시바 신의 머리에서 흘러나오는 성스러운 강으로 여길뿐더러 그 자체를 강가(Ganga) 여신으로 숭배하고 절대 썩지 않는다고 믿지만 다른 사람들은 이것을 인정하지 않는다. 또한 사람들이 무엇을 성스러움이 드러난 것으로 간주하는지, 그 대상을 얼마나 성스럽게 인식하는지는 그것을 경험하는 사람의 성격, 상황, 속성에 따라서, 문화적·역사적인 맥락에 따라서 달라진다.

너무 당연한 이야기겠지만, 가장 강력하게 성현으로 경험되던 대상이 성현의 속성을 완전히 상실하기도 한다. 고대 이집트에서 수천 년 동안 많은 사람들은 태양신 레[Re, 혹은 라(Ra)]를 주신(主神)으로 섬겼다. 사람들은 죽어서 오시리스(Osiris)가 주관하는 심판을 통과해 신들이 거주하는 이상향[드와트(dwat)]에 가서 태양신 레가 땅을 도는 여정에 참여하기를 기도했다. 그러나 고대에 가장 많은 신봉자를 확보한 성스러운 존재 중 하나였던 이 태양신은 더 이상 성현으로 인정되지 않는다. 이제는 역사 속의 성현일 뿐이다. 반대로 어떤 성현은 애초의 제한된 범위를 넘어 성스러움을 확장하기도 한다. 한때 십

될 수 있으며, 복잡하고 다양한 종교 현상에서 일관된 구조를 파악하는 일이 가능하다고 생각했기 때문이다. 그는 성스러움을 받아들이는 이들의 정신세계에 주목하여 성현을 이해하고(『종교형태론』, 64쪽). 종교 현상이 "서로 분리되어 있는 듯하지만 실제로는 하나로 뭉뚱그려 있는 신앙, 행동, 체계"(『종교형태론』, 47쪽)라는 것을 보이고자 했다. 또한 이러한 방법은 서구 학자들이 지닌 동양과 비서구에 대한 편견과 우월주의를 극복하도록 한다고 주장했다(『종교형태론』, 49, 65쪽). 그때까지 대부분의 종교학자들은 종교를 소위 "미개한 종교"부터 그리스도교를 정점으로 하는 "고등 종교"의 순으로 나열하고, 이 순서대로 종교가 발전되었다는 것을 보이는 방식으로 종교현상을 기술했다. 사람들의 인식과 경험에 나타난 성스러움의 공통된 구조에 주목하는 작업이 이러한 서구 중심적 종교 기술을 극복하는 데 도움이 된 것은 분명하다.

자형(+)은 세 계의 여러 지역에서 우주의 보편적 이미지를 비롯한 다양한 성스러움의 상징으로 사용되기도 했었다. 십자형이 신의 아들의 희생을 통한 인간 구원이라는 의미로 수용되고, 때로는 흡혈귀도 물리치는 성스러운 힘을 지닌 것으로 인식된 것은 그리스도교가 전파된 이후다. 원래 십자형이 가지고 있던 성스러움의 의미가 더 넓은 의미로 확장된 것이다.

성현을 인식하는 양상이 다양하다는 점은 성현과 상징의 관계를 통해서도 설명할 수 있으나, 그러기 위해서는 상징의 속성에 대한 논의가 필요할 것이다. 이는 다음 장에서 상징체계를 다루며 좀 더 자세히 설명할 내용이다. 여기서는 종교적 인간이 특정한 성현을 다른 것을 가리키는 상징으로 여기지 않는 경우도 있다는 것만 지적하고 넘어가겠다. 이러한 성현은 성스러움이 직접 드러난 것으로 간주된다. 사람들이 엄청나게 웅장하고 압도적으로 느껴지는 바위를 알 수 없는 신비한 힘을 지닌 존재로 여겨 숭배한다고 하자. 그 바위는 다른 것을 지시하거나 대신하지 않고 그 자체로 성스럽게 여겨진다는 점에서는 엄밀한 의미의 '상징'이라는 용어를 적용하기가 어렵다. 그러나 이와 동시에, 그 바위는 바위 그 자체 외의 다른 성스러움과 연관된 의미를 가지고 있기도 하다. 따라서 신자들이 그 자체로 성스럽게 여기는 성현도 넓은 의미에서는 상징적이라고 할 수 있는 것이다.

이렇게 성스러움이 직접 나타난 것이라고 여겨지는 '기본적인' 성현이 있다면, 성스러움을 가리키고 대신하는 상징의 구조가 좀 더 분명한 성현도 있다. 예를 들어, 성모 마리아상이 하느님과 성모의 사랑을 알게 해 주는 도구라는 가톨릭교회의 가르침은 상징적인 의미를 강조한다. 반면 일부 신자들이 자신이 소유한 마리아상을 진짜 성모가 나타난 것이라고 여긴다면 이 사람들은 마리아상을 기본적인 성현에 가깝게 인식하는 것이라고 할 수 있다. 절에 있는 불상은 이를 붓다 자신으로 섬기는 불교 신자에게는 기본적인 성현이며, 붓다에 이르는 도구에 불과하다고 생각하는 승려에게는 상징적인 것이 된다.[14] 힌두교의 가장 큰 축제 중 하나인 두르가 푸자(Durga Puja) 기간 동안 마치 여신 자체인 것처럼 섬겨지는 두르가 여신의 신상도 마찬가지다. 이 신상은 축제가 끝난 뒤 강물에 떠내려 보내지거나 마을의 호수에 버려진다. 힌두교인들은 축제 기간 중 신상에 머물렀던 여신이 축제가 끝나면 떠나기 때문이라는 신학적 설명을 제공한다. 마을 사람들이 제작한 신상은 두르가 여신을 상징하기 때문에 성스럽게 여겨지는 것이지, 신상 자체가 성스러운 속성을 지닌 것은 아니다. 이는 어떤 사물을 성스러움이 스스로를 직접 드러내는 성현으로 인식하는 것과는 다른 형태라고 하겠다.

상징을 통해 드러나는 성현은 성스러움과의 지속적인 연결을 가능하게 한다는 면에서 성스러움을 지향하는 인간의 욕구를 충족시키는 데 매우 유용하다. 성스러움의 변증법에 따르면, 성스러움은 계속 새로운 대상 안에 자신을 구체화하고 한정 짓지만 동시에 그 속에서 초월적이고 본질적인 성스러움의 구조를 드러낸다. 달리 말하면 모든 것은 성현을 이룰 잠재적 가능성을 가지고 있고 모든 종교적인

---

14 이러한 관점의 차이는 〈달마야 놀자〉(2001)라는 한국 영화에 잘 나타난다. 실수로 불상을 파손한 사람에게 젊은 스님들은 "당신이 부처님을 부쉈다"라고 분노하는 반면, 노스님은 "법당의 불상이 부처님으로 보이든? 지금까지 나무토막을 섬겼어?"라며 젊은 스님들을 꾸짖는다.

경험에서 성스러움은 범속함과 공존한다. 종교적 인간은 성스러움이 성현을 통해 범속한 세상에 자신을 드러낸다고 여기지만, 속을 통한 드러냄이 초월적인 성스러움의 전부를 완전히 보이지 못한다는 것을 알고 있다. 이렇게 성현은 범속함의 한계 속에 있으면서도 동시에 범속함과의 구별 혹은 단절을 근거로 하는 속성을 가지고 있다. 그래서 인간은 상징을 사용하여 성스러움과의 항구적인 연결을 추구한다. 어느 독실한 가톨릭 신자가 몸에 늘 지니고 다니는 예수상이 있다고 가정해 보자. 이 상은 실제로 성스러운 존재인 예수가 아니지만 성스러움을 표현하고 대신하는 상징으로서 그 신자가 계속해서 성스러움과 연결되어 있도록 도와준다. 성현과 상징의 관계에 대해서는 다음 장에서 상징체계를 다루면서 좀 더 설명하도록 하겠다.

3장

종교적 인간은
상징을 사용하는 인간이다

1) 종교 상징의 개념과 특징

① 상징 개념 이해하기

의식적이건 무의식적이건, 사람들은 상징의 힘을 알고 이를 사용한다. 특히 노련한 정치가들은 상징을 운용하는 데 능숙하다. 나치는 스바스티카 문양(卍)을 뒤집어 아리아인의 인종적 순수성을 나타내는 상징으로 사용했고, 이는 20세기 상징물들 중 가장 부정적으로 성공한 사례가 되었다.[57] 문학가들은 인간 삶의 다양한 모습을 상징을 통해 표현할 뿐만 아니라, 때로는 사람들이 상징을 어떻게 받아들이고 사용하는지를 묘사한다. 밀란 쿤데라의 소설들에는 상징이 인간에게 끼치는 영향에 대해 언급한 부분이 많이 있다. 그중에서도 『참을 수 없는 존재의 가벼움』에서 아내와 사이가 좋지 않은 프란츠의 생각을 통해 상징의 힘을 직접 언급하는 부분이 가장 눈에 띈다. "그[프란츠]는 차라리 혼자 자는 것을 선호했을 테지만 공동 침대는 결혼의 상징이며, 상징이란 잘 알다시피 신성불가침한 것이다."[58]

하지만 상징을 통해 의사를 전달하는 것과 상징의 속성을 이해하는 것은 전혀 다른 일이다. 특히 상징을 연구하는 학자들이 제시해 온 복잡한 이론적 설명들을 공부하는 데에는 적지 않은 노력이 필요하다. 다행히도 이 책이 추구하는 바, 즉 종교 상징에 대한 통찰력을 기르고 인간과 문화를 깊이 성찰할 능력을 확보하는 일을 위해서는 어려운 상징 이론들을 모두 알아야 할 필요가 없다. 그러나 다양한 종교 상징을 학문적이고 체계적으로 이해하기 위해 반드시 요구되는 수준의 이론은 정리해야만 할 것이다.

먼저, 인간은 상징을 사용하며, 상징을 사용하는 것은 인간뿐이라는 사실을 짚고 넘어가자. 상징은 인간을 생각하는 동물로 만드는 데에 크게 기여한다. 인간이 상징을 사용할 줄 알기 때문에 다른 동물이 뇌를 통해 반응하고 판단하는 것보다 인간 사고(思考)의 구조와 내용이 복잡하고 심오한 것이다. 상징이 인간 고유의 능력에서 기인하고 인간과 동물을 구별하는 결정적인 요인이라는 것에는 많은 사람이 동의한다. 앞 장에서 인간에게 종교적인 면이 있다는 것을 주장하는 데 장황한 근거가 필요했던 반면, 인간이 상징을 사용하는 특징을 지닌 호모 심볼리쿠스(*homo symbolicus*)라고 주장하는 것은 훨씬 수월한 일이다.

이 장에서는 '상징'이 무엇을 의미하며 어떤 특징이 있는지에 대해 살피고, 나아가 그중에서도 '종교 상징'을 구별하여 이론적으로 설명하도록 하겠다. "상징은 인간만이 가진 속성이다"라고 말한 루이 뒤프레(Louis Dupré)와,[59] "상징이 생각을 불러일으킨다"는 것에 주목하여 상징이 형성하는 사고를 창조적으로 해석하는 가능성을 탐색한 리쾨르의[60] 이론을 중심으로 상징의 일반적인 속성을 간략히 살피겠다. 그다음으로 클리포드 기어츠의 상징 이론을 이용하여 종교 상징이 작용하는 구조를 설명하고, 엘리아데의 이론을 통해 종교 상징의 제반 양태와 특징을 정리하겠다. 이론적인 이해를 바탕으로 구체적인 상징의 형태를 설명함으로써, 개별적인 상징들의 의미를 나열하여 단순한 지식을 제시하는 피상적인 이해를 넘어 인간과 문화 전반을 깊이 통찰할 수 있는 시각을 확보할 수 있을 것이다.

상징(symbol)은 직접 주어지지 않은 것을 가리키는 형식을 포괄하는 기호(sign)의 일종이다. 따라서 상징은 어떤 의미를 전달하는 표지의 역할을 하는 기호의 일반적인 특징을 가지고 있다. 그러면서도 상징은 여타의 기호와는 다른 특징들을 가지고 있다. 상징의 첫 번째 특징은 리쾨르가 말한 "두 겹의 지향성"을 품고 있다는 것이다.[61] 상징이 아닌 기호는 자기가 말하려는 것을 가리키는 지시적인 역할만 하지만, 상징은 문자대로의 의미를 넘어서 제2의 의미를 나타낸다는 뜻이다.[62] 예를 들어 '때(dirt)'가 묻었다는 말은 일차적으로는 얼룩이나 더러운 것이 묻었다는 물리적 의미를 나타내지만, 나아가 때 '같은 무엇'을 의미할 수도 있다. 상징으로 사용된 '때'는, '때로 얼룩진 양심'이나, '나는 때 묻은 사람이다' 등의 표현에서처럼 물리적인 때가 아닌 인간의 특정한 조건을 가리키게 된다. '교단(教壇)'이라는 말은 일차적으로 교실에서 선생이 강의할 때 올라서는 단을 가리킨다. 그러나 우리는 흔히 교육이 이루어지는 장소 전반을 가리키는 의미로 '교단'을 사용하며, 나아가 이상적인 교육이 이루어지는 장을 의미하기도 한다. 일차적인 의미를 넘어 다른 어떤 것을 나타낼 때 '때'와 '교단'은 상징이 된다. 그래서 기호가 어떤 것을 직접 가리키는 반면 상징은 다면적 의미를 내포한다. 기호로서 어머니가 어떤 사람을 낳고 기른 여성을 가리킨다면, 상징으로서의 어머니는 여러 의미를 환기시키는 작용을 할 수 있는 것이다.[63]

여기서 상징으로 사용되는 어휘를 예로 들었기 때문에, 언어와 상징에 대한 일반적인 설명이 필요할 것으로 보인다. 언어(혹은 말)를 "소리나 관용적 상징을 이용하여 의미를 전달하는 수단"으로 정의한다면,[64] 언어는 의미를 전달하는 기호라고 할 수 있을 것이다. 언어는 상징으로 사용될 수도 있고 상징이 아닌 기호로 사용될 수도 있다. 단어, 어구, 문장뿐 아니라 신화와 같은 이야기는 문자 그대로의 직접적인 의미를 넘어선 다른 의미를 전달하는 역할을 할 때라야 비로소 상징의 역할을 하는 것이다.[15] 우리가 외국어를 처음 배울 때, 낯선 어휘는 상징이 아닌 기호로 받아들여진다.[65] 처음 영어를 배우며 'mother'라는 단어를 접하면, 우리말의 '어머니'를 가리키는 기호로 인식된다. 그러다가 그 외국어로 문장을 구사하고 생각을 전개할 수 있게 되면 외국어를 점차 상징으로 사용할 수 있게 된다. 즉 'mother'라

15 이 책에서 자주 언급하는 리쾨르와 뒤프레뿐 아니라, 폴 틸리히, 카를 라너(Karl Rahner), 에른스트 카시러(Ernst Cassirer), 수전 랭어(Susan Langer) 등의 학자가 종교적인 상징으로서의 언어의 중요성을 신학적 혹은 철학적 관점에서 종종 강조했다. 그러나 뒤프레가 "진정으로 초월적인 실재는 과학과 일반적인 언어가 가리키는 대상과 더불어 존재하지 않는다"(*Symbols of the Sacred*, p.47)라고 말한 것에서 짐작할 수 있듯이, 이들의 철학이고 신학적인 설명은 우리의 관심 분야 밖에 있는 경우가 많다.

는 말은 '어머니'와 연관된 다른 의미들을 환기시키게 되고, 따라서 다양한 상징적 의미를 전달할 수 있게 되는 것이다.

　　둘째, 상징이 아닌 기호는 유비(혹은 유사성, 대비성)나 연상 관계가 없을 때도 성립되지만, 상징은 유비적 관계나 연상 관계를 근거로 한다. 알파벳 'A'는 '에이[ei]' 혹은 '아[a]'라는 음가(소리)를 가리킨다. 이때 '에이[ei]'라는 소리와 'A'라는 문자는 서로 유사성에 근거한 관계로 연결시킬 수 없다. 그냥 그렇게 기호로 사용되는 것이다. 반면에 상징은 가리키는 대상과 연상 관계를 통해서 성립된다. 양자가 유사한 속성을 지녔다고 생각될 때 이 연상 관계가 쉽게 성립된다. 도교의 분향 의례에서 연기는 위로 올라간다는 속성 때문에 신에게 드리는 것이 된다. 『구약성서』의 희생 제의에서 신에게 올리는 것은 고기가 아니라 연기와 향이라고 하는 것도 마찬가지 이유에서다. 하늘의 신인 제우스에게는 뿔이 위로 향한 황소를 제물로 바치고, 대지의 여신 데메테르에게는 땅으로 고개를 향하는 모양을 한 돼지를 바치는 것도 이러한 유비적 연상 관계를 통해 설명되기도 한다. 한편 상징과 가리키는 대상의 연상 관계는 특정한 사건이나 주요한 개념에 근거하기도 한다. 초기 불교인들은 석가모니 붓다를 인도 전통 종교의 신들과 구별했기 때문에 붓다를 직접적으로 묘사하는 조상(彫像)들을 직접 만들지 않았다. 당시 미술 작품들은 보리수, 수레바퀴, 탑 등으로 붓다의 모습을 표현했다. 보리수는 붓다가 그 아래에서 깨달음을 얻었기 때문에 붓다를 연상시키며, 초기 불교에서 붓다의 가르침이 종종 법륜(法輪, dharma-cakra)으로 표현되었기 때문에 수레바퀴가 붓다 자신을 연상시키는 데 효율적일 수 있었으며, 붓다의 사리가 탑에 봉안되면서 불탑은 자연스럽게 붓다의 상징이 되었다.

여기서 은유와 상징이 어떻게 구별되는지에 대해서도 간단히 생각해 보자. 먼저 상징은 특정한 대상(주로 개념)을 가리키는 사물, 사건, 행위 등을 포괄하는 반면, 은유는 사물의 상태를 암시적으로 나타내는 수사법이다. 상징은 언어적 표현 내에서 사용되어도 대상을 가리키면서 그것을 대신하는 힘이 있다. 하지만 은유는 어떤 대상의 속성을 보여 주는 '상징적 표현'에 머문다. 또한 은유를 비롯한 비유는 화자가 표현하는 맥락에 제한되지만, 상징은 맥락에 제한되지 않는다. 상징이 되기 위해서는 어느 정도 일반적으로 수용된 의미를 나타내야 하기 때문이다. 몇몇 예를 살펴보면 이해가 쉬워질 것이다. 순하고 착한 아이를 '어린양'이라고 표현한다면, 그 아이의 특징을 잘 나타낼 수 있는 수사법을 사용한 것이다. 이때 그 아이가 왜 어린양인지는 말한 사람의 의도와 표현의 배경이 되는 상황 등을 알아야 이해할 수 있다. 하지만 그리스도교인들은 어린양이라는 단어가 다른 설명이 없어도 예수를 가리키는 일반적인 의미로 알고 있다. "어린양, 찬양해요"라는 개신교 복음성가 가사 속에서 어린양이라는 말은 예수라는 가리키는 대상이 나오지 않아도 문제가 없다. "내 마음은 호수요"라는 은유는 내 마음이 어떠한지를 보여 주지만, 호수가 내 마음을 대신하지는 않는다. 호수의 의미는 전적으로 화자가 말하는 맥락에서 결정된다. 일반적으로는 호수가 마음을 가리키는 기호로 받아들여지지 않지만 특정한 작품 속에서 마음의 상태나 속성을 표현하기 위한 수단으로 사용되는 것이다.

성공적으로 연애를 하는 어떤 사람이 있다고 하자. 이 사람은 연인이 자신을 몹시 보고 싶어 하면서도 볼 수 있을 것으로 기대하지 않는 때를 잘 예측한다. 그럴 때 갑작스럽게 찾아가 예상치 못한 기쁨을 안겨 준 그에게 상대가 "당신은 요술쟁이 같아요"라고 말한다. 이 말은 자신이 보고 싶어 할 때마다 척척 나타나는 연인의 특성을 비유적으로 표현한 것이다. 하지만 그는 요술쟁이를 대신하는 존재도 아니고 요술쟁이가 그를 가리키지도 않는다. 요술쟁이라는 표현은 두 연인 사이에서 일어난 일들의 맥락 속에서 이해될 수 있다. 너무 능숙하게 일을 잘하는 같은 학과의 친구에게 "너는 우리 학과의 슈퍼맨이야"라고 칭찬하는 경우도 은유적 표현을 사용한 것이다. 이 은유적 표현은 그 말을 하게 된 배경을 모르면 의미를 도무지 알 수 없다는 면에서 맥락에 완전히 제한된다. 반면에 슈퍼맨의 상징적 의미는 대체로 인간이 갈망하는 초월적 능력을 지닌 존재라는 일관된 방향을 유지한다.[66] 『신약성서』에서 예수가 자신을 가리켜 "생명의 빵"이라고 말한 것은(「요한복음」 6:35, 48) 자신이 참되고 영원한 생명을 얻게 하는 구세주라는 것을 은유적으로 표현한 것이라고 할 수 있다. 반면, 후대의 가톨릭 신자가 성체성사에서 빵을 받으면서 '거룩한 주님의 몸'을 받는다고 믿는 것은 빵이 예수를 대신하는 상징으로 사용된 사례다. 상징과 상징이 가리키는 것이 동일하지는 않다. 그러나 상징은 가리키는 대상을 대신한다. 종교 상징은 성현을 대신하는 것이다.

셋째, 상징이 아닌 기호는 가리키는 의미의 대상, 즉 기의(記意, the signified/signifié)를 단지 가리키거나 나타낼 수 있으나, 상징은 이러한 기능을 넘어서 그 대상이 존재하는 것과 같은 분위기를 조성한다. 뒤프레는 『성스러움의 상징(Symbols of the Sacred)』을 다음과 같은 설명으로 시작한다.

> 모든 상징은 기호다. 그리고 기호는 직접적으로 주어지지
> 않은 어떤 것을 가리키는 형태들을 말한다. 그러나 기의(the
> signified)를 단지 가리킬 수 있는 기호가 있고, 기의를 표상할
> 수 있는 기호도 있다. 엄밀한 의미에서 전자가 기호를 말한다
> 면 후자는 상징을 말하는 것이다. 상징은 인간만이 가진 속성
> 이다. 상징은 그 자체로 의미를 가지며(사실 상징만이 의미를 가질
> 수 있다), 이를 통해 기의를 단순히 공표하는 데에 그치지 않고
> 그 의미를 분명히 말할 수 있다. 상징은 의미화된 대상[기의]
> 을 직접 주목하도록 하는 것이 아니라, 이것을 [상징이 있는
> 곳에] **존재하게 하고 대신하도록 하는 이중적 의미에서 기의를**
> **표상**하는 것이다.[67]

상징이 그 기의(의미화된 대상)를 "존재하게 하고 대신"한다는 말
을 기어츠의 용어로 풀어 설명하면 의미가 좀 더 분명해질 것이다.
즉 상징은 그것이 가리키는 대상이 실제로 존재한다는 "질서 개념을
형성"할 뿐 아니라 그 대상의 "실제적인 분위기를 조성"하며, 이와 관
련된 행위가 이루어지도록 하는 "동기를 사람들에게 부여"한다는 말
이다.[68]

구체적인 사례를 살펴보면 이해하기가 쉬워진다. "불교의 사
보살의 하나로, 중생이 그 이름을 외면 도와주는 자비의 보살은 누구
인가?"라는 질문을 받은 학생이 "관세음보살"이라고 답을 한다면, 이

때 관세음보살이라는 말은 상징이 아닌 기호로 그 대상을 가리키는 역할을 한다. 불교 신자나 신자가 아닌 사람에게나 이 1차적 의미는 동일하게 전달될 것이다. 반면 어떤 불교 신자가 간절하게 "관세음보살"이라고 외는 것은 자비로운 초월적 존재인 관세음보살이 자신을 구제해 주기를 바라거나 구제해 줄 것이라고 믿는 2차적 의미를 지닌다. 더 나아가 그 신자가 작은 목각 관음상을 지니고 다닌다고 생각해 보자. 이때 관음상 자체가 관세음보살이 아니라는 것은 어쩌면 그 신자에게도 자명할 것이다. 이 상징물은 보이지 않는 관세음보살을 대신하여 관세음보살이 그 신자 옆에 존재한다는 것을 믿도록 해 준다.

좀 더 쉬운 예를 들어 보자. 조선시대에 임금으로부터 직접 임명되어 지방에 파견된 암행어사는 목적지에서 변장을 한 채 염문 정찰을 했다. 초라한 행색으로 떠돌던 암행어사가 갑자기 지방 수령을 봉고 파직까지 할 수 있는 막강한 권한을 휘두르게 되는 것은 마패 등 임금이나 의정부로부터 부여받은 권한의 상징을 보여 줄 때부터다. 마패는 중앙정부의 권위를 대신하며 암행어사의 권위를 존재하게 한다. 왕의 도장인 옥새도 마찬가지다. 옥새가 찍힌 문서는 그 문서가 전달된 곳에 왕의 권한이 존재하게 하고, 왕을 대신한다. 이는 중국에서도 마찬가지였던 것 같다. 소설 『삼국지(三國志)』에서 옥새를 발견한 손견이 천하를 손에 넣을 꿈을 꾸게 된 것이나, 옥새를 손에 넣은 원술이 자신을 황제로 칭했던 것을 기억해 보라.

우리는 추상적인 대상을 가리키기 위해 사용되는 상징물들을 주변에서 많이 찾을 수 있다. 예컨대 '사랑'과 연관된 상징물들만 헤아려 봐도 그렇다. 너무나 흔히 마주치게 되는 하트 모양이 이제는 사랑을 의미한다는 것은 누구나 알고 있다. 원래는 가톨릭의 성배와 사람의 심장을 상징했었으나, 심장이 사랑의 근원지로 여겨지면서 이제는 사랑을 상징하게 되었다. 요즘 많은 사람이 옷에 달고 다니는 "사랑의 열매" 배지는 이웃 사랑의 실천을 표현한다고 한다. 남녀 사이의 사랑을 나타내는 상징물은 다양하다. 사랑의 고백을 전달하는 데 사용되는 초콜릿이나 장미꽃, 부부간의 영원한 사랑을 의미하는 결혼반지 등을 어렵지 않게 떠올릴 수 있을 것이다. 이 상징물을 어떻게 활용하는가에 따라 그것이 지닌 상징적 의미가 다르게 전달될 수 있다. 예를 들어 결혼반지를 끼고 있는 사람은 누군가에게 사랑을 서약하고 결혼한 사람, 달리 말하면 배우자에게 '매여 있는' 사람이다. 호감을 가지고 접근하는 이성에게 반지를 낀 손가락을 가리키는 것은 자신은 결혼한 사람이니 접근하지 말아 달라는 뜻이다. 반대로, 부부가 싸우다가 반지를 빼서 돌려준다면 이 결혼을 끝내겠다는 강력한 의미를 전하는 상징적 행위가 된다.

② 종교 상징의 기본 특징

'종교 상징(religious symbol)'은 흔히 다음과 같은 세 가지 의미로 사용된다. 첫째, 인간이 성스럽게 여기는 존재 자체나 그 존재의 특정한 속성을 표상하는 상징을 가리킨다. 우리가 2장에서 다루었던 성스러움의 범주에 포함될 수 있는 신, 조상신, 정령, 초월적 힘과 그 속성을 나타낼 뿐 아니라, 이를 대신하고, 인간의 영역에 존재하게 한다. 인간이 자신보다 우월하다고 믿는, 때로는 완전하다고까지 여기는 성스러운 존재를 표상하는 기호로 사용되는 상징들은 인간의 범속한 영역에 있기 때문에 성스러움을 완전히 나타낼 수 없다. 따라서 성스러움을 가리키는 종교 상징은 성현의 특징, 즉 성스러움이 속됨을 통해 나타나는 '성과 속의 변증법'을 잘 보여 준다. 둘째, 종교 상징은 인간의 종교적인 행위와 관련되며 종종 인간의 종교적인 경험을 유발하는 상징을 가리키기도 한다. 애초에 상징하던 대상과 그 의미는 이미 오랜 역사 속에서 잊혀졌다 하더라도, 특정한 집단의 사람들이 여전히 범속한 삶의 영역과 대비되는 성스러움과 연관된 것으로 받아들이는 상징들도 종교 상징에 포함되는 것이다. 일반 대중은 제의나 세시 풍속에서 사용되는 상징의 의미를 알지 못하는 경우가 많다. 그러나 그 상징은 인간이 자신의 힘을 넘어서는 존재와 접하도록 범속한 시간 및 공간과 구별되는 시간과 공간을 열어 준다. 마지막으로, 좀 더 넓은 의미에서 종교 상징은 이러한 성스러움과의 관계 속에서 이해되는 모든 것을 가리키는 상징이다. 달리 말하자면 성스러움을 향한 인간의 지향성과 관련되는 모든 상징이라고 할 수 있다. 성스러움을 갈망하는 인간의 이야기와 행위는 그 자체로 종교 상징이며, 이 이야기나 행위를 표상하는 기표(記標, the signifer/significant)도 종교 상징이다. 이 책에서 말하는 종교 상징은 이 세 가지 의미를 모두 포괄한다.

상징은 항상 일반적으로 사용되는 의미를 뛰어넘는 의미를 나타낸다. 특히 미학적 상징, 시적인 상징은 일반적인 의미를 훨씬 능가하는 풍부한 형이상학적 의미를 나타내곤 하지만, 기표와 기의가 완전히 분리된 세계에 존재하지는 않는다. 김수영의 「눈」(1957)이라는 시를 예로 들어 보자.

눈은 살아 있다
떨어진 눈은 살아 있다
마당 위에 떨어진 눈은 살아 있다

기침을 하자
젊은 시인이여 기침을 하자
눈 위에 대고 기침을 하자
눈더러 보라고 마음놓고 마음놓고
기침을 하자

눈은 살아 있다
죽음을 잊어버린 영혼과 육체를 위하여
눈은 새벽이 지나도록 살아 있다

기침을 하자
젊은 시인이여 기침을 하자
눈을 바라보며
밤새도록 고인 가슴의 가래라도
마음껏 뱉자

이 시에서 사용된 눈, 기침, 가래는 모두 범속한 인간의 세계에서 일어나는 일들을 표상한다. 반면에 성스러움을 가리키는 종교 상징은 성과 속 사이의 존재론적인 분리를 전제로 한다. 뒤프레는 종교 상징이 성스러움과 범속함의 분리를 근거로 성립된다는 것에 주목했다.[69] 그는 시적인 상징으로 사용된 기표와 그 대상인 기의 사이에는 어느 정도의 결속력이 나타나는 데 반해, 인간의 한계를 넘는 영역인 성스러움을 가리키는 종교 상징에서는 기표와 기의의 간극이 더 심화된다고 말한다.

그리스도교에서 예수를 상징하는 '어린양'을 다시 예로 들어 보자. 이때 어린양은 존재론적 차원이 다른 영역, 일상과의 분리를 전제로 하는 영역인 성스러움을 표상한다. 물론 성스러움의 전체가 아닌 한 단면, 즉 "인간을 위해 희생한 무고하고 순결한 신(혹은 신의 아들)"을 가리킨다. 어린양은 그리스도교의 신이 가진 대표적인 다른 속성들, 예를 들어 전지전능하고 강력한 창조주나 심판자의 속성은 나타낼 수 없다. 그래서 성스러움의 기표인 종교 상징은 기의인 성스러움을 다 보여 줄 수 없는 것이다. 상징을 통해 표현하고자 하는 내용에 따라, 강조하고자 하는 성스러움의 속성에 따라 일부만을 보여 주는 것이다. 성스러움은 속을 통해 나타나고 경험되기 때문에 성스러움을 표상하는 상징이 성스러움 자체를 드러낼 수 없는 것은 당연하다. 그래서 신비로운 경험을 강조하는 종교에서는 경험적 외관인 상징들을 모두 초월하여 직접 성스러움의 영역으로 들어가야 한다고 주장한다. 속으로는 완전히 표현될 수 없는 성스러움의 본질적 내용에 닿기 위해서는 속을 통하지 않는 신비한 도약이 필요하다는 것이다.

속과 분리되는 성스러움의 상징에 초점을 맞추어 종교 상징의 특징을 설명한 뒤프레와는 달리, 기어츠는 상징을 먼저 정의하고, 이 상징이 어떻게 종교적으로 사용되는지를 명시함으로써 종교 상징의 특징을 보여 준다.[16] 기어츠에 따르면 "**상징은 어떤 개념을 전달하는 역할을 하는 모든 사물, 행위, 사건, 특질, 관계를 말한다.** 이때 개념은 상징이 의미하는 내용[우리가 지금까지 사용한 용어로는 기의]이다."[70] 그는 지향하는 가치와 구체적인 요소들을 동일시하는 인간의 능력을 통해 상징이 작용한다고 말한다. 구체적인 것들에 포괄적이고 규범적인 의미를 부여할 수 있는 인간의 능력 때문에 상징이 작용할 수 있다는 것이다.[71]

종교에서 어떤 개념을 전달하기 위해 사물, 행위, 사건, 특질, 관계 등을 상징으로 사용하는 예는 무수히 많다. 그리스도교의 성찬식 혹은 성체성사에서 빵과 포도주는 각각 그리스도의 살과 피를 가리키고 나아가 그리스도의 희생과 사랑을 표상하는 '사물'이다. 성찬식에서 빵과 포도주를 먹고 마시는 '행위'는 그리스도의 희생과 사랑을 받고 그리스도와 하나가 되는 것을 상징한다. 석가모니가 극한의 고행을 끝내고 강가에서 목욕을 한 후 탈진했을 때 인근 마을의 수자타라는 여인에게 유미죽(쌀과 우유로 만든 죽)을 공양받은 '사건'은 극단적 고행을 끝냈다는 것 이상의 의미를 지닌다. 이는 또한 석가모니가 중도의 깨달음을 얻는 계기이며, 중생에게 깨달음의 진리가 전해지는 데 기여한 전환점의 역할을 하는 사건이다. 상징적 '사건'의 사례는 다양한 종교 신화에서 특히 많이 찾을 수 있다. 종교 상징으로 사용되는 사물들은 많은 경우 그 사물이 가진 '특질'을 통해 2차적 의미

---

16 Geertz, *The Interpretation of Cultures*, pp.91–98, 126–127. 기어츠는 주로 자바, 발리 등의 부족들에 대한 현장 조사 자료를 통해 자신의 이론을 뒷받침한다. 나는 기어츠의 종교 상징 이론이 일반적으로 널리 알려진 종교 신화와 의례에 적용되는 사례들을 중심으로 내용을 전개했다.

를 전달한다. 물의 중요한 특질을 생각해 보자. 홍수에서 볼 수 있듯이 물은 엄청난 파괴와 죽음을 유발하는 힘을 가지는 동시에, 모든 생물은 물이 있어야만 살 수 있다는 면에서 생명력의 공급원이기도 하다. 또한 더러움을 씻기 위해서는 물을 사용해야 한다. 이러한 특질들은 죄로 더럽혀진 존재를 정화하거나 이전의 존재를 소멸하고 새로운 생명으로 다시 태어나게 하는 세례의 상징적 의미에 그대로 반영된다. 돌은 견고하고 단단한 특질 때문에 성스러운 존재의 불변과 영원을 상징한다. 여러 시원적 종교에서 성스러운 장소는 흔히 영원과 불변을 상징하는 돌과 우주의 중심이 되는 나무로 구성되었다. 우리나라의 서낭당도 돌과 나무로 구성되었고 여기에 당집이 추가되었다. 돌은 인간들의 관계에서도 변하지 않는 것을 가리키는 상징으로 채택된다. 『구약성서』에서 라반과 야곱이 돌기둥을 세우고 돌무더기를 만들어 약속의 증거로 삼은 것은 당시에는 돌이 그 무엇보다도 단단한 성질을 가지고 있었고 따라서 변치 않는 약속을 상징하기에 적합했기 때문이다(「창세기」 31:44-53). 또한 기어츠의 말대로 개념의 의미를 전달하는 '관계'도 상징으로 사용될 수 있다. 그리스도교 신자들은 신과 아버지-자녀의 '관계'를 맺는다고 믿는다. 이 관계는 신에게 속한 존재로 거듭났다는 의미를 내포하고 있다.

종교 상징이 신화와 의례를 구성하며, 신자들의 세계관, 감정, 행동 방식 등을 나타낸다는 기어츠의 설명도 살펴볼 필요가 있다.

[의미를 축적한] 종교 상징들은 종종 의례로 극화되거나 신화로 이야기된다. 이러한 종교 상징을 받아들이는 사람들은, 세

계의 존재 방식에 대해 알려진 것, 그것이 지지하는 **감정생활
의 특질**, 그 세계 속에서 취해야 하는 **행동 방식** 등을 종교 상징
이 **요약**한다고 느낀다.[72]

인도 시아파 무슬림들의 무하람 의례. ⓒKevin Frayer

　　이 부분은 개별 종교에 나타난 사례를 보면 더 명확히 이해할
수 있을 것이다. 시아파 이슬람교인들은 무함마드(Muhammad)의 손자
후세인(Hussein)의 순교를 기리는 아슈라(Ashura) 축제의 열 번째 날, "무
하람(Muharram)"이라 불리는 의례를 행한다. 이 의례에 참여하는 사람

들은 광장에 모여 리듬에 맞춰 손바닥이나 채찍, 심지어 쇳조각 등으로 자신의 몸을 때려 고통을 가한다. 이들에게 인류 역사상 가장 중요한 사건은 후세인의 순교이며, 이 축제일은 한 해 중 가장 중요한 날이다. 이것을 상징적으로 재현하는 의례를 통해 슬픈 감정을 불러일으키고 후세인의 고통을 몸소 경험한다. 동아시아 불교 전통에서 예를 하나 더 들어 보겠다. 중국, 한국, 일본에서는 아미타불의 힘에 의해 서방정토에 왕생한다는 정토 신앙이 종종 유행했던 것을 볼 수 있다. 이들은 정법(正法), 상법(像法), 말법(末法)으로 시대를 구별하는 삼시(三時) 사상을 근거로 세계와 시간의 흐름을 이해하고, 당대는 중생의 힘으로 깨달음을 얻기 어려운 말법시대이므로 염불을 외워 정토에 왕생해야 한다고 주장했다. 특히 사회가 불안정한 시기에는 불안과 두려움을 이겨 내기 위해 많은 사람이 이러한 종말론적 세계의 이해와 대처 방식을 반영하는 종교 상징을 수용했다. 이들이 반복해서 외웠던 "나무아미타불" 이라는 염불은 이들이 아는 세계의 존재 방식, 상황에 대처하여 행동하는 법, 그리고 감정생활의 특질을 모두 나타낸다고 할 수 있다. 종교 상징이 신화로 이야기되고 의례로 극화되는 사례에 대해서는 다음에 이어질 4장과 5장에서 자세히 설명할 것이다.

2) 엘리아데의 비교종교학적 종교 상징 이론

상징은 종교의 의도와 목표가 효과적으로 실현되도록 하는 데 큰 역할을 한다. 스마트는 "종교 사상은 상징을 통해 세상을 이해하고 또 상징을 통해 행위를 유발"한다고 지적한다.[73] 종교 상징을 비교종교학적 관점에서 연구한다는 것은 상징이 사용된 종교의 요소 전반을 검토해야 하는 복합적인 작업이다. 종교적인 사상, 신화, 행위, 윤리 등 여러 종교에서 공통적으로 나타나는 양상들에서 상징이 중요한 역할을 하기 때문이다. 나아가 비교종교학은 여러 종교의 상징이 공통적으로 표상하는 개념을 기준으로 종교의 요소들을 분류한다.[74] 예를 들어 어떤 비교종교학자가 신내림을 받은 초보 무속인이 내림굿을 주관해 준 무당 아래에서 한동안 혹독한 수련을 쌓는 과정을 연구한다고 하자. 그 학자가 무속인의 수련 과정이 갖는 상징적 의미를 파악하고자 한다면, 신내림 뒤의 수련 과정과 관련된 구체적인 요소들이 표상하는 개념을 정리할 것이다. 이 연구를 통해 견습 무속인이 내림굿을 받아서 이전의 생활과 '분리'되었고, 현재 '전이'의 과정을 겪고 있으며, 이 수련이 끝나면 독자적으로 활동하는 무당이라는 새로운 지위로 '통합'될 것이라는 구조를 파악하게 되며, 이 구조가 여러 종교와 사회체제에서 찾을 수 있는 다른 '통과의례'의 형태와 같다는 것을 알게 될 것이다. 다음으로 그는 무속인의 수련 과정을 '통과의례'로 분류하여 다른 통과의례들과의 공통점뿐만 아니라 차이점도 비교하여 연구 대상의 특징을 이론적으로 설명하고자 할 것이다.[75] 비교종교학은 연구 대상인 종교 상징을 일반적인 관점에서 보게 해 주는 동시에 종교 상징의 개별적인 특징을 이해하는 데도 도움이 된다.

비교종교학은 상징을 비롯한 종교 현상의 일반성과 특수성을 함께 설명하기 때문에 종교 상징의 의미를 제대로 이해하기 위해서 반드시 필요하다. 석가모니가 출가하여 숲으로 들어갈 때 옷을 다 벗은 것은, 왕자로서 살았던 이전의 삶을 다 버린다는 특수한 의미를 갖는 동시에 옷을 벗는 행위가 일반적으로 뜻하는 '이전 존재와의 결별'이라는 상징적인 의미도 함께 갖는 것이다. 또한 비교종교학의 관점은 사람들이 자신의 문화 내에서 익숙하게 사용해온 상징적 의미를 새로운 시각에서 볼 수 있게 해 준다. '강을 건너는 행위'에 새로운 존재의 영역으로 들어간다는 종교 상징적 의미가 있다는 것을 개신교인들은 잘 인식하지 못한다. 그러나 "며칠 후 며칠 후 요단강 건너가 만나리"라는 찬송가 가사를 상기시켜 주고, 이와 유사한 개념을 드러내는 다른 종교의 사례들을 제시하면 고개를 끄덕이게 된다. 이처럼 종교 상징을 이해하기 위해서는 우리 삶을 둘러싼 상징적인 의미를 설명해 온 비교종교학의 성과들이 필요한 것이다.

엘리아데가 인간의 종교성에 주목했다는 것은 앞에서 설명했다. 그는 또한 상징을 사용하는 것이 인간의 중요한 특성이라는 점도 강조했다. 나아가 엘리아데는 인간의 중요한 이 두 특징은 반드시 연결된다는 점을 보여 주었다. 엘리아데의 일기에는 종교와 상징을 연결하는 다음과 같은 표현이 나온다.

> 종교의 역사는 성스러움의 경험과 더불어, 세계를 구성하고
> 그 의미들을 주입하는 다양한 성현과 더불어 시작되었다. 결
> 국 인간을 창조한 것, 인간을 다른 영장류로부터 구별한 것은
> 종교적 상징체계다.[76]

여기서 엘리아데는 성현을 표상하는 "종교적 상징체계"가 인간의 가장 중요한 특징이라고 주장하고 있다. 엘리아데에 따르면, "인간은 상징적 인간(*homo symbolicus*)이며 그의 모든 행위가 상징체계와 관련되어 있기 때문에 모든 종교적 요소는 상징적 특징을 갖게 된다."[77] 다시 말해서 인간은 상징을 통해 의미를 전달하기 때문에 종교와 관련된 인간 경험의 표현들은 모두 상징적인 특징을 지닌다는 것이다.

종교가 인간의 무기력함과 수동성에서 기인한다고 주장하는 사람들과는 달리, 엘리아데는 인간의 종교적 속성과 상징을 사용하는 특징은 "독자적인 창조 행위를 하는 영혼"을 반영한다고 본다.[78] 인간은 자연현상을 있는 그대로 받아들이는 것이 아니라 종교 상징을 통해 자신이 경험하는 힘과 거룩함의 상징으로 자유롭게 변형하기 때문에, 인간의 창조적인 능력이 가장 오래전부터 가장 분명히 나타난 곳이 종교 상징이라는 것이다. 인간은 종교 상징을 통해 사물을 변화시켜, 이 사물이 속의 경험으로 나타나는 것과는 다른 것이 되도록 한다.[79]

인간의 종교 상징이 "독자적인 창조 행위를 하는" 능력에 기인한다는 엘리아데의 주장을 받아들일 수 없는 독자들이 있을 것이다. 그의 종교학적 관점을 설명하기 위해 〈부시맨〉(1980)이라는 영화를 예로 들어 보자. 이 영화에는 비행기에서 떨어진 코카콜라 병을 발견한 부시맨 부족의 이야기가 나온다. 처음 보는 물건이 하늘에서 떨어진 사건은 자신들의 기존 지식으로는 설명할 수 없는 현실이다. 현실과 지식 체계의 불일치는 종종 신화를 통해 설명된다. 영화 속의 부시맨 부족은 '그 물건은 하늘에서 신이 떨어뜨린 악마의 물건으로, 자신들 중 선발된 누군가가 처리해야 하는 것이다'라는 신화적인 진술을 한다. 그들에게 하늘에서 떨어진 콜라 병은 자신들의 기존 질서 영역에 속하지 않은 구별된 것, 성스러운 것으로, 자신들의 일상의 영역에서 치워 버려야만 하는 것이다. 부시맨에게 콜라 병은 그 자체로 성스러운 어떤 것이므로, 앞에서 말한 엄밀한 의미의 상징 정의에는 부합하지 않는다. 그러나 신의 영역과 인간의 영역을 구별한다는 점, 어떤 물건을 신의 영역에서 온 전혀 다른 물건으로 보고 상징적인 의미가 담긴 처치를 하려 한다는 점에서 종교 상징적 요소는 분명히 나타난다. 여기서 영화 〈부시맨〉에 나타난 종교 상징을 논하려는 것은 아니다. 다만 불일치의 상황을 경험하고 신화적인 진술을 통해 이 상황에 대응하는 부시맨의 모습을 해석하는 종교학적 태도를 강조하고자 한다. 나는 똑같은 현상을 '타파해야 할 어리석은 미신'으로 폄하하는 사람들보다는, '설명이 불가능한 어떤 것을 설명하는 창조적 행위'로 해석하는 종교학자들이 오히려 가치판단을 배제한 더욱 객관적인 설명을 제공한다고 본다.[17]

엘리아데는 "[종교적] 상징체계가 사물을 속된 경험에서 보이는 존재와는 다른 어떤 것으로 변형시킴으로써 성현의 변증법을 한층 더 확장한다"[80]고 말한다. 개신교회의 성찬식에서 사용하는 빵은 대개

---

17 엘리아데가 샤먼들이 접신 상태에서 보이는 광기를 정신병으로 환원하는 의견에 반박하여, 그러한 광기는 샤먼들이 다른 사람들보다 우월한 존재임을 나타내는 종교경험이라고 해석하는 것도 같은 맥락에서 이해해야 할 것이다. Mircea Eliade, *A History of Religious Ideas vol. 1: From the Stone Age to the Eleusinian Mysteries*, trans. by Willard R. Trask (Chicago: University of Chicago Press, 1978), pp.344-366.

제과점에서 구입한 평범한 빵이다. 그러나 이 빵이 예수의 몸을 상징하면 그 지위가 완전히 달라진다. 독실한 신자의 손에 들린 나무 십자가는 성스러운 의미를 나타내지만 그 십자가를 만드는 데 사용된 나무로 연필을 만들었다면, 나무의 의미는 전혀 다른 것으로 변한다. 성스러움을 표상하는 상징물들인 빵과 나무에 이전과는 전혀 다른 지위가 부여되는 것이다. 아울러 티베트 불교 지역에는 마을마다 활불(活佛)로 인정받는 승려가 있다.[81] 그는 옛적에 살았던 석가모니나 관세음보살, 혹은 깨달음을 얻었던 고승들이 환생한 성스러운 존재로 인정되면서 인간 이상의 존재로 변한 것이다. 게다가 성스러움의 상징은 원래의 존재와 다르게 변형될 뿐 아니라 성현의 변증법을 확장한다. 2천 년 전에 활동했던 예수의 성스러움은 빵이라는 상징물을 통해서 현대의 교회 내로 확장되고, 십자가 덕분에 그리스도의 고난과 부활이 신자 개인에게 확장되고, 활불 제도가 있기 때문에 깨달음을 얻었던 붓다의 성스러움이 티베트의 시골로 확장될 수 있는 것이다.

엘리아데는 성스러움을 표상하는 종교 상징에 정합하는 논리 구조가 있다고 말한다. 이 논리 때문에 개별적인 성현들에게서 체계적인 구조를 찾을 수 있다.[82] 하늘, 땅, 돌, 식물, 태양, 공간, 시간 등을 표상하는 각각의 상징은 성현을 분명하고 체계적으로 구성한다. 하늘이나 물과 관련된 성현은 개인의 경험과 사고에 근거하기 때문에 단편적이고 독립적이다. 그러나 하늘을 보면서 모든 것을 내려다보는 존재, 가장 높은 신, 비와 천둥을 관장하는 존재를 생각하는 형태는 여러 문화에서 어느 정도 일관되게 나타난다. 물과 관련된 종교 상징도 마찬가지다. 그리스도교 세례에서 물이 상징하는 의미는 동양의 재계(齋戒)에서 물이 갖는 의미와 다르지 않다. 길가메시 신화에서 우트나피시팀(Ut-napishtim)이 겪은 홍수, 『구약성서』에 나오는 노아의 홍수, 복희와 여와가 조롱박 속에 숨어서 살아남았다고 하는 중국 신화의 홍수는 모두 죽음과 파괴라는 물의 상징적 의미를 담고 있다. 사람들이 자연물이나 다른 사물들을 지적으로 수용하거나 이에 감정적으로 반응하는 형태에 일관된 체계가 있다고 보는 구조주의 이론[18]이 널리 수용된 것을 생각하면, 종교 상징에서 정합된 체계를 발견할 수 있다는 것은 그리 놀라운 일이 아니다.[19]

　　종교 상징으로 사용되는 특정 사물은 성스러움 전체의 체계로 통합된다. 엘리아데는 "[범속한 영역에 속해 있던] 사물은 성스러움의 상징이 되고 초월적 실재를 가리키는 기호가 됨으로써 그 사물 자체가 가지고 있던 한계를 뛰어넘어 전체의 체계로 통합된다"[83]고 주

3 종교적 인간은 상징을 사용하는 인간이다

18　레비스트로스는 "이론적인 지식"과 "감정"이 양립 불가능하지 않으며 상징체계는 두 가지 측면 모두를 반영한다고 보았다. 인간이 성스러움을 인식할 때 역시 지적인 면과 감정적인 면이 다 작용하는 것으로 보아야 할 것이다. C. 레비스트로스, 『야생의 사고』, 안정남 옮김(파주: 한길사, 2005[1962]), 95~98쪽 참조.

19　레비스트로스의 구조주의 이론은 차이를 보이는 개별적인 것들 사이에서 유사한 것들, 즉 체계적 논리를 구성하는 특성을 찾는 것을 목표로 했다[레비스트로스, 『신화학 1: 날것과 익힌 것』, 임봉길 옮김(파주: 한길사, 2005[1964]), 108쪽 참조]. 이 특성은 레비스트로스가 "경험적 다양성을 뛰어넘는 상수"라고 표현한 것으로, 드러나는 차이점들을 연구하여 찾아내는 보편성이라고 할 수 있다. 레비스트로스는 신화를 비롯한 다양한 문화는 물론 인간의 사고 자체에서 이원적이면서 변증법적인 체계를 발견할 수 있다고 보고, 이를 통해 "지리적으로 떨어져 있고 언어와 문화가 서로 다른 데도 불구하고 나타나는" 공통적인 특징을 해명할 수 있다고 생각했다. 레비스트로스, 『야생의 사고』, 110쪽; C. 레비스트로스, 『슬픈 열대』, 박옥줄 옮김(파주: 한길사, 2006[1955]), 168, 171, 247쪽; Claude Lévi-Strauss, *The Naked Man*, trans. by John and Doreen Weightman (Chicago: University of Chicago Press, 1990[1971]), pp.625-639 등을 참조할 것. 그는 "성스러움"이나 "성현" 등의 독자성을 인정하지 않았다는 점 등에서 엘리아데와 분명히 구별되지만, "세계를 공시적이면서 통시적인 전체에 동시에 파악"하려 했다는 점에서는 엘리아데와 같은 목표를 가지고 있었다고 하겠다(레비스트로스, 『야생의 사고』, 354, 375쪽). 엘리아데는 레비스트로스가 문자가 없는 사회의 종교적 생활을 이해하는 데 크게 공헌했다는 것을 인정하면서도, 그가 성스러움의 본원적 의미를 탐구하는 해석학을 부인하기 때문에 종교학자로서 자신은 레비스트로스의 구조주의를 수용할 수 없다고 했다. Mircea Eliade, *The Quest*, p.17; Mircea Eliade, *Ordeal by Labyrinth*, p.142.

장한다. 성스러움의 상징이 되는 순간, 더 이상 개별적인 사물의 지위에 머물지 않는다. 개별 사물은 성스러움의 일부 특징을 드러내는 속성 때문에 상징이 되지만, 일단 성스러움의 상징이 되면 성스러움 전체를 가리킨다. 바위는 단단한 속성 때문에 성스러움의 영속성을 가리키지만, 성스러움의 상징이 된 바위는 영속성뿐 아니라 성스러움의 전체를 나타내게 된다. 어린양이 예수의 상징으로 사용되면 정결한 희생 제물이라는 상징적 의미에 제한되지 않고 예수 전체를 가리킬 수 있는 것과 같은 맥락이다.

단편적인 개별 사물들이 성스러운 우주의 특정한 속성을 가리키면서, 범속한 세계의 한계를 뛰어넘는 성스러움을 표상하는 체계의 일부가 된다. 엘리아데는 종교적 인간이 우주를 성스럽게 여겨 왔다는 것을 강조한다. 고대의 종교적 인간에게 성스러움을 표상하는 모든 사물은 하나로 연결된 성스러운 우주의 체계에 통합된 것으로 받아들여졌다. 이들은 "완벽하고 충만하며 조화롭고 생명을 낳는 우주"를 신이 창조한 모범적 작품이자 완전한 성스러움 자체로 간주하고, 우주와 닮은 모든 것을 성스럽게 여겼다.[84] 뒤에서 우주 창조 신화를 설명하며 다시 말하겠지만, 신의 우주 창조는 모든 창조의 원형이며 모든 인간 행위의 모델이다. 그래서 사람들은 완전하고 조화롭고 풍요로운 우주의 속성을 지닌 모든 것에서 신의 우주 창조의 모습을 발견하고 이를 성스럽게 여겨 왔다. 성스러움을 표상하는 모든 사물은 우주의 초월적 속성을 나타냄으로써 우주 전체와 '일체'를 이룬다. 달의 상징과 관련된 엘리아데의 진술을 살펴보자.

달의 신화와 상징을 통해 사람들은 덧없음, 탄생, 죽음과 부활, 성적 특질(sexuality), 다산, 비, 식물 등이 신비롭게 하나를 이루고 있다는 것을 이해한다. 세계는 더 이상 임의로 구성된 사물의 모호한 덩어리가 아니라 명확하고 의미 있는 살아 있는 우주(Cosmos)가 된다. 마침내 세계는 언어로 자신을 드러낸다. 그 자체의 존재 양태를 통해, 그 구조와 리듬을 통해 이야기하는 것이다.[85]

사람들은 달의 여러 상징적 의미를 통해, 성스러운 우주 전체는 물론 그 속의 자연물의 존재 양태와 리듬을 알게 되고 세계가 이러한 특질을 직접 보여 준다고 생각하게 된다는 말이다. 달뿐 아니라, 태양의 상징적 의미인 강력한 힘, 생명의 원천, 어두움을 밝혀 주는 지혜나, 물이 상징하는 죽음, 정화, 태초의 시간 등도 하나로 연결되어 전체의 체계에 통합된다. 엘리아데의 이 설명을 보고 자칫 그가 신비주의적인 태도를 지니고 있다고 생각하기 쉬우나, 사실 그는 종교적 인간이 세계를 보고 이해하는 방식을 기술하고 있는 것이라는 점에 주의해야 한다.

근대 이전의 종교적 인간, 특히 토착종교 신봉자들은 이렇게 달, 땅, 바위, 물, 동물, 사람, 그리고 정령이나 신이 연속체로 존재한다고 생각했다. 중국의 도교 신자들이 특정한 물질을 다른 물질로 바꾸는 기술을 개발하려 했던 것도 만물이 서로 연관되어 있다는 믿음에서 비롯되었다. 현대인들 중에는 이런 종교적 인간의 관점에 전혀 공감할 수 없다고 생각하는 사람들도 있을 것이다. 그러나 우리는 여러 문학작품에서 성스러운 우주가 하나로 통합되어 있다고 보는 관점을 어렵지 않게 찾을 수 있다. 시인 윌리엄 블레이크(William Blake)는 「순수의 전조」에서 다음과 같이 표현했다.

> 한 알의 모래에서 세상을 보고
> 한 송이 들꽃에서 하늘을 본다
> 너의 손바닥에 무한을 쥐고
> 한 순간에 영원을 담아라[86]

시인은 인간이 일상에서 경험하는 자연과 사물이 무한하고 영원한 세계와 연결되어 있다고 말하는 것이다. 인기 작가 파울로 코엘료가 소설을 통해 전하고자 하는 가장 중요한 주제 역시 엘리아데가 말하는 "언어로 자신을 드러내는 우주"나 "하나를 이룬 우주"를 경험하는 종교적 인간과 크게 다르지 않다. 『연금술사』의 주인공 산티아고는 만물이 순환하며 하나를 이루는 것이 "사랑"이며 이것이 우주의 언어라는 것을 깨달아 간다. 앞에서 언급했던 국역본에서 몇 군데 인용한다.

> 만물이 다 한가지라는 것을 명심하게. (60쪽)

> [연금술에 관한] 거의 모든 책들이 한결같은 결론에 이르고 있다는 것은 어렴풋이 읽어낼 수 있었다. 세상의 만물은 서로 다르게 표현되어 있지만 실은 오직 하나에 대해 말하고 있다

는 사실이었다. (136쪽)

> 그는 지상의 모든 존재들이 마음으로 들을 수 있는 '만물의
> 언어'의 가장 본질적이고 가장 난해한 부분과 맞닥뜨렸음을
> 깨달았다. 그것은 사랑이었다. (…) 순수한 만물의 언어였다.
> (…) 그러나 그들은 우주의 언어를 알지 못했다. (158-159쪽)
> 만물은 그렇게 순환하는 거야. 그가 대답했다. '그런 게 사랑
> 이야?' '그래. 그게 사랑이야. 그 사랑이 바로 모래 위의 생명
> 들을 매로 변하게 하고, 매를 사람으로, 사람을 다시 사막으
> 로 변하게 하는 거지. 그 사랑이 납을 금으로 변화시키고, 다
> 시 금을 대지로 되돌려주는 힘인 거야. (234쪽)

고대사회에서는 이렇게 하나의 전체를 이루고 있는 우주의 언어를 읽을 수 있는 사람은 특별한 능력을 지녔다고 생각했다. 이들은 신비로운 비밀을 탐색하는 연금술사나 수행자가 되거나, 사제나 일관(日官) 등 사회의 공식적인 종교 전문가의 일을 맡았다.[87] 어떤 학자들은 종교 전문가를 다루는 연구가 매우 제한된 일부에만 주목하는 것이라고 비판하기도 한다. 물론 모든 사람이 종교 상징을 통해 전체의 우주를 볼 수 있지 않았음은 너무도 당연하다. 그러나 종교 상징을 전체의 우주에 통합되는 것으로 이해하는 고대의 종교적 인간들이 우리가 연구하는 종교사에서 중요한 위치를 차지하고 있음은 부인할 수 없다.

전체의 체계에 통합된다는 말이 상징이 나타내는 다양한 의미

가 상실된다는 뜻은 아니다. 인간의 지적이고 감정적인 사고의 구조를 반영할 뿐 아니라, 문화, 사회, 개인이 부여하는 가치를 반영하는 상징이 다면적인 의미와 가치를 지니는 것은 당연한 일이다. 상징은 단 하나의 명확한 기의를 가리키지 않기 때문에 하나의 의미로 환원시켜 해석해서는 안 된다. 물은 홍수 신화에서 세상의 종말이나 파괴를 뜻하지만 다른 맥락에서는 정화와 생명의 태동을 의미하기도 한다. 어느 하나의 단편적인 의미만을 강조하는 것은 상징의 전체적인 의미를 놓치는 결과로 이어질 수 있다. 이런 점에서 엘리아데는 남자아이가 어머니에게 매력을 느끼고 그 결과 오이디푸스 콤플렉스를 갖게 된다는 프로이트의 설명을[88] 못마땅하게 생각했다. 프로이트의 설명은 어머니의 상징이 갖는 다면 가치적 상(像)들을 무시하는 결과를 낳았기 때문이다. 남자아이가 성적인 욕망을 가지고 있음을 부정하는 것이 아니라, 어머니를 갈망하는 것이 단순히 성적인 욕망에서만 비롯된 것이 아니라는 말이다. 어머니에 대한 갈망은 본원적 통일성을 갈망하는 인간의 욕망과 관련된 수많은 의미를 지닌다고 봐야 하며, 갈망의 대상은 실제 자신의 어머니만이 아니라 어머니의 총체적인 상징적 이미지들과 관련된 것이다.[89] 금(gold)의 경제적 가치만을 보는 것 역시 금의 상징이 갖는 수많은 의미를 무시하는 일이다. 금은 연금술사를 비롯한 종교적 인간에게 '완성된 금속'이라는 상징적 의미를 지닌다. 고대의 많은 문화에서 모든 금속은 어머니 지구의 모태에서 자라는 것으로 여겨졌으며, 그중에서도 금은 금속이 가장 완벽해진 상태라고 간주되었다. 연금술사가 비금속(卑金屬)으로 금을 만들려 했던 것은 단지 경제적 이익만을 위한 것이 아니라, 스스로 창조

자(creator)와 자연의 신비한 원리를 깨달아 신속히 완벽함에 도달하고
자 했던 것이다.[90]

　　엘리아데가 상징의 다면적 의미를 강조하는 것이 카를 융(Carl
G. Jung)의 영향에 의한 것으로 보일지도 모른다. 어머니의 상징에 대
해 구체적인 설명을 먼저 제시한 사람도 융이다. 융은 남자아이에게
영향을 끼치는 것은 생물학적인 어머니가 아니라 어머니의 상징적
원형의 투사라고 말했다.[91] 그러나 엘리아데 자신의 말대로, 이 두 사
람은 유사한 관심과 태도를 가지고 서로 다른 두 분야에서 연구를 진
행했다고 보는 것이 옳을 것이다. 두 사람 모두 요가, 연금술, 샤머니
즘 등에 관심을 가지고 있었으며, 인간 정신의 보편적 요소를 학문적
기반으로 삼고 있었다. 하지만 그들은 서로를 알기 전부터 공통된 관
심 분야를 각자의 자리에서 발전시키고 있었다.[92] 무엇보다도 이 두
사람은 공통된 관심 분야에 접근하는 방식이 달랐다. 엘리아데와 융
이 말하는 '원형(archetype)'의 개념은 전혀 다르다는 것을 주목할 필요
가 있다. 엘리아데는 자신과 융 사이에 공통점이 있다는 것을 인정
하면서도 그들이 원형의 개념을 다르게 이해한다는 것을 강조한다.[93]
융에게 원형은 인간이 선험적으로(a priori) 가지고 있는 것으로, 인간
존재의 다른 모든 차원과 관련된 집단 무의식의 원리와 형식을 의미
했다.[94] 반면에 엘리아데는 인간 행위의 본보기적 모델(paradigmatic mod-
el)이라는 뜻으로 원형이라는 말을 사용했다. 종교적 인간이 본원적
종교경험이라고 여겨 공통적으로 지향하고 반복하고자 하는 것이 원
형인 것이다. 엘리아데는 종교 자체에서 체계와 형태를 찾을 수 있으
며 이것은 인간이 본보기적 모델을 지향하고 이를 따라 하고자 하는

성향을 가지고 있기 때문에 가능하다고 믿었다.[95]

　　인류에게 공통적으로 나타나는 원형적 상징이 있고, 또 상징이 그 나름의 체계와 구조를 갖추고 있다는 것을 인정한다고 해서 종교 상징이 고정적이고 불변적이라는 말은 아니다. 이미 언급한 대로 상징은 사용되는 맥락에 따라 다면적 의미를 지닐 수 있을 뿐 아니라, 시간의 흐름에 따라 기의가 불분명해지기도 한다. 언어를 비롯한 모든 다른 기호가 그렇듯이 상징도 시간의 흐름에 따라 변한다. 성스러움과의 관계 속에서 의미를 나타내는 종교 상징은 오랜 세월이 흐르면서 원래의 의미를 상실하고 그것이 사용되는 맥락만이 남기도 한다. 가톨릭 미사나 개신교의 예배 시간에 신자들은 자리에서 일어나는 행위가 갖는 의미가 무엇인지 모르면서도 순서에 따라 일어나는 것을 당연히 여긴다. 오늘날 '탑돌이'를 행하는 모든 불교 신자가 그 유래와 의미를 아는 것은 아니다. 그래도 이 두 상징적 행위에 참여하는 사람들은 자신들이 성스러움과 연관된 행위를 하고 있다는 사실쯤은 알고 있을지도 모른다. 한편 어떤 상징적 행위나 사물은 성스러움과 연관되었던 것 자체가 잊혀지기도 한다. 동지에 팥죽을 먹고 집 안 곳곳에 팥죽을 떠 놓는 것이 팥의 붉은 기운으로 집 안에 있는 악귀를 쫓아내는 의미를 갖는다는 것을 모르고, 그저 동지가 되면 팥죽을 먹는 것으로만 아는 사람들도 많이 있다. 속신, 민간요법, 주술적 치료 등은 원래 어떤 의미에서 시작되었는지 모르는 경우가 많다.

　　엘리아데의 『종교형태론(Patterns)』에는 상징의 의미가 전이되는 것을 보여 주는 재미있는 사례들이 수록되어 있다.[96] 인도, 중국, 영국, 그리스 등에는 뱀의 머리나 목구멍에 마력이 부여된 돌이 있다는 '뱀 돌(snake-stone)' 속신이 있다. 엘리아데에 따르면, 이 속신은 뱀이나 용 등의 괴물이 생명나무, 성스러운 장소, 불사(不死)의 약, 선과 악의 가치를 알게 하는 열매, 절대적 가치를 지닌 보물 등을 지키고 있다는 고대 신화와 연관되어 있다. 뱀이 지키는 성스러움과 관련된 것들이 나중에는 뱀의 머리 등에서 발견되는 돌로 바뀐 것이다. 이 돌은 다이아몬드와 동일시되기도 했고, 주술적이고 의료적인 효험이 있다고 여겨지기도 했다. 큰 뱀과 용의 머리에 있는 돌을 먹으면 초월적인 능력을 얻을 수 있다고 생각한 고대 중국의 도교 수행자들도 있었다. 절대적인 위상을 차지하던 것이 나중에는 주술적, 의료적, 미적인 가치를 지닌 것으로 바뀌게 된 것이다. 옛날 루마니아 농민들이 사용했던 변비 치료 민간요법도 좋은 사례다. 루마니아 농민들은 『구약성서』「창세기」에 등장하는 낙원에서 흘러나오는 네 강의 이름을 접시에 쓴 후 이를 물로 닦고 그 물을 변비 환자에게 마시게 했다. 이 강들은 생명의 근원지인 낙원에서 흘러나오기 때문에 모든 우주를 정화할 수 있다고 생각되었고, 인간이나 동물의 신체인 소우주를 정화할 수도 있다고 간주되었다. 세월이 흐르면서 낙원의 물이 갖는 정화의 상징적 의미는 잊혀지고, 낙원에서 발원한 강의 이름이 '변비'라는 구체적인 맥락에서 치료의 수단으로만 사용되는 것이다.

엘리아데는 이처럼 상징이 원래의 성스러움과 연관된 의미를 잃어버리는 것을 상징의 '타락(degradation)'이라고 이름 붙였고, 주술적이고 속신적인 맥락에서 원형적 상징의 의미를 모방하는 것을 상징의 '유치화(infantilization)'라고 표현했다.[97] 상징이 가진 원래의 의미를 설명할 수 있는 사제와 떨어진 채로 하층민들끼리 오랫동안 상징을 사용하거나, 상징이 성스러움을 가리키는 전체 체계에서 이탈하여 극단적으로 구체적인 의미만을 가리키게 될 때 이러한 현상이 나타난다. '타락'이나 '유치화'라는 말은 매우 부정적인 뉘앙스를 지니지만, 엘리아데는 상징이 본원적 의미에서 벗어나는 과정을 이렇게 표현한 것이다. 그는 상징의 유치화가 성스러움을 모든 단편적인 일상에 연결시켜 성현을 확장하고자 하는 사람들의 시도를 반영한다는 긍정적인 면도 언급했다. 현대의 종교인들에게서도 이러한 현상을 쉽게 볼 수 있다. 예를 들어 진언을 삽입한 '만트라 옴마니 반메훔 성불화'를 신고 다니면 "좋은 길로 가서 하는 일이 술술 잘 풀린다"거나, 경전이 가르치는 내용과는 상관없이 다라니경의 어구를 새겨 넣은 지갑을 가지고 다니면 복을 받는다거나, 금동 반야심경을 가지고 있으면 액운을 물리친다고 하는 내용의 신문광고가 좋은 사례가 될 것이다.[20]

20 '만트라 옴마니 반메훔 성불화'는 2007년 하반기부터 2008년 하반기까지 『불교신문』 등에 광고된 운동화의 이름이다. "주위를 둘러보면 잘못 들여놓은 발로 끙끙거리는 사람이 한둘이 아니다. 사업이나 장사를 비롯하여 도박, 교통사고, 실족 사고 등 마음은 안 하고 안 가야지 하면서도 자신도 모르게 끌려 들어간다. 어두운 밤길도 알고 가면 쉽고, 모르고 가면 화를 당하듯 미리 알고 예방할 수 있는 지혜가 필요한 때이다. 좋은 인연, 좋은 길로만 인도하는 성불화 만트라에는 몸에 지니고 다니면 소원이 이루어진다고 하는 천폭륜상과 만트라가 새겨져 있어 마음의 안정을 주어 바른 판단과 좋은 길로 인도한다. 이왕에 신는 신발 성불화 만트라로 삼재 소멸하고 좋은 길로 가서 하는 일이 술술 잘 풀린다면 그보다 더 큰 보시가 있을까." 2007년 10월 24일 자 『불교신문』에 실린 광고 내용 중.

3) 종교적 인간이 살아가는 상징의 세계

지금까지 성스러움과 종교 상징의 속성을 중심으로 전개해 온 내용을 구체적인 사례를 통해 확인할 수 있다면 종교적 인간의 삶에서 종교 상징이 어떻게 나타나는지 이해하는 데 도움이 될 것이다. 이를 위해서는 완전히 근대화된 삶의 방식을 받아들이지 않고 종교가 삶의 모든 분야에 영향을 끼치는 것을 자연스럽게 여기는 종교적 인간을 다루는 자료를 찾아봐야 한다.

종교 상징은 현대인의 삶과 문화에서는 확연히 드러나지 않는다. 사고방식과 행동 양식 안에 내재되어 있거나, 평소에는 의미를 고려하지 않고 당연하게 받아들여 온 관습 속에 숨어 있다. 따라서 우리 주변의 모습은 종교적 인간이 상징을 통해 나타내는 성스러움과 연관된 의미를 살피는 데 충분치 못하다. 그러나 지금도 세계의 여러 지역에서 종교가 개인적인 생활뿐 아니라 공식적인 자리에까지 지배적인 영향력을 행사하는 사례를 찾을 수 있다. 근대화 이전에는 제도가 잘 발달된 대규모 사회에서도 대부분의 삶의 문제는 종교 상징적인 사고나 행위와 밀접한 관련을 맺고 있었다. 종교가 정치, 경제, 사회 등 공적인 영역과 분리되어 사적인 영역에 제한되는 것이 당연시되는 근대사회에서는 상상하기 어려운 일이다. 따라서 덜 현대화되고 덜 문명화된 사회에서 살아가는 사람들의 모습을 살펴본다면 종교적 인간의 종교 상징을 더 잘 이해할 수 있을 것이다.

네팔의 카트만두는 이러한 조건을 잘 충족시키는 사례를 제공한다.[21] 카트만두는 중국과 인도 사이에서 교역을 하며 성장한 도시다. 30여 민족으로 구성된 140만 명의 사람들의 종교적 삶에 가장 큰 영향을 끼치는 것은 다양한 모습으로 현현한 여신을 섬기는 힌두교다. 남성 중심적인 사회라고 할 만큼 남성들이 정치, 경제, 종교 등에서 지배적인 역할을 하지만 카트만두는 두르가, 칼리, 락슈미, 안나푸르나 등 힌두교 여신이 가장 널리 숭배되는 곳이다.[22] 천 년 전 왕의 꿈에 검을 든 여신이 나타나 도시를 만들라고 명하고, 자신이 들고 있는 검의 모양대로 도시를 만들면 그 도시에 거주하겠다고 말했다. 왕은 그 말을 따라 오각형 모양의 도시를 건설하고 그 주위에 여덟 곳의 여신 사원을 만들었다. 도시의 기원과 형태는 신으로부터 유래한 것이며, 이 도시는 신이 거주하는 우주의 중심이자 기준점이라고 여겨진다는 것을 기억하자. 이와 관련해서는 뒤에서 신화와 공간을 다루며 다시 언급하게 될 것이다. 카트만두의 종교적 인간들은 여신의 계시와 명령 덕분에 이 도시가 여신의 보호를 받는 교역 도시로 성장했다고 생각한다.

  힌두교 여신 숭배와 관련된 여러 의례와 축제도 눈여겨볼 필요가 있다. 여신은 통합된 존재이면서 서로 다른 위격으로 여겨진다.[98] 두르가는 병과 재난을 없애 주는 여신으로, 힌두교에서 어머니

---

21 NHK에서 제작한 〈아시아 미스터리 시티〉 시리즈(국내 2006년 출시) 중 4편 〈카트만두: 여신과 사는 천공의 도시〉의 내용을 참조했다. 총 다섯 편으로 구성된 이 시리즈는 이 책의 주제와 연관된 내용을 직접적으로 다루며, 여러 종교적 요소와 역사적 맥락을 포함한다. 특히 4편 영상물은 종교적 가치를 우선시하는 현대 네팔 힌두교인들의 삶에서 중요한 위치를 차지하는 종교 상징들을 매우 잘 보여 준다.

22 여신을 숭배하는 곳에서도 가부장적인 남성 우월주의가 팽배할 수 있다는 것을 주의해야 한다. 신의 성별이 그 사회에서 주도적인 역할을 하는 성별과 반드시 일치하는 것은 아니라는 말이다. 뒤에서 다시 언급하겠지만, '신이 남성인 곳에서는 남성이 곧 신이다'라는 여성주의자들의 전통 종교 비판은 타당성이 없는 것이다. 신화에 따르면, 카트만두는 여신의 계시에 따라 만들어졌다.

여신의 일반적인 이름이기도 하다. 칼리는 전쟁과 파괴의 신으로, 한 손에는 칼을 들고 있고 다른 손에는 악마의 머리를 들고 있다. 두르가와 칼리는 시바 신의 배우자이면서 독자적으로 숭배되는 여신이다. 비슈누 신의 배우자인 락슈미는 부와 행운을 가져다주는 자상한 여신이다. 추수가 이루어지는 가을밤에는 이 풍요의 여신을 도시로 모시기 위해 여성들이 길가에 등불을 밝혀 놓는데 이는 여신이 길을 잃지 않게 하기 위한 것이라고 한다. 여신은 모든 생명을 탄생시키는 여성의 상징이기도 하다.

안나푸르나 여신은 사람들로 가장 붐비는 아산 광장의 시장에서 숭배된다. 힌두교인뿐만 아니라 불교인들도 풍요를 기원하며 안나푸르나 사원에 가서 은으로 장식된 항아리에 절을 하며 여신이 자신의 항아리에 음식을 가득 채워 줄 것을 기원한다. 이 여신도 검을 들고 있는데, 이 검은 악령을 물리치고 풍성한 수확을 가져오는 여신의 힘을 상징한다. 안나푸르나 여신의 신상은 그 근처 '신의 집'에 따로 모셔져 있다. 여기서 여신을 섬기는 일을 맡은 것은 마하르잔족이다. 이들은 대대로 여신상을 지키며, 왕실에서 농업에 관한 제사를 맡아 처음 수확한 '성스러운 쌀'을 정화 의례를 한 후 여신에게 바친다. 이들은 매일 교대로 신의 집에서 숙직을 하는데 새벽 4시에 성수를 길어 와 여신에게 끼얹고 색 가루를 여신의 이마에 찍어 존경의 표시를 남긴다. 제물은 다양하지만, 아침에는 여신이 좋아하는 사탕을 신상의 입에 붙이는 공양을 한다. 동으로 만들어진 여신상이 닳을 경우를 대비하여 현재 숭배되는 신상 바로 옆에 여분의 신상을 준비해 둔다. 신상이 성스러운 것은 그것이 여신을 상징하기 때문인 것이다.

따라서 상징하는 기능을 수행할 자격을 상실하면 얼마든지 다른 것으로 대체될 수 있다는 것이 확인된다.

풍요의 여신과 관련된 가장 중요한 의례는 쌀 수확이 끝난 10월에 벌이는 추수 감사 축제 '다사인'이다. 여신에게 풍성한 수확을 감사하는 축제 기간 동안 여신상은 신의 집에서 광장으로 행진하며 대중에게 공개된다. 2007년 국민투표로 지금은 네팔 왕정이 붕괴되었으나, 2000년대 초반까지 이 축제는 국가적인 행사로, 왕궁 수석 사제가 집전했다. 그는 왕가와 국민을 대표해 여신에게 기도하는 존재이자, 왕가와 여신을 이어 주는 존재로 여겨졌다. 국왕도 다사인에 직접 참여하여 여신을 맞는 역할을 한다. 영상물에서 왕궁 수석 사제는 신조차 여성과 남성 둘이 합쳐져야만 완전한 전체를 이룰 수 있기 때문에 남신을 상징하는 국왕은 여신을 섬겨야 한다고 말한다.

축제 날에는 여신의 힘이 초목에 깃들기 때문에 여성들은 보리 새싹을 머리에 꽂고 한 해 동안 건강하기를 기원한다. 풍작을 기원하는 안나푸르나 사원에서 마하르잔족이 여신상을 가져와 가마에 태우고 도시를 순회하며 풍작이 여신의 은총임을 사람들에게 상기시킨다. 이 축제를 총괄하는 왕실 수석 사제는 광장으로 가기 전 빨간천으로 뒤덮인 화초 '풀파티'를 정화하는데, 이 화초는 여신이 가진 생명력의 상징이다. 그런 후 그는 광장에서 의식을 주관한다. 이때 그는 직접 쓴 경문인 '만트라'로 이루어진 기도문을 외워 여신에게 바친다. 이 의례에 참여하는 네팔의 국왕은 여신의 힘을 얻기 위해 군복 차림을 하여 남성성을 극대화한다.

네팔의 힌두교인들은 소녀의 모습으로 현현한 여신인 쿠마리도 숭배한다. 네팔 왕가는 붕괴될 때까지 공식적으로 소녀를 한 명 선발하여 쿠마리로 지정하고 왕가의 수호신으로 삼는 오랜 전통을 유지했다. 샤카족 중에서 선발된 소녀가 성인 여성이 될 때까지 여신의 역할을 한다. 여신이 되기 위해서는 별점을 쳐서 국왕과의 상성이 좋게 나와야 하고 죽은 물소의 목을 보여 줘도 침착하게 앉아 있어야 한다. 다른 여신들의 신상이나 성화에서처럼, 쿠마리의 이마에는 여신의 지혜를 상징하는 눈이 그려져 있다. 쿠마리는 가을 달밤에 사람들에게 은혜를 베풀기 위해 잠깐 모습을 보이기도 한다. 신은 인간의 땅을 직접 밟으면 안 되기 때문에 바닥에 하얀 천을 깔고 여신은 그

소녀의 모습으로 현현한 여신이라고 네팔의 힌두교인들이 믿는 쿠마리. ⓒChristopher Fynn

위를 걷는다. 그러나 쿠마리는 초경 무렵 여신의 지위를 박탈당하고 새로운 어린 쿠마리로 대체된다. 역시 사람 자체를 숭배하는 것이 아니라 여신을 표상하기 때문에 신성하게 여긴다는 것을 알 수 있다.

우리는 여신 숭배와 관련하여, 여신이 가진 풍요의 힘, 가을의 수확, 여성의 생명 잉태의 힘, 밤, 달 등이 상징을 통해 통합적으로 연결되어 있다는 것, 풍요 의례가 자연의 주기에 따라 반복된다는 것, 신화가 반복을 통해 현재로 경험된다는 것 등을 확인할 수 있다. 식물의 다산과 여성의 생산력이 하나로 통합되어 있다는 생각에 근거하여 카트만두의 여성들은 가을철에 보리 줄기를 머리카락에 꽂고 다닌다. 이러한 풍습 역시 여성과 자연의 생산력이 하나로 이해되고 있음을 반영한다. 여자아이들이 9세에서 12세 사이에 거치게 되는 '바라태구'라는 성년식도 여신, 여성, 다산, 생명의 잉태 등의 사고를 반영한다. 별점을 쳐서 성년식 시기가 정해진 여자아이는 햇빛이 전혀 들어오지 않는 방에 12일간 갇혀 있게 된다. '아이'에서 '여성'으로 지위가 변화되기 위해서는 먼저 이전의 상태와 분리되어 밀실에서 지내는 전이의 시기를 거쳐 새로운 존재로 다시 태어나야 하기 때문이다. 전이의 시기에 고난과 시련을 겪어야 새로운 존재로 태어날 수 있다. 이 기간 동안에는 남자를 봐서도 안 되고, 자기 자신의 모습도 볼 수 없다. 문을 열어도, 큰 소리를 내도, 울어도 안 된다. 특히 처음 4일간은 목욕도 하면 안 되고, 쌀만 먹어야 한다. 4일째 되는 날부터 가족들은 쌀 말린 것과 약초로 소녀의 얼굴에 바를 분을 만든다. 화장은 아이를 여성이라는 새로운 존재로 만드는 상징적 힘이 있다. 12일째 되는 날, 밖으로 나온 '여성'은 태양과 결혼식을 올리는데, 맨 처음 보는 것이 상징적 남편인 태양이어야 하기 때문에 머리를 천으로 가리고 나와야 한다. 결혼식을 통해 우유와 등불을 위로 들어 올려 태양신께 바치면서 출산하는 힘, 여신과 같은 생명력을 얻게 해 달라고 비는 의식을 거행한다. 여성의 풍요는 남성적 요소와의 결합을 통해 이루어질 수 있다는 상징적 의미를 의례에 반영한 것이다. 국왕과 여신의 결합, 여성과 태양신의 결혼이 가진 상징적인 의미는 완전한 전체를 이루는 것이라고 할 수 있을 것이다.

나는 종교적 인간의 성스러움을 향한 지향성이 그 자체로 모두 고귀하고 존중받아야 한다고 주장하고 있는 것은 아니다. 이들이 추구하는 성스러움은 불합리한 것일 수도 있고, 인간의 존엄성이라는 관점에서 철저히 비판하거나 혹은 상징적인 의미로 재해석하여 계승해야 하는 것들도 있다. 나 역시 다른 맥락에서는 이러한 점들을 비판할 준비가 되어 있다. 또한 도시의 건립이나 추수 감사 축제 등은 종교적인 요소뿐 아니라 사회, 경제, 역사, 지리적인 요소들도 함께 고려해야 제대로 이해할 수 있다는 것도 분명하다. 예컨대 사회 기능론적 시각에서 보면, 카트만두는 지리적으로 중국과 인도와의 교역에 적합한 곳이며, 강이 관통하고 있어 물 공급이 용이하고, 카트만두 계곡은 외세의 침입을 막기에도 유리한 점이 있기 때문에 그 부근에서 도시로 성장할 요인이 가장 많은 장소다. 그러나 이러한 점들은 많은 사람이 충분히 잘 알고 있는 사실이다. 나는 이 책에서 종교적 인간은 성스러움과 연관된 '의미'를 추구한다는 것과 종교 상징의 의미를 이해할 때 우리는 인간을 더 잘 이해할 수 있다는 것을 강조하고자 한다고 여러 차례 말했다. 그리고 카트만두의 사례를 소개하여, 종교

적 요소를 삶 전반에 수용하는 종교적 인간의 문화에서는 우리 현대
인의 삶 속에서 뚜렷이 드러나지 않는 종교적인 지향성과 그것을 표
상하는 상징들을 더 명확히 볼 수 있다는 것을 보이고자 한 것이다.

4장

종교 상징의 관점에서 보는
신화와 의례

　　신화는 이야기로 구성되고 의례는 행위로 이루어지기 때문에 이 둘을 전혀 다른 속성을 지닌 것으로 생각하기 쉽다. 그러나 신화와 의례는 불가분의 관계를 맺고 있다. 신화는 의례를 설명하고 의례는 신화를 재현한다. 예전의 학자들은 이 둘 중 무엇이 먼저 발생했는가를 밝히려 애썼다. 결론부터 말하자면 어느 한쪽에 본질적인 우선권을 주기는 어렵다. 경우에 따라 의례가 먼저 성립되고 이를 설명하는 신화가 후대에 덧붙여졌을 수도 있고, 신화를 재현하기 위해 의례를 발전시켰을 수도 있다. 무엇이 먼저인지를 따지는 것은 종교 상징과 관련된 신화와 의례의 속성을 이해하는 데 그다지 중요하지 않다.

　　무엇보다도 종교 상징이 신화와 의례에서 가장 체계적으로 반복되며 가장 효율적으로 사용된다는 점이 중요하다. 기어츠의 설명 방식을 따르면 "종교 상징들은 종종 의례로 극화되거나 신화로 이야기되어" 의미를 전달하고, 토머스 알타이저(Thomas Altizer)의 말을 빌리자면 "신화와 의례는 종교 상징의 세계에 질서와 의미와 구조를 부여한다."[99] 인간은 실재이자 전체인 성스러움을 지향하지만 범속한 세상에 살기 때문에 성스러움에 이를 수는 없다. 종교적 인간은 존재 전체와 하나되며 성스러움과 일치하는 구조 속에 사는 것을 목표로 삼지만 현실은 그렇지 못하다는 말이다. 총체적인 성스러움에 접근하기 위해서는 그것을 가리키는 기표를 통해야만 한다. 그래서 수많은 형태의 시간, 공간, 사물, 명칭 등이 성스러움을 표시하는 기표로 사용된다. 신화와 의례는 이러한 기표를 가장 효율적이고 체계적으로 축적하고 전달할 수 있다. 즉 성스러움의 상징은 신화로 구성되어 살아 있는 의미를 전달하고, 의례를 통해 인간의 행위를 체계적으로 통제한다.[100]

　　이 장에서는 그 자체로 종교 상징이면서 수많은 상징을 포함하는 신화와 의례에 종교학적 관점으로 접근한다. 신화와 의례의 주요 속성, 상징적 의미, 인간의 삶에서 차지하는 역할 등을 집중적으로 조명할 것이다.

1) 신화와 종교 상징

① 신화란 무엇인가

　　신화는 상징적인 언어로 구성된 이야기다.[101] 엘리아데는 신화를 "상징이 이야기의 형태로 조합되어 성스러운 실재를 드러내는 참된 이야기나 역사를 보여 주는 특정한 종류의 종교 현상"이라고 보았다.[102] 신화의 구성 요소는 이야기의 형태로 조합된 상징들이며, 그 내용은 성스러움과 연관되어 사람들이 진실로 받아들일 수 있는 근거를 제공한다. 신화는 사람들이 성스러움의 세계에 대한 의식을 깨우치고 이를 유지하도록 하는 "가장 일반적이고 효율적인 수단"이다.[103]

서구에서 신화는 매우 오랜 시간 동안 부정적인 의미로 사용되어 왔지만 처음부터 그랬던 것은 아니다. 호메로스(Homeros)나 헤시오도스의 작품에서 신화(myth)의 어원인 미토스(mythos)는 참되고 모범적이며 권위 있고 교화적인 것이라는 의미로 사용되었고, 이에 대립되는 개념어 로고스(logos)는 진리에 근거하지 않고 유혹과 속임수가 가능한 말에 의한 설득에 근거한 것이라는 부정적인 의미를 지니고 있었다. 그러나 크세노파네스(Xenophanes)가 신화를 인간이 꾸며 낸 이야기로 전락시키고, 플라톤 또한 신화를 가리켜 철학을 이해 못하는 하층민을 계도하는 데 효과적으로 사용될 수 있는 도구라고 규정한 이후, 신화를 부정적으로 인식하는 전통은 계속 이어졌다.[104] 그리스도교인들은 초기부터 신화를 그리스도교의 진리와 대립되는 다른 종교의 거짓 이야기라는 의미로 사용해 왔다. 근대화 이후에는 그리스도교의 이야기(narrative)를 포함한 모든 종교의 신화들이 비판의 대상이 되었다. 신화는 과학에 근거하지 않은 허구적인 이야기로 사람들을 현혹시키는 것이라 치부되었다. 때로는 비유적으로 사용되어 '비범한 사람의 성공 이야기'를 가리키기도 하지만 이는 종교와 연관된 원래의 의미와는 거리가 멀어진 용례다. 어떤 종교의 이야기를 신화라고 부르면 곧 허구적인 이야기라는 뜻으로 받아들여져 그 종교를 믿는 사람들이 유쾌하게 생각하지 않는다는 것은 분명하다.

종교학은 '신화'를 가치중립적인 의미로 사용한다. 엘리아데는 신화를 허구로 보는 경향에 반대했다. 그에게 신화는 인간 정신의 창조물이며 문화의 산물이다. 그는 인간이 성스러움을 추구하는 성향을 보편적으로 가지고 있어서, 이를 신화와 같은 상징의 다양한 형태로 표현한다고 보았다.[105] 이때 신화는 종교적인 이야기 혹은 종교적인 이야기의 구조를 지닌 서술을 총칭하는 의미로 사용된다. 아리스토텔레스는 신화를 성스러움과 연관시키지는 않았으나, 순서에 따른 이야기 혹은 극의 줄거리라고 함으로써 신화가 이야기라는 점은 분명히 지적했다. 신화의 첫 번째 필요조건은 이야기여야 한다는 것이다. 하지만 물론 모든 이야기가 전부 신화는 아니다. 엘리아데가 말한 것처럼, 신화는 성스러움의 의미를 내포하고 있어야 하며, 이 성스러움의 의미로 인해서 진실되고 권위 있게 받아들여질 수 있어야 한다. 또한 신화는 다른 사람이 반복해야 한다. 어느 한 사람이 성스러움과 관련된 이야기를 하고, 성스러움을 근거로 자신의 이야기가 참되다고 주장하고 그렇게 믿는다 하더라도, 다른 사람들이 그 이야기를 받아들이지 않으면 신화가 될 수 없다. 혼자만의 독백은 신화가 아니다. 뒤르켐이 종교 정의에 '공동체'를 포함시킨 이후 공동체가 종교를 규정하는 필수적인 요소가 되었다는 점은 앞에서도 지적했다. 신화는 공동체 내에서 반복을 통해 공유되어야만 성립된다는 특성을 지닌다. 웬디 도니거는 이러한 신화의 요소들을 잘 정리하여, "신화는 그것의 가장 중요한 의미를 발견하는 일군의 사람들에게 공유되며 그들에게 신성한 이야기"라고 정의한다.[23]

종교학자나 신화학자가 아니더라도, 신화로 규정될 수 있는 이야기가 어떤 요소를 지녀야 하는지를 많은 사람이 알고 있는 듯하다. 2008년에 작고한 소설가 이청준은 만년에 소설집 『그곳을 다시 잊어야 했다』를 낸 후 기자들과의 인터뷰에서 다음과 같이 말했다.

> 이렇게 책을 묶어 놓고 보니, 작가로서 제가 죽어라 하고 매달려 온 주제가 보이는 것 같아요. 한마디로 말하자면 이념이나 이데올로기의 문제라 할 수 있겠죠. **나라가 무엇이고 백성이 무엇인지,** 백성에게 나라란 무엇인지가 제 문학의 주제였던 것 같아요. **거기서 더 가면 신화가 되겠죠. 신화란 영혼의 형식이고 이데올로기의 심화된 형태**라 하겠는데, 저는 거기까지는 가지 못 했어요. 후배 작가들이 신화와 영혼의 차원을 좀 더 파고들었으면 합니다. (2007년 2월 11일 자 『한겨레』, 강조는 필자가 덧붙인 것.)

　　죽음을 앞둔 노작가는 자신의 작품이 신화의 차원에 이르지 못한 것을 아쉬워했다. 그는 나라와 백성이 무엇인지의 문제, 즉 공동체의 정체성 문제가 자신의 문학의 주제였다고 자평한다. 이청준은 공동체의 문제를 이데올로기의 문제로 규정하는 반면, 이것이 심

23　Wendy Doniger O'Flaherty, *Other People's Myths: The Cave of Echoes* (Chicago: University of Chicago Press, 1988), p.27. 도니거는 이어서 신화의 주요한 속성을 설명한다. "과거의 사건에 대해, 드물게는 미래의 사건에 대해 과거에 작성되었다고 믿어지는 이야기다. 신화가 다루는 사건은 현재에 기억되기 때문에 계속해서 의미를 지닌 사건이다. 또한 신화는 더 큰 이야기군의 일부를 이룬다."

화된 형태, 즉 "영혼의 형식"을 신화라고 말한다. 물론 그가 말하는 신화의 요건은 '공동체 구성원들이 참되다고 여기는 성스러움과 관련된 이야기'를 신화로 간주하는 종교학적 입장과는 다르다. 그러나 공동체의 문제와 영혼의 문제를 다루는 이청준의 "신화의 차원"은 종교학적인 신화의 이해와 상당히 많은 부분을 공유한다. 그는 종교학에서 신화로 여기는 이야기가 갖추어야 할 요소를 자신의 문학의 주제에 포함시키고자 했던 것이다.

② 신화의 주요 속성과 역할

종교적 인간들은 신화를 반복하여 원초적 성현을 재확인하고 성스러운 실재와 접촉하며 사는 삶이 의미 있는 삶이라고 여긴다. 성스러움의 모범을 재현하는 의례가 그들의 삶의 중심이 되는 이유다. 엘리아데는 신화가 "일체의 의례나 의미 있는 모든 인간 행위의 모델을 제시한다"고 주장한다.[106] 모든 의례나 모든 인간 행위까지는 아니더라도, 많은 신화가 의미 있는 행위의 기원과 본보기를 제시하고 모범적 역사를 구성하는 기능을 하는 것은 분명하다.

중국과 티베트 사이에서 '마방 교역'을 하는 사람들의 풍속을 예로 들어 보자.[107] 맨 앞에 잘 길들인 암말을 세우고, 바로 그 뒤에 대장 수말이 암말을 따라가도록 하여 50마리에 이르는 말들의 행렬에 질서가 유지되도록 하는데, 이 선두 말들에게는 반드시 불교적 장식물과 방울을 달게 되어 있다. 많은 문화에서 낯선 지역 혹은 신의 영역으로 경계를 넘어갈 때 그곳을 지키는 신들에게 고하기 위해 신성한 장식과 방울을 사용한다. 그런데 마방 교역을 하는 이들은 이 풍속을 나름대로 설명하는 신화를 가지고 있다. 마방 교역과 방울을 다는 행위의 기원은 맨 처음 중국과 티베트 사이에서 교역을 시작한 신화적 인물 노부상부에게서 비롯되었다. 여덟 번이나 교역을 시도했다가 실패한 후 낙심해 길을 걷던 노부상부는 길가의 개미가 구덩이에서 기어 나오려고 여덟 번 시도했다가 실패하고 아홉 번째에 성공하는 것을 보게 된다. 바로 그때 신선이 나타나 짐을 싣는 말 목에 방울을 달면 교역에 성공할 것이라고 알려 주었고, 방울을 단 이후 교역이 성공하여 티베트와 중국 사이의 마방 교역이 시작되었다는 것이다.

　이처럼 각 종교 전통에서 신화가 의례의 기원과 본보기를 제시하는 예는 수없이 많이 찾을 수 있다. 라코타 인디언 부족들의 '들소 의식'은 물로 씻거나 한증욕을 하여 정화하는 과정과 환각을 유발하는 약초를 피워 신을 만나는 환상을 보도록 하는 절차가 중심을 이루는 여성 성년식이다. 이 의례는 '들소 여인'이라는 여신의 신화를 근거로, 초경을 맞는 여자아이들이 훌륭한 인디언 여성의 원형인 들소 여인처럼 좋은 성인 여성이 되도록 하는 목적으로 시행된다. 라코타 신화에 따르면 악한 신이 들소 여인의 딸들을 유혹하여 어리석고 수치스러운 일을 저지르도록 만들고자 했을 때, 그녀는 태양신과 남풍의 신의 도움을 받아 악한 신을 물리치고 딸들을 정화한 후 그들이 현명하고 좋은 아내이자 어머니가 되도록 도왔다. 악한 신이 라코타 부족의 소녀들을 노리고 있는 것을 안 들소 여인은 부족 구성원들에게 들소 의식을 가르쳐 자신처럼 악신을 물리치고 딸들을 잘 성장하도록 했다. 들소 여인의 신화는 들소 의식의 기원이자 본보기의 역할을 하는 것이다.[108] 같은 맥락에서, 스리랑카, 미얀마, 타이 등의 남방

불교 전통의 승려들은 석가모니의 모범을 따르기 위해서 여전히 바리 때에 탁발 공양을 받는다. 어떤 사람들은 남편의 장례식 때 살아 있는 부인을 함께 화장하는 인도의 오랜 악습 사티의 기원을 신화에서 찾기도 한다. 시바의 아내 사티가 남편 시바를 모욕한 아버지 닥샤에게 항의하여 불 속으로 들어가 자살했다는 신화가 그것이다. 사티는 이 신화를 근거로 이루어지는 것이라는 말이다. 그리스도교인들은 『신약성서』 중 그리스도가 세례와 성찬식의 본보기를 보이는 이야기에서 이 두 중요 의례의 기원과 근거를 찾는다.

　'우주 창조 신화'는 소재와 주제 면에서 스케일이 가장 큰 신화

Engraved by Lester from a Drawing

IMMOLATION OF A HINDOO WIDOW UPON HER HUSBAND'S FUNERAL PILE.

for the Gallery

London Published by R.Wilks,89 Chancery Lane,Oct 25 1813.

남편의 시신 옆에서 아내가 함께 화장되는 '사티'를 묘사한 그림

일 뿐 아니라 모든 것의 기원과 근거를 제시하는 '기원의 기원 신화'
다. 앞에서도 언급했듯이, 종교적 인간이 신의 완벽한 창조물로 여기
는 신성한 우주는 다른 모든 것이 창조될 때 모델의 역할을 하는 원형
이다. 우주 창조 없이 우주 내의 다른 것의 창조는 없다. 엘리아데는
신화들에 어떤 새로운 시작과 기원이 포함된다는 사실을 근거로 우
주 창조 신화가 모든 신화의 원형이라고 말한다.[109] 모든 것의 시작과
근원인 우주의 창조를 다루는 신화가 우주 창조 이후에 생겨난 것의
기원을 설명하는 신화들의 원형이라는 것이다.

　　엘리아데는 『종교형태론』 12장에서 여섯 가지 유형의 원형적
신화 주제를 제시하며 우주 창조 신화와의 연관성을 보임으로써 우
주 창조 신화가 원형적 신화라는 사실을 강조했다. 여섯 가지 유형의
원형적 신화 주제는 다음과 같다. 첫째, 세계가 창조되고 파괴되고
다시 복구되는 '주기적인 창조 신화'다. 홍수로 세계가 멸망한 후 살
아남은 소수의 인류가 다시 역사를 시작하는 홍수 신화나, 한 세계가
끝나고 다른 세계가 시작되는 신화도 주기적 창조 신화의 유형에 속
한다고 할 수 있다. 둘째는 '태초의 기원으로의 회귀 신화'다. 이때 '태
초'는 반드시 모든 것이 시작되는 시간을 가리키는 것은 아니다. '태
초'는 엘리아데가 종종 "그 시간(illud tempus/in illo tempore)"이라고도 불
렀던 신화적 시간으로, 현재와는 차원이 다른 시간을 가리킨다. 신
이 인간과 사랑에 빠지거나 인간의 부모가 되는 등 인간과 밀접한 관
계를 맺고, 물고기와 포유동물이 새끼를 낳고, 사람이 알에서 태어나
며, 동물들이 말을 하고, 절대적인 평화가 이루어지는 등 지금과는 질
적으로 다른 시간을 아우르는 개념이다. 셋째는 '본원적 통합성' 혹은

'본원적 총체성'을 주제로 하는 신화다. 엘리아데는 창조와 파괴, 선과 악, 빛과 어둠 등 양극적인 속성을 함께 포함하는 존재에 관한 신화나, 남성성과 여성성을 모두 지닌 신과 사람에 대한 신화가 이 유형에 속한다고 주장했다. 넷째, 영웅 신화나 입문 의례 신화에 나타나는 고난과 역경이라는 주제도 우주 창조 신화와 관련이 있다고 보았다. 결국 입문 의례를 마친 사람이나 고난을 극복한 영웅은 우주의 근본이나 전체와 하나를 이루는 존재론적 지위 향상을 이루기 때문에, 태초의 본원적인 단일성으로 돌아가는 것을 상징한다는 것이다. 다섯째는 '식물의 주기적 재생 신화'다. 식물이 나타나고 소멸한 후 다시 살아나는 내용의 신화는 전체 우주의 주기와의 관계 속에서 이해해야 하며, 식물의 출현과 소멸은 우주 창조의 표지가 된다. 마지막으로 '잃어버린 낙원의 신화'도 우주 창조 신화와 관련이 있다. 태초의 시간에 인간은 이상적 공간인 낙원에서 성스러움과 분리되지 않은 상태를 누렸으나, 현재 흐르는 시간을 살고 있는 역사시대에는 절대적 실재와의 만남을 상실했다. 잃어버린 낙원의 신화는 이 상실을 한탄하며 신화적 태초를 향수하는 신화라는 면에서 우주 창조 신화를 원형으로 하고 있다.

세계 여러 지역의 신화에는 우주 창조 신화의 영향과 흔적이 나타난다. 우리나라의 제주도에 지금도 전해지는 「천지왕본풀이」 신화는 우주 창조 신화의 여러 특징들을 고스란히 보여 준다.

태초에 천지는 혼돈으로 있었다. 하늘과 땅이 금이 없이 서로 맞붙고, 암흑과 혼합으로 휩싸여 한 덩어리가 되어 있는 상태였다. 이 혼돈 천지에 개벽의 기운이 돌기 시작했다. 갑자년 갑자월 갑자일 갑자시에 하늘의 머리가 자방으로 열리고 을축년 을축월 을축일 을축시에 땅의 머리가 축방으로 열려 하늘과 땅 사이는 금이 생겨났다. 이 금이 점점 벌어지면서 땅덩어리에는 산이 솟아오르고 물이 흘러내리곤 해서 하늘과 땅의 경계는 점점 분명해져 갔다. 이때 하늘에서 청이슬이 내리고, 땅에서는 흑이슬(또는 물이슬)이 솟아나, 서로 합수되어 음양상통으로 만물이 생겨나기 시작했다. 먼저 생겨난 것은 별이었다. 동쪽에는 견우성, 서쪽에는 직녀성, 남쪽에는 노인성, 북쪽에는 북두칠성, 그리고 중앙에는 삼태성 등··· 많은 별들이 벌이어 자리를 잡았다.[110]

「천지왕본풀이」 중 위의 인용 부분에는 우주의 기원과 본원적 통합성이라는 주제가 명확히 드러난다. 원래는 혼돈 상태에서 한 덩어리로 있었던 하늘과 땅이 갈리게 되었고, 각각 남성성과 여성성을 나타내는 하늘의 물과 땅의 물이 '음양상통'으로 합쳐져서 세상 만물이 생겨났다. 태초에 우주가 만들어지면서 지금 하늘에 있는 별도 그때 자리를 잡은 것이다.

공동체의 기원 신화가 우주 창조 신화를 포함하는 경우도 종종 있다. 중국 신화는 중국에서 인류와 역사가 시작되고 현재의 세계가 완성되었다고 말하고, 바빌로니아 신화는 바빌론의 신 마르두크가 티아마트를 죽이고 지금의 우주를 만들었다고 한다. 이때 이들의 거주지는 곧 세계의 중심이다. 앞 장에서 언급했던 카트만두의 기원 신화는 우주 창조 신화에 매우 가깝다. 이 신화에서 카트만두는 세계의 중심이다. 카트만두의 힌두교인들은 카트만두에 신이 거주하며 자신들의 의례와 기도에 의해 모든 인류가 복을 얻는다고 생각한다. 김훈이 『현의 노래』에서 만들어 낸 대가야 버전의 우주 창조 신화도 우리의 논의에 좋은 예가 된다. 작가가 자신의 상상력에만 의존하지 않고 우주 창조 신화의 공통적인 속성을 잘 반영했기 때문이다. 김훈의 신화 속에서 세계의 중심을 나타내는 북두는 가야산 위에 있다. 남성인 천신과 여성인 가야산 산신이 "교접"하여 왕국의 시조인 쇠 김(金)이 태어났고, 그가 "세상을 열었다".[111] 많은 우주 창조 신화는 김훈의 소설 속에서 천신과 산신의 관계가 적나라하게 보여 주는 것처럼 신들이 성관계를 가져 세상 만물이 생겨났다고 말하거나, 바빌로니아 신화에서처럼 우주의 탄생이 원초적 존재의 죽음에서 비롯되었다고 한다. 전자가 우주 만물의 본원적 통합성을 강조하는 유형이라고 한다면, 후자는 만물의 순환이라는 우주의 속성을 반영한다고 할 것이다.

　우주 창조 신화는 가장 흔히 볼 수 있는 신화의 형태이기 때문에, 어떤 사람들은 각기 다른 지역과 문화의 신화들이 서로 매우 유사한 내용과 구조를 지녔다는 것을 알고 놀라기도 한다. 이때 신화들이 유사한 이유를 설명하는 가장 쉬운 방식은 어느 한 지역의 신화가 다른 지역의 신화에 영향을 끼쳤다고 말하는 것이다. 그러나 신화들 사이의 구조와 내용에 나타나는 유사성을 확산에 의한 것으로 설명하는 일은 매우 신중해야 한다. 예를 들어 이스라엘인들이 포로 생활 이후 페르시아의 영향을 받아 이전에는 없었던 부활과 내세관을 새롭게 도입했다 주장한다고 가정해 보자. 만약 이스라엘의 자료를 바빌론유수 이전과 이후로 구분하여 검토한 후 이런 결론을 내린다면 이는 여러 변수를 고려하지 않은 단순한 설명이다. 이러한 주장이 설득력을 확보하기 위해서는 페르시아뿐 아니라 인근 지중해 및 소아시아 지역 전체의 생사관을 고려해야 하며, 특히 이스라엘인들이 아주 오랜 세월 동안 이집트와 접촉하면서도 이집트의 내세관과 죽음 극복 의례에 대해 모르고 있었다는 것도 입증해야 한다. 마찬가지로, 메소포타미아의 신화가 중국의 신화와 유사하며 전자가 후자보다 연대적으로 앞선다는 사실만을 근거로 중국 신화의 기원이 메소포타미아라고 주장할 수도 없는 것이다. 도니거가 말했듯이, 신화들이 공통적인 내용과 구조를 갖고 계속 "재활용(recycling)"되는 것은 역사적인 접촉으로 인한 것이기도 하지만, "항구적인 인간의 속성", 즉 "문화의 장벽을 초월하여 널리 공유되는 인간의 유대와 생각"도 신화들이 반복적으로 유사한 이야기를 하는 데 영향을 끼친다는 것을 기억해야 한다.[112]

엘리아데는 태초의 시간에서 시작하는 우주 창조 신화와 구별하여, 태초부터 있지 않았던 "새로운 상황"을 이야기하고 합리화하는 신화를 기원 신화(origin myth)라고 부른다. 기원 신화는 우주 창조 신화를 지속시키고 완성하는 역할을 한다.[113] 기존의 신화 체계로 설명할 수 없는 어떤 새로운 것은 태초 이후에 생겨난 일이다. 제주도 신화 「천지왕본풀이」와 「차사본풀이」에 포함된 기원 신화의 내용 몇 가지만 살펴보자.

마음 착한 형[저승을 다스리는 대별왕]은 동생[이승을 다스리는 소별왕의 부탁을 들어 도와주기로 했다. 이승에 내려와서 우선 큰 혼란을 정리해 갔다. 먼저 천근 활과 천근 살을 준비해서 하늘에 두 개씩 떠 있는 해와 달을 쏘아 떨어뜨리는 것이다 (…) 그래서 오늘날 하늘에는 해와 달이 하나씩 뜨게 되어 백성들이 살기 좋게 된 것이다. 초목과 새, 짐승이 말하는 것은 송피(松皮) 가루로 써 눌렀다. 송피 가루 닷 말 닷 되를 세상에 뿌리니, 모든 금수, 초목의 혀가 굳어져서 말을 못하고 사람만이 말을 하게 되었다. 다음은 귀신과 생인의 분별을 짓는 일이었다 (…) 이로써 자연의 질서는 바로잡혔다. 형은 그이상 더 수고를 해 주지 않았다. 그렇기 때문에 오늘날도 인간 세상엔 역적, 살인, 도둑, 간음이 여전히 많은 법이고 저승법은 맑고 공정한 법이다.

[원님이] 옆에 있는 막대기를 들어 툭 건드렸더니 강님은 픽 자빠지는 것이었다. 가만히 보니, 강님은 입에 거품을 물고 죽어가고 있었다. 강님의 큰 부인이 달려들었다. "원님아, 우리 낭군 무엇이 잘못한 일이 있습디까?" 너무나 억울한 김에 원님을 마구 쥐어 뜯다 보니 원님도 죽어갔다. 그래서 사람 죽이는 데 대살법(代殺法)이 생긴 것이다.

까마귀는 [뱀이 삼켜 버린 적패지(인간 수명이 적힌 기록)를] 솔개가 훔친 것이 틀림없다고 생각했다. "내 적패지 달라, 까옥." "아니 보았노라. 뺑고로록." 까마귀와 솔개는 한참 다투었다.

그래서 까마귀와 솔개는 지금까지도 만나면 서로 견원지간
이 되어 다투는 법이다.[114]

    위의 인용 부분에는 우주가 이미 창조된 이후에 현재 사람들
이 살고 있는 세상의 중요한 속성, 제도, 행위가 어떻게 생겨났는지를
설명하는 내용이 분명하게 드러난다. 이와 같이 기원 신화는 우주가
창조되고 인간의 역사가 시작된 이후 생긴 것들의 기원을 설명한다.
    기원 신화는 인간이 경험하는 우주와 환경을 설명하는 역할을
하면서, 때로는 예기치 않은 상황을 지적으로 수용하게 해 주는 수단
의 역할을 하기도 한다. 잘 알지 못하는 것을 기원 신화를 통해 아는
것으로 만드는 것은 이를 자신이 생각하는 우주의 질서 속에 포함시
키는 작업이다. 또한 모순이 발생하는 상황이나 소망이 현실과 불일
치하는 상황을 효과적으로 해결하여 질서화시키는 작업이기도 하다.
인간은 현실을 이해하기 어려울 때나 바라는 대로 되지 않을 때 신화
를 통해 이를 극복하고자 한다. 이를테면 파푸아뉴기니 사람들은 모
든 물건을 서로 교환하며 나누는 법칙을 따르며 살아왔다. 19세기 이
후 백인들이 엄청난 물건을 실은 배를 타고 왔을 때, 백인들은 원주민
들의 사고 속에서는 너무도 당연한 상호 교환의 법칙을 지키지 않았
다. 원주민들이 이 이방인들을 그저 자신들의 법칙과는 상관없는 타
자로 간주했다면 모순이 일어나지 않았을지도 모른다. 그러나 오랜
세월 동안 조상의 피부가 흰색이라는 신화를 전승해 온 이 지역 사람
들은 백인들을 보고는 조상들이 온 것으로 생각했고, 따라서 절대적
이라고 믿었던 법칙이 깨져 버린 상황 앞에서 당황할 수밖에 없었다.

이런 불일치의 상황을 극복하기 위한 장치로 이들이 발전시킨 것은 화물 숭배(Cargo Cult) 신화와 의례들이다. 진정한 조상들이 배나 비행기에 귀한 물건들을 가득 싣고 와서 주민들과 나누어 갖게 될 것이라는 새로운 신화는 결국 우주 질서의 회복을 말하는 것이다.[115]

예를 하나 더 들어 보자. 타제석기만을 사용하는 남미 야노마미 부족이 가끔 선주 문명인들이 사용하던 마제석기를 발견했을 때 이를 설명하는 장치도 역시 신화다.

> 그것은 일종의 연마기(鍊磨器)였다. 거기에는 돌도끼를 만드는 데 필요한 것, 즉 모래, 물, 돌이 모두 갖춰져 있었다. 그러나 바위에 그렇게 홈을 내놓은 것은 야노마미족이 아니다. 그들은 돌을 갈 줄 모른다. 그들은 가끔 숲이나 강가에서 하늘의 정령이 만들었다고 여겨지는 갈아 만든 도끼를 발견한다. 그들은 그것을 도자기에 곡물 낟알을 넣고 으깨는 데 사용한다. 그렇다면 이 도끼를 만든 끈기 있는 사람들은 누구인가? 모른다. 어쨌든 현재 야노마미족이 살고 있는 장소를 과거에 점유했었던 거주자들은 수 세기 전에 사라져 버렸다. 그들의 노동의 흔적만이 이 지역 여기저기에 남아 있다.[116]

야노마미 부족 사람들은 자신들이 이해할 수 없는 방식으로 제조된 마제석기를 "하늘의 정령이 만들었다"고 설명한다. 자신들은 만들 수 없는 유용한 도구를 발견한 모순의 상황을 극복하여 질서를 이루고자 한 것이다.

낯선 것의 기원을 설명하는 신화는 많은 경우 사람들의 두려
움을 반영하기도 한다. 김훈은 『현의 노래』에서 일종의 우주 창조 신
화를 제시할 뿐 아니라, 두려움이 반영된 기원 신화가 발생하는 모습
도 보여 준다. 신라의 장군 이사부가 우산국을 정복하기 전 신라 사
람들이 우산국을 설명하는 내용을 눈여겨보라. 신라인들은 자신들이
소문으로만 전해 들은 동해의 멀리 떨어진 미지의 섬을 완전히 신화
적으로 이해한 것으로 그려진다. 풍문 속의 우산은 해 뜨는 곳을 향
해 몇 날 몇 밤을 흘러가다가 만난 섬, 해가 뜨는 곳, 해가 머물러 있
어 밤이 없이 낮만 있는 곳, 개가 생선과 교미해서 생선을 낳고 생선
에게 젖을 먹이는 곳, 모든 종자의 구별이 없어서 날짐승과 들짐승이
교미해서 알을 낳고 그 알에서 뱀이 태어나는 곳이다. 막막히 먼 곳
에 있다는 이 섬은 완전히 다른 우주의 질서에 속해 있어서 육지에 사
는 사람들을 위협한다. 바다의 생선은 모두 이 섬의 개들의 자식으
로, 결국 사나운 개로 변해 육지로 쳐들어올 것이기 때문이다. 이사
부는 풍문을 잠재우기 위해 우산국을 정벌하지만, 결국 평범하기 이
를 데 없는 작은 섬마을의 모습에 허탈함을 느끼게 된다.[117] 이 과정
에서 볼 수 있듯이, 사람들은 미지의 세계에 대한 설명을 통해 '모르
는 것'을 '아는 것'으로 바꾼다. 여기에서 기존의 상징들이 신화의 중
요 요소로 삽입된다. 예를 들어 바다는 현재의 질서가 생기기 전부터
있었던 본원적 창조의 공간으로, 생명의 근원이면서 동시에 창조 이
전의 무질서를 의미하기도 한다. 뱀은 남성, 여성, 땅, 물 등의 속성을
모두 가지고 있는 존재로 날짐승과 들짐승이 분화되기 전의 상태부
터 있던 존재다. 모든 상징은 특정 신화의 맥락에서 나름대로의 의미

를 나타내는 것이다.

　신화가 공동체 혹은 공동체에서 중시하는 어떤 것의 기원과 역사를 특유의 방식으로 설명한다는 것은 조금만 생각해 보면 쉽게 이해할 수 있다. 북한에서 김일성이 태어나서 자라고 이루어 온 일에 대한 이야기는 신화적으로 서술되었지만 역사로도 인정된다는 것을 기억하자. 유신시대 교과서에는 박정희 대통령이 얼마나 위대한 지도자인지 그리고 그가 주도한 새마을운동이 우리나라에 얼마나 중요한 것인지가 신화적으로 기술되었다. 어떤 운동선수가 올림픽에서 금메달을 따면 그가 자라 온 고향 마을 사람들은 인터뷰에서 금메달리스트가 어렸을 때부터 남달랐다는 신화적인 이야기를 쏟아내느라 바쁘다. 신화는 현대에도 계속되고 때로는 역사의 기록이 곧 신화일 수도 있는 것이다. 신화는 공동체와 연관된 것의 기원과 역사를 설명하기 때문에 당연히 공동체 의식을 고양한다. 초등학교 음악 교과서에는 아주 오래전부터 "우리는 한겨레다 단군의 자손이다"라는 가사의 노래가 실려 있다. 이스라엘 사람들은 모세의 지도 아래 이집트로부터 탈출한 신화를 기억하며 민족의식을 이어 왔고, 미국인들은 독립혁명 때의 영웅의 이야기를 영화나 소설로 즐겨 만든다. 역사적인 인물은 신화 속에서 범속한 사람과는 다른, 신성함에 준하는 성질을 지닌 사람으로 묘사된다.

　신화는 공동체가 공유하는 가치와 공감에 호소하여 설득력을 확보한다. 특히 종교 공동체 내에서 통용되는 신화는 절대적 권위에 근거한 힘을 지닌다. 신화는 진리가 담긴 이야기이며 이는 반복해서 이야기되고 의례를 통해 재현되어 공동체가 지속되는 한 시간을 초월하여 기억된다. 신화가 반복해서 이야기된다는 것은 그것이 효율적인 집단적 기억 장치라는 말이기도 하다. 이때 너무 일상적인 사건들은 호소력 있는 기억 장치를 이루는 데 방해가 된다. 예술 작품과 문학처럼, 신화 역시 강조하고자 하는 부분은 크게 과장하고 일상적인 부분은 과감히 생략하는 "단순화와 선택"을 거쳐서 이루어진다.[118]

③ 신화와 상징의 비교종교학적 해석

신화는 상징을 가장 다양하고 심층적으로 이용하는 인간의 문화 중 하나다. 여러 상징이 신화에 이용될 뿐만 아니라, 신화 자체가 이야기 형태로 발전한 상징이다. 그래서 신화가 표상하는 대상과 의미를 알기 위해서는 이야기를 있는 그대로 받아들이는 것이 아니라 해석의 과정을 거쳐야 한다. 신화를 해석함으로써 우리는 인간 심층의 상징을 이해할 수 있다. 상징은 다면적인 가치와 다양한 의미를 지니고 있기 때문에, 신화 속의 상징이나 상징인 신화를 해석하는 관점은 종교 외부에서는 물론 내부적으로도 다양하다. 20세기 중반 독일의 신학자 루돌프 불트만(Rudolf Bultmann)은 『신약성서』에 나오는 이야기들을 '비신화화(demythologization)'라는 해석 방법을 통해 이해해야 한다고 주장했다. 현대인들이 받아들이기 힘든 비과학적인 내용의 신화를 인간학적이고 실존론적으로 재해석하여 성서가 원래 전하고자 하는 의미를 추적해야 한다는 것이다.[119] 그러나 그의 신화 해석 방법은 성서를 수용하는 사람들과 거부하는 사람들 모두로부터 환영받지 못했다. 보수적인 그리스도교 측에서는 불트만이 성서를 그대로 믿지 않아서 복음주의적이지 않은 방법을 제시하는 것이라고 비판했고, 그리스도교를 비판하는 사람들은 그가 철저하게 합리화되지 못한 상태로 신화를 수용하고 있다고 비난했다. 이렇듯 특정한 신화의 해석을 그대로 받아들이는 것은 쉬운 일이 아니며, 신화의 상징적 의미를 해석하는 일도 어려울 수밖에 없다. 결국 신화를 해석하는 일은 자신의 세계관을 신화에 적용하는 일이며, 이는 각자의 신화를 구성하는 일이기도 하다.

학문적 관점에 따라 신화를 해석하는 방식은 다양하겠으나, 신화가 담고 있는 내용, 정치적 함의, 사회적 역할, 역사적 배경 등 수많은 요소를 고려할 때 어느 하나의 관점만이 절대적으로 강조되어서는 안 된다. 비교종교학적 관점에서 인간의 종교적 지향성을 기준으로 신화를 해석하는 것도 여러 주요 방식 중의 하나일 것이다. 그러나 비교종교학적 관점에서 종교적 인간들이 신화를 이용하여 무슨 말을 어떻게 전달하고자 하는지를 연구하면, 자칫 연구자의 주관적인 해석을 단언하며 자신만의 새로운 신화를 구성하는 일을 피하는 데 도움이 된다. 여러 신화의 내용과 요소를 분류하고 공통점과 차이점을 동시에 짚어 낼 수 있기 때문이다. 차이점들을 만들어 내는 역사적, 문화적 배경을 살필 수 있으며, 또한 반복되어 신화에 반영되는 인간 정신의 요소를 찾아낼 수 있다. 어떤 학자들은 비교 연구에서 차이점만을 강조하여, 모든 신화가 각각의 맥락에서 독특한 의미와 내용을 전달한다고 여긴다. 그러나 특정 신화가 다른 신화와 비교될 수 없을 정도로 독특하다고 간주하면 제대로 된 비교종교학적 성과가 나올 수 없다. 개별적인 것만을 지나치게 강조하여 일반화가 불가능해지게 되면 어떤 이론적 설명도 도출해 낼 수 없고, 가치 있는 학문적인 결과도 이끌어 낼 수 없다.[120] 앞에서도 이미 언급했듯이, 신화의 상징은 역사적, 문화적 맥락에 따라 다른 의미를 나타내면서도, 한편으로는 우리가 범주화하고 유형화할 수 있을 정도로 공통적인 "어떤 것들의 큰 덩어리"를 표상한다.[121] 사람들이 우주와 자연에 대한 이해, 특정한 사건의 해석, 인간 한계를 초월하고자 하는 갈망 등을 상징으로 나타내고 신화로 구성한다면, 어느 정도의 공통점을 가지고 있는 인간의 삶과 환경이 신화에 반영될 것이기 때문이다. 내용, 구조, 발생 배경, 이용 목적 등에서 찾을 수 있을 여러 신화의 공통점들을 찾아내어 이를 이론화할 수 있을 것이다.[24]

비교종교학적 관점에서 신화의 상징을 해석할 때 유의해야 할 점을 몇 가지 지적하면서 신화에 대한 논의를 마치도록 하겠다. 신화는 가리키고자 하는 의미를 이야기를 통해 에둘러서 나타낸다. 예를 들어 신화 속의 중심 요소로서 '추방'이라는 말과 개념이 인간소외를 상징한다고 한다면, 추방이 중심이 되는 신화는 인간소외를 직접 가리키지 않고 이야기를 통해 보여 준다. 아담과 하와가 에덴동산에서 추방되는 이야기나 오이디푸스가 왕위를 포기하고 테베에서 추방되는 이야기에서 볼 수 있듯이, 신화는 소외된 인간의 상태를 매우 생생하고 효과적으로 보여 준다.[122] 종교 전통 내부에서 교육을 담당하는 사람들은 교리적 명제를 가르치는 것보다 경전 속 이야기를 해 주는 것이 더 강력한 인상을 남길 수 있다는 것을 잘 알고 있다. 예를 들어

---

24 이는 모든 신화가 지닌 보편적 본질이 있다는 말이 아님에 유의해야 한다. 비교 단위의 모든 특질이 그 단위 내 구성원들이 모두 지니고 있는 특질은 아니며, 우리가 찾는 공통적인 요소는 하나의 본질을 구성하는 것이 아니기 때문이다. J. Z. Smith, *Relating Religion*, p.22; Doinger, *The Woman Who Pretended*, pp.7-8.

예수의 고난과 죽음에 대한 신화는 인간을 향한 신의 사랑과 희생이라는 의미를 직접 강조하지 않으면서도 이야기를 통해 의미를 더 효과적으로 전달한다. 태초의 영웅이 바위를 세워서 명계로부터 인간계를 보호했다는 내용의 신화는 삶의 영역과 죽음의 영역이 분리되었다는 우주관과 이 분리를 확고히 할 수 있는 돌의 상징적 의미를 이야기를 통해 에둘러 보여 주면서도 확실하게 각인시킨다. 신화를 통해 상징된 기의는, 신화 속에서 사용된 특정한 사물을 통해 좀 더 지시적이고 간결한 상징으로 표상되기도 한다. 십자가라는 사물은 신의 사랑과 희생 그리고 인간 구원의 방법을 표상하는 상징물이며, 무덤 앞에 세우는 바위는 죽음의 영역을 삶의 영역으로부터 구별하는 상징물이다.

신화의 상징적 의미를 해석하기 위해서는 신화를 구성한 문화의 여러 맥락을 이해해야 한다. 맥락에 대한 검토 없이 특정한 하나의 신화를 면밀히 검토하는 작업만으로는 객관적인 해석을 도출할 수 없다. 단군 신화 중 호랑이와 곰 둘 다 사람이 되고 싶어 했으나 결국 곰만 성공했다는 내용을 토대로 곰과 호랑이가 어떤 상징적 의미를 지니고 있는지 해석하고자 할 때, 이 신화 자체를 분석하는 작업만으로는 의미 있는 해석이 나오지 않는다. 예를 들어 단군 신화의 배경인 사회체제 내에서 동물이 부족을 상징하며 부족의 조상으로 여겨지기도 했다는 역사적 지식을 가지고 있어야 한다. 또한 호랑이가 신성하게 여겨지는 한국의 다른 신화들이나 곰과 사람이 관계를 맺는 동아시아 신화도 고려해야 한다. 그렇지 않으면 고대 한국에서 곰이 호랑이보다 더 성스럽게 여겨졌고, 끈기가 부족한 호랑이는 사람

과 거리가 먼 동물로 생각되었다는 식의 자의적인 해석을 하게 될 수
도 있는 것이다.

또한 신화 자체가 신화 내 상징 요소들의 맥락이라는 점에도
주의해야 한다. 앞에서 언급한 대로 상징은 맥락에 따라서 매우 다양
한 의미를 전달하며, 사물, 행위, 사건, 관계 등 신화 속에서 상징적 의
미를 전달하는 구성 요소들은 특정 신화의 맥락 속에서 그 정확한 의
미가 결정된다.[25] '곰'은 포유강 식육목 곰과에 속한 크고 힘센 동물을
가리키는 말이다. 그러나 신화에서는 곰이 꼭 이러한 일반적인 개념
으로 사용되는 것은 아니다. 예컨대 단군 신화에서 곰은 인간이 되기
를 갈망하여 쑥과 마늘만을 먹고 백 일을 동굴에서 견뎌서 결국 환웅
의 아내가 되는 특이한 동물이다. 십자가는 예수가 매달려 죽은 비극
적인 형틀이지만 맥락에 따라서 악마를 물리치는 강력한 무기가 되
기도 한다. 각 신화에서 필수적인 요소만을 뽑아 요약하여 '곰이 (고난
을 이겨 내고) 사람으로 변한다' 또는 '신이 (사람이 되어) 죽었다'와 같은 간
단한 문장으로 만든다고 해 보자. 이때 신화의 내용이 전개되는 방향
을 결정하는 것은 이 문장의 술어 부분, 즉 동사다. 곰이 사람을 죽였
는지, 사람을 살렸는지, 사람이 되었는지에 따라 신화의 주제가 완전
히 달라지기 때문이다. 도니거는 '뱀'의 상징을 예로 들어 설명한다.

4
종교 상징의 관점에서 보는 신화와 의례

---

25 레비스트로스는 구조주의의 입장에서 이와 관련된 내용을 자세히 설명한다. 신화를 구성하
는 단위인 신화소(神話素, mythème)는 그 자체로서 의미를 지니지만 신화 속에서 독자적인
의미를 전달하지는 않는다. 각 신화에서 신화소들이 어떻게 결합되고 관계를 맺는지에 따라
다른 의미를 가지게 된다는 것이다. Claude Lévi-Strauss, *Structural Anthropology*, trans.
by Claire Jacobson & Brooke Grundfest Schoepf (Harmondsworth, Middlesex, England:
Penguin Books, 1968[1958]), pp.210-211.

내가 말하는 [신화를] 구성하는 단위는 동사들에 의해 결정된다. (…) 명사의 경우 너무도 많은 대립적인 것들을 상징할 수도 있다. 예를 들어 뱀은 지혜와 사악함, 재탄생(허물을 벗는다는 의미)과 죽음(독), 남성성(남성의 성기 모양과 유사)과 여성성(똬리를 튼 상태의 힘), 물(많은 뱀은 물이 있는 곳에 산다)과 불(혀가 불꽃 모양이다)을 상징한다. 면밀히 조사해 본다면 [뱀이] 무언가의 큰 덩어리를 상징한다는 것이 드러나겠지만, 사실상 거의 모든 것을 상징하는 것처럼 보일 수도 있다. '준다' 혹은 '문다' 등의 동사를 추가할 때, 그 결과로 발생하는 작은 신화의 구성 단위가 지닌 의미는 명사 단독일 때의 의미보다 훨씬 더 명확히 한정된다.[123]

뱀의 상징을 이해하려면 우선 뱀에 관해 이야기하는 특정 문화에서 뱀이 무엇을 상징하는지 알아야 한다. 이에 더하여 뱀이 '무슨 일을 했다'라는 신화 속의 동사적 주제는 그 이야기 내에 국한된 상징적 의미를 확정한다. 신화의 구조와 내용을 잘 알아야 상징적 의미를 제대로 이해할 수 있게 되는 것이다.

마지막으로, 신화가 전달하고자 하는 의미와 내용은 종종 변하거나 상실되기도 한다는 점도 기억해야 할 것이다. 신화의 의미는 역사적으로 변용될 뿐 아니라, 이를 수용하는 문화에 따라 달라질 수도 있다. 동일한 종교 공동체 내에서도 교리나 세계관의 변화에 따라 성스러움이 더 강조되기도 하고, 그 신화를 진리로 받아들이는 공동체가 약화되면 성스러움과 관련된 가치도 소실된다. 그리스도교가 유럽에 뿌리를 내리면서 성서의 마리아와 관련된 내용이 강조되고 새로운 이야기가 생기기도 했다. 이처럼 가톨릭교회에서 마리아의 위상이 높아진 것을 유럽 전통 종교의 여신을 수용한 것이라고 간단히 말해서는 안 된다. 그리스도교 내부에서 그리스도의 속성에 대한 교리적인 문제와 관련해, 원죄를 가진 인간 마리아가 전혀 죄 없는 신성한 예수를 잉태할 수 있는지, 이때 예수에게 죄가 전이되지는 않는지의 문제가 논의된 끝에, 자연스럽게 마리아 역시 죄가 없는 신성한 존재라는 결론에 이르는 과정을 검토해야 한다. 그리스도의 신성을 옹호하려다 보니 마리아의 신성에 대한 논의가 발전되었고, 이것이 여러 역사적인 요소와 결합하여 신화 속에서 마리아가 갖는 의미가 격상되는 결과를 낳게 되었다는 것이다.

이전에 성스럽게 받아들여졌던 신화들이 더 이상 공동체에서 의미 있는 것으로 수용되지 않게 되는 일은 어떤 종교가 약화될 때마다 생기기 마련이다. 근대화 이후 많은 종교 신화가 부정되고 있는 것을 너무도 잘 알고 있는 오늘날의 독자들에게 구체적인 사례를 들어 설명할 필요는 없을 것이다.[124] 신화가 성스러운 지위를 상실하면 더 이상 역사와 우주를 설명하는 근거로 사용될 수 없다는 것은 당연한 이야기다.

하지만 이 경우에도 이야기로서 신화가 갖는 힘은 완전히 소멸되지 않는다. 소설, 영화, 애니메이션 등 인간 문화 전반에 신화는 여전히 남아 있다. 근대적 관점을 가진 사람들은 종교적인 신화를 '이야기'가 아닌 진리의 말씀으로 믿는 종교적 인간을 산타클로스를 믿는 어린이처럼 유치한 수준에서 벗어나지 못한 것으로 볼 수도 있다.

그러나 신화를 믿는 사람들의 경험 속에서는 신화가 받아들일 만한 가치가 있는 이야기, 즉 참된 이야기라는 것을 기억해야 한다. 현대인들의 눈에는 종교적 인간의 신화가 날조된 거짓말로만 보일지도 모르지만, 신화를 공유하여 함께 경험하고 참으로 인식하는 종교 공동체 구성원들의 진정성을 의심하기만 해서는 안 된다. 영화 〈라이프 오브 파이〉(2012)는 난파된 배의 유일한 생존자인 주인공 파이가 자신이 겪은 고난을 신화적으로 진술하는 내용을 중심으로 전개된다. 다른 가족들이 모두 죽고 혼자 구명보트에 남아서 힘겹게 표류했던 비극적인 고난의 경험은 함께 구명보트에 탄 호랑이를 길들여 가는 과정에 관한 이야기로 구성되었다. 이 신화적 설명에서 파이가 겪은 고난은 신의 위대한 계획을 통하여 그가 신의 사랑을 깨닫고 영적으로 성숙해지는 과정으로 기술된다. 파이가 구조된 후, 보험회사 사람들은 신화로 구성된 그의 이야기가 믿을 수 없는 거짓말이라고 생각했다. 하지만 파이의 경험을 작품으로 기획하려는 작가는 사람들이 믿는 현실적인 이야기가 아니라 성스러움과 관련된 의미와 가치가 부여된 파이의 이야기야말로 더 좋은 이야기라고 말하며 파이가 신화화한 이야기를 받아들인다.

미야자키 하야오는 〈센과 치히로의 행방불명〉(2001)에서 어린 치히로가 보는 신화적 세계를 보지 못하는 어른들을 돼지로 그리고 있다. 치히로는 길을 잘못 들어 신사에 가까이 다가갈 때부터 뭔가 이상한 기운을 감지하고 차를 돌리자고 조른다. 하지만 부모는 거리낌 없이 신의 영역에 들어가면서 '테마파크'에 온 것이라고 생각했고, 결국 차려진 음식을 정신없이 먹다가 돼지로 변하고 만다. 물론 돼지는 성스러운 가치를 알아보지 못하는 사람의 상징이다. 감독은 이 영화를 만들며 "한때 열 살이었던 당신에게… 그리고 이제 열 살이 되려는 아이들에게…"라는 말을 남기기도 했다. 하야오 감독은 어린 치히로야말로 현대인들은 상실해 버린 신화적 눈을 통해 세계를 이해할 능력을 지닌 사람이라고 말하고 싶었던 것이다.

2) 의례와 종교 상징

앞에서 카트만두의 사례를 들어 종교적 인간의 삶에서 종교적인 의례들이 얼마나 중요한 위치를 차지하고 있는지를 소개했다. 카트만두 사람들은 신을 모시고 정화하고 숭배하는 의례, 도시를 신의 거주지로 만들고 유지하는 의례, 초목에 깃든 여신의 힘을 통해 생명력을 얻는 의례, 농경과 풍요의 의례(왕과 여신의 신성한 결혼, 추수 기념 등), 인생의 새로운 단계를 맞는 통과의례 등을 여전히 행하고 있다. 종교적 인간의 삶의 행위들은 신성한 의미로 가득 차 있다고 해도 과언이 아니다. 우리 주변에서 볼 수 있는 풍속들 중에서도 이렇게 범속한 것과 구별된 의미가 부여된 행위들을 많이 찾을 수 있는데, 예를 들어 우리 조상들은 집 안에서 장독대를 가장 깨끗하게 유지하려고 노력했다. 이러한 노력은 오늘날에도 종교 의례의 형태로 남아 있다. 다음은 장을 담그는 농원을 취재한 기사다.

오늘 장을 담근 층에는 여기저기 금줄이 걸려 있었다. 금줄은

애기가 태어나야지만 걸어 놓는 것이라 생각을 했는데 장을 담그고 나서 금줄을 거는 것도 이미 오래된 풍습이라고 한다. 장을 담그고 금줄을 거는 이유는 장독이라는 것을 예로부터 신성한 곳으로 여겼던 조상들이 외부로부터 부정을 막기 위해서였다고 하는데, 예전에 자식을 과거 시험장에 보낸 어머니가 장독에다 물을 받아 놓고 밤새 기도를 한 것도 바로 장독이 신성한 곳이라고 여겼기 때문이라고 한다. 서일농원에서도 이 전통을 이어가는 것은 물론이요 장을 담그기 전에 직원들이 한 명도 빠짐없이 목욕재계를 하고 일에 임한다고 한다. (2008년 3월 12일 자 『조선일보 붐업 경기도』)

　장독대는 우리나라 사람들이 먹는 가장 중요한 음식이 만들어지는 곳이므로 깨끗하게 유지되어야 한다. 이 깨끗함은 문자 그대로의 '물리적 깨끗함' 이상의 어떤 것을 표상하여, '우주론적 깨끗함'과 동일시된다. 이곳은 새로운 것이 만들어지는 창조의 과정이 일어나는 장소다. 콩이 간장과 된장으로 변하는 과정은 마치 새로운 생명이 잉태되는 것처럼 신성하게 간주되기 때문에, 더러운 물질이 들어가지 못하게 하는 것은 물론 모든 종류의 부정이 침범하지 못하도록 해야 한다. 따라서 장을 담그는 행위는 범속한 다른 행위와 구별되어야 한다. 이를 위해 사람들은 장을 담그기 전 목욕재계를 통해 속의 흔적을 씻어 냈고, 부부 관계를 피했으며, 작은 벌레도 죽이지 않으려 애썼다. 장을 담근 후에도 3일 동안은 해산한 여자나 상을 당한 집안의 사람은 장독대 근처에 접근할 수 없었다. 어머니들은 이렇듯 깨끗하게 유지되는 곳에서 맑은 정화수를 떠 놓고 집안을 지키는 신들에게 정성껏 소원을 빌었다. 이러한 신앙과 행위에 대해서는 뒤에서 정결과 부정의 상징을 다루면서 이론적으로 설명하겠다. 여기서는 오늘날에도 장독대에 금줄을 매다는 행위가 복잡한 상징적인 사고를 배경으로 한다는 것만 지적하고 넘어가자.

이제 종교적인 의례들은 종교 공동체에서만 이루어지고 일상적 삶 속에서는 성스러움과 관련된 행위들이 점차 사라져 가고 있는 듯하지만, 상징적 의미가 부여된 행위들은 여전히 우리 주변에서 찾을 수 있다. 현대인들은 잘 모르고 있지만, 이 행위들은 본래 성스러움과 관련된 의미를 나타내도록 형태를 갖추었고 그 의미로 수용된 것이다.

① 의례란 무엇인가

일반적으로 '의례(ritual)'라는 용어는 매우 포괄적인 의미를 지니고 있다. 이 용어는 종교적 맥락에서 사용될 뿐 아니라, '국민의례'라는 용례에서처럼 비종교적인 체계적 행위를 가리키기도 한다. '의례'는 유사한 의미를 가리키는 여러 용어 중에서 가장 일반적으로 사용된다. '의례'와 '제의'는 엄밀히 구별되지 않기도 하지만, 후자가 좀 더 특정적이고 종교적인 뉘앙스를 가지고 있다고 할 수 있다. 이런 의미에서 '의례'는 축하식, 장례식, 졸업식, 결혼식 등과 같은 '의식적 행사(ceremony)'나 우위의 존재에 대한 숭배의 의미를 지닌 '제례(cult)', 격식을 갖춘 공식적 행위인 '전례(rite)'를 포괄한다.

그러나 종교학에서 '의례'라고 할 때는 주로 '종교적인 의례'를 가리키는 경우가 많다. 『종교 사전(The HarperCollins Dictionary of Religion)』은 의례가 "시작, 중간, 결말의 구조로 이루어져 있으며 초인간적인 존재와 직접적인 관련이 있는 행위와 신앙의 체계"라고 정의한다.[125] 또한 『종교 백과사전(Encyclopedia of Religion)』은 의례를 "의식적이고 자발적이며 반복되고 양식화된 상징적인 신체적 행위로, 우주적인 구조나 성스러운 존재에 초점을 맞춘다"고 정의한다.[126] 이러한 정의들은 의례가 인간에게 독특한 이유는 바로 초인간적이거나 우주적이거나 성스러운 존재와의 관계 때문이라고 강조한다. 이 정의들을 우리가 지금까지 사용해온 용어로 다시 정리한다면, 의례, 즉 종교 의례는 '성스러움에 대한 신앙에 근거를 둔 체계적인 행위', 또는 '의미와 체계를 지닌 종교적 행위'를 가리킨다고 할 수 있을 것이다.

　　　의례는 각 문화에서 특정 방식으로 구성된 체계를 따라서 의미를 전달한다. 어떤 사람이 특정 행위를 통해서 나름대로의 의미를 전달한다고 하더라도, 여러 사람에 의해 반복되고 확정된 의미의 형태로 수용되지 않으면 의례가 될 수 없다. 특정 행위가 문화 내에서 다른 행위와 구별되어 의미를 전달하는 기호로 인정되는 과정을 '의례화(ritualization)'라고 한다.[127] 그런데 한편에서는 의례가 무엇을 의미하는지는 그다지 중요하지 않다는 주장도 제기되어 왔다. 최근 '실행 이론(practice theory)'에 근거하여 의례를 정의하는 학자들은 의례가 '무엇을 의미하는지'보다는 '어떤 일을 수행하는지'를 부각시킨다.[128] 그러나 의미를 전달하는 측면도 의례의 매우 중요한 속성이자 기능이다. '의례가 수행하는 것'은 의례를 통해 이루어지는 결과라고도 할 수 있기 때문에, 의미 있는 행위를 통해 결과를 발생시킨다는 면에서 의미와 결과 모두가 중요하다고 할 것이다. 사람들은 의례에 참여하여 다른 행위와는 구별된 의미를 지닌 행위를 하고 어떤 결과를 얻는다. 이런 맥락에서 스마트는 의례가 의미를 전달하여 어떤 결과를 발생시킨다는 점을 강조한다.

> [일상생활의 수행적 언어 및 행위처럼] 종교 의례도 감정을 표현하고, 관계를 돈독하게 하며, 보이지 않는 실재를 어느 한 영역에서 다른 영역으로 전달하기도 한다. 예를 들어 가톨릭의 미사는 신자들에게 그리스도의 어떤 것을 전해 준다. 그리스도의 몸과 피, 즉 그의 본질은 영성체를 받는 사람에게 전달된다. 이 의례에서 빵과 포도주는 신자들의 몸과 피가 되어 이중적인 변형의 결과가 생긴다.[129]

의례화를 통해 중요한 의미와 체계를 확보하여 의례로 굳어진 행위는 다른 맥락에서 행해지는 같은 행위와는 전혀 다른 의미를 지니고 결과를 발생시킨다. 티베트 불교 의례인 오체투지를 예로 들어 생각해 보자. 절을 하는 행위는 물론 여기에 수반되는 다른 동작들과 성지까지 이르는 순례 자체도 각각의 의미를 지닌 의례다. 오체투지를 할 때 손을 뻗어 온몸을 땅에 대며 미끄러지는 행위는 언뜻 야구에서 베이스를 향해 슬라이딩을 하는 모습과 비슷해 보인다. 그러나 성지순례를 하는 티베트 불교인이 행하는 오체투지는 자신을 최대한 낮춘다는 의미를 표현한다. 엎드렸다가 일어나 걸어가며 치는 세 번의 손뼉은 각각 몸, 마음, 말을 가리키는 것으로, 붓다에게 이 셋을 바

라싸를 향해 오체투지를 하며 성지순례 중인 티베트 불교인.　ⓒAntoine Taveneaux

친다는 의미를 담고 있다. 이 순례의 과정은 참여자들이 고향 마을의 활불에게 축복을 받고 시작하여, 중간 단계라고 할 수 있는 길고 힘든 여정을 거쳐, 성지 라싸의 조캉 사원에서 마지막으로 오체투지를 하며 끝난다. 순례자들은 매우 힘들고 고통스러운 전체 순례를 통해 자신들의 죄가 정화되고 자신들이 새로운 존재가 된다고 믿는다. 의례에 참여하는 신자들에게 의례가 의미 있는 결과를 가져온다는 것을 분명히 확인할 수 있다.

② 의례의 주요 속성과 역할

　　의례가 의미하는 바가 얼마나 중요한지에 대하여 학자들 간에 의견이 다른 것처럼, 각 종교 전통들도 의례의 내면적 의미와 외면적 형식에 대한 나름대로의 입장을 가지고 있다. 의례의 절차와 행위 자체를 매우 강조하는 종교가 있는가 하면 의례 절차가 표상하는 의미를 더 중시하는 종교도 있다. 가톨릭이 개신교에 비해 전통적인 형식과 절차를 중시한다면 개신교는 본원적인 의미를 높이 평가하여 그 의미를 직접 표상하지 않는 형식적인 행위를 거부하기도 한다. 여기서 더 나아가 퀘이커교도는 아예 모든 예배의 형식조차 거부하고 성스러움과의 직접적인 만남을 추구한다.

　　종교마다 강조하는 정도는 분명 다르지만, 형식과 의미 중 어느 한쪽이 없으면 의례가 성립되지 않는다. 의례를 수단으로 생각하는 선불교 계열의 사찰에서도 석가모니의 출생, 출가, 성도, 열반일 등 4대 명절 의례는 물론 조석예불, 재앙을 소멸하기 위한 소재(消災) 신앙 의례, 죽은 자들을 위한 사자 신앙 의례 등을 행한다. 형식과 내면성의 조화를 강조한다고 할 수 있는 이슬람에서는, 의례의 엄격한 절차를 강조하지는 않으나 상황이 허락하는 방식으로 의례 행위를 반드시 행해야만 한다. 예컨대 하루에 5회 하도록 되어 있는 예배 의례(혹은 기도 의례) 살라트(salāt) 전에는 물로 사지(四肢)와 얼굴, 머리의 일부를 씻는 정화 의례인 우두(wudu)를 반드시 행해야만 한다.[26] 그러나 물이 없는 사막에서라면 모래나 돌로 정화하는 타얌뭄(tayammum) 의례를 해도 된다. 땀이 많이 나는 더운 사막에서 모래로 손발을 닦으면 실제로는 더욱 더러워질 수도 있을 것이므로 정화 의례의 목적이 반드

26　『쿠란』 5:6은 "무슬림들은 기도 의례를 하기 전에 얼굴을 씻고 손을 팔꿈치까지 씻고 머리의 일부를 닦고 발목까지 발을 씻으라"고 규정한다. 온몸을 정화하는 거슬(ghusl)이나, 물을 구하기 어려운 경우나 환자의 경우 약식으로 행하는 타얌뭄도 『쿠란』을 근거로 한다.

시 몸을 물리적 의미에서 깨끗하게 만드는 것이 아님은 분명하다. 그러나 상황에 맞게 형식을 변형한 형태로라도 정화를 하지 않으면 안된다. 살라트 의례 전에는 반드시 속의 흔적을 지우는 행위를 해야만하나, 절차에 얽매이지 않는다는 점에서 외면적 형식과 내면적 의미의 조화를 강조한다고 할 수 있는 것이다.

엘리아데는 종교 의례가 무엇보다도 신화적인 태초에 일어났던 원형을 반복한다는 점에서 성스러움과 관련된다고 주장한다. 의례가 신화 속의 성스러운 모델인 원형을 모방하여 행하는 것이라는 말이 곧 의례가 신화를 따라서 구성되었다는 뜻은 아니다. 엘리아데는 "소위 '원시인들'에게는 의례에만 신화적 모델이 있었던 것이 아니라, 인간의 모든 행위는 태초에 신이나 영웅 또는 조상이 행한 행위를 정확하게 반복하는 한에서만 행위로서 유효성을 얻을 수 있었다"라고 주장한다.[130] 달리 말하면 신화는 의례의 유효성을 확보하기 위한 장치로 사용된다고 할 수도 있는 것이다. 종교적 인간은 자신이 행하는 행위의 정당성을 성스러움과의 관계 속에서 찾고자 한다는 점이 중요하다. 이들이 원형적 모델을 더 많이 반복할수록 이들의 삶은 유효하고 정당한 행위로 구성될 수 있는 것이다.

종교 의례에 참여하는 사람들이라면 이 설명을 쉽게 이해할 것이다. 석가탄신일에 연등을 밝히는 행사는 세상을 지혜로 밝힌 붓다의 삶을 상징적으로 재현하는 것이며, 따라서 원형을 모방하는 행위다. 개신교가 가톨릭의 칠성사 중 성찬식과 세례를 수용하여 여전히 강조하는 이유는, 이 의례는 예수가 직접 했던 것으로 성서에 기록되어 있고, 따라서 성스러운 모델인 원형이 분명하기 때문이다. 유대인들은 최대 명절인 유월절에 조상들이 이집트를 탈출하기 전날 밤 신의 명령을 따라 했던 대로 발효되지 않은 빵을 먹는다. 하누카(Hanuk-kah)는 기원전 165년 마카비가(家)를 중심으로 시리아와의 독립전쟁에서 승리하고 성전에서 이방의 신들을 몰아낸 후 행했던 봉헌제(奉獻祭)를 재현하는 유대교 명절이다. 유대인들이 8일간의 축제 기간 동안 하루에 하나씩 촛불을 더하여 마지막 날에는 여덟 개의 촛불을 켜는 것은 그 옛날 성전에서 8일 동안 램프를 밝혔던 것을 재현하는 것이며, 신이 기적을 베풀어 하루 분량밖에 남지 않은 기름으로 8일 동안 램프에 불을 밝혔다는 이야기를 따라서 서로에게 선물을 주며 신이 베풀어 준 선물을 기념한다. 무슬림들이 이슬람력 아홉 번째 달인 라마단(Ramadan) 기간에 해가 떠 있는 동안 금식을 하는 것은 무함마드가 신으로부터 『쿠란』을 받으며 산 속에서 한 달간 보낸 경험을 재현하는 것이며, 메카로 하지(hajj), 즉 성지순례를 가는 것은 무함마드가 632년 메카를 방문한 첫 성지순례를 반복하는 것이다. 시아파 무슬림들이 후세인의 순교를 기리는 아슈라 축제 때 자신의 몸을 채찍으로 때리는 것도 성인의 고통을 직접 경험하며 반복하기 위해서다.

　　때때로 신화 속의 사건이 그대로 반복되기보다는 신자들에게 의미 있는 형태로 해석되어 재현되기도 한다. 힌두교 최대 규모의 축제인 쿰브멜라(Kumbh Mela)의 예를 살펴보자. 쿰브는 주전자, 멜라는 축제 또는 집회를 의미하여, '쿰브멜라'라는 말은 곧 '주전자 축제'라는 뜻이다. 힌두 경전에 따르면, 신들과 악마가 신들의 영약 암리타가 담긴 주전자를 놓고 싸우던 중, 비슈누 신이 그 주전자를 들고 날아가다가 영약 네 방울을 갠지스강의 하와드르, 시프라강의 웃자인, 고다바리강의 나시크, 그리고 세 강이 만나는 알라하바드에 떨어뜨렸다. 암리타가 떨어진 네 지역에서 3년에 한 번씩 축제를 열지만, 세 강이 만나는 알라하바드에서 열리는 축제가 가장 규모가 커서, 쿰브멜라라고 하면 보통 알라하바드에서 12년에 한 번 열리는 축제를 가리킨다. 6주에 걸친 축제 기간 동안에는 1억 명에 육박하는 많은 사람들이 몰려들어 알라하바드의 갠지스강 유역에서 목욕을 한다. 축제 참여자들이 성스러운 축제 기간 중 영약을 만들거나 떨어뜨리는 행위를 재현하는 데 힘을 기울이는 것은 아니다. 이들은 신들의 영약이 떨어진 성스러운 강물에 몸을 담그고 씻으면 죄를 정화하고

쿰브멜라에 참여하기 위해 모여든 힌두교인들. ⓒMichael T. Balonek

신을 만나게 된다고 믿는다. 의례의 행위가 신화적인 시간에 신들이 행한 일들을 그대로 모방하지는 않지만 원형인 성스러움의 사건이 신자들에게 의미 있는 일로 해석되어 재현되는 것이다.

현대에는 '종교'라는 이름으로 행해지지 않는 수많은 의례도 성스러움과 관련된 의미를 표상하고, 성스러운 존재의 행위를 재현한다. 세시 풍속의 형태로 이어져 온 민간 의례에서도 이것을 확인할 수 있다.[27] 중국의 『형초세시기(荊楚歲時記)』는 동짓날 팥죽을 쑤는 의례에 대한 신화적 설명을 제공한다. 신화적 시간에, 공공씨(共工氏)의 망나니 아들은 팥을 무서워했다. 이 아들은 동짓날에 죽어 역신이 되었고, 사람들은 그가 무서워하는 팥으로 죽을 쑤어 쫓아내기 시작했다. 동짓날 팥죽을 쑤어 먹는 의례의 근거를 역사와 구별되는 시간에 살았던 조상들에게서 찾는 것을 볼 수 있다. 엘리아데는 '생산'과 관련된 다양한 의례가 신의 행위를 모방하여 생명을 낳는 성스러운 힘을 재생하기 위한 것이라고 보았다. 예를 들어 근대 이전의 유럽에서는 파종하는 날이나 그 전날 마을에서 선발된 부부가 밭에서 성행위를 하는 의례를 흔히 볼 수 있었다. 이러한 의례적 성행위는 인간의 생명력이 밭의 생명력에 영향을 끼치도록 하여 수확을 증진시키기 위한 것이었다. 많은 창조 신화에서 신들의 성행위를 통해 우주가 창조되었다고 설명하는 것을 고려하면, 이 부부의 성행위도 신들의 창

---

27 물론 의례 절차의 복잡성이나 전문 사제 계급의 유무에 따라 의례를 구분할 수도 있다. 상식적으로 생각해도, 사제와 같은 종교 전문인이 주도하는 의례는 대개 공동체 구성원 전체를 대상으로 하며 더 복잡한 형태를 띠고 있다면, 개인들이 실천할 수 있는 의례는 일상 중에 잠깐 하기에 적합 하도록 간단할 것이다. 사제 계급이 따로 분화되지 않았던 원시공동체의 의례나 가족 중심의 제례는 물론 개인이 행하는 종교 의례도 성스러운 존재와 관련된 의미를 갖는 행위라는 점은 복잡한 사제 중심의 의례와 마찬가지다.

조 행위를 모방한 것임을 알 수 있다.[28] 출산 등 새로운 생명을 태동시키는 행위도 신의 원초적 행위를 반복하는 것이기 때문에 신성하게 여겨진다.

우리나라에도 인간의 성적인 에너지가 풍요로운 생산에 영향을 미친다는 생각에 근거한 의례들이 전해진다. 예를 들어, 함경도와 강원도 지역에는 정월대보름에 마을에서 숫총각 한 명을 뽑아 나체로 토우나 목우를 몰며 밭을 가는 흉내를 내게 하는 '나경(裸耕)'이라는 풍속이 있었다. 젊은 남성의 강한 성적 에너지가 여성의 생산 능력을 상징하는 밭의 에너지를 강화할 수 있을 것으로 기대한 풍년 기원 의례라고 할 수 있다. 또한 지금도 제주도의 여러 중산간 마을에서 행해지는 공동체 풍요 기원 의례 '산신놀이'에는 연극적으로 성행위를 상징하는 절차가 포함되어 있다. 의례 중 포수의 역할을 하는 두 심방(제주 무속인)은 사냥하기 전에 서로 엉켜 잠을 자는 모습으로 성행위를 연출한다. 두 심방은 종종 '암포수'와 '수포수'로 불리며 이들의 모의 성행위 연출은 사냥의 풍성한 결과를 기원하기 위한 것이다.[131]

엘리아데는 인간 희생 제의(human sacrifice), 집단적인 성행위 오르기(Orgy), 남성 성기 분할 의례(subincision ritual)와 같이 평범한 삶의 모습과 극단적으로 대비되는 의례에서도 성스러움과 관련된 의미를 찾

---

28 Eliade, *Patterns*, pp.360-361. 여기서 엘리아데는 중요한 두 가지 점을 더 지적한다. 첫째, 수확의 증진을 위한 희생 제의, 의례적 결혼, 성행위와 연관된 풍요 기원 의례 등이 "유기적 생명의 근본적 단일성"을 전제로 한다는 것이다. 인간의 행위는 전 우주와 관련을 맺고 있다. 파종 전 밭에서 행한 의례적 성행위는 씨를 뿌리는 행위와 동일시되고, 여성은 밭에, 남성의 정자는 씨앗에 해당한다. 둘째, 엘리아데는 농경 생산 의례를 통해 사람들이 구원론적 의식을 갖게 되었을 것이라고 말한다. 농작물이 소멸되고 다시 생명을 맺는 과정에 의례적으로 영향을 끼칠 수 있다는 생각은 인간 영혼도 의례적 절차에 의해 재생될 수 있을 것이라는 믿음으로 자연스럽게 이어졌을 것이라고 보는 것이다.

을 수 있다고 주장한다.[132] 이런 의례가 개인과 사회에 해악을 끼칠 수 있다는 문제점을 부인하는 것이 아니다. 다만 이런 의례를 '나쁜 것'으로 낙인찍어 연구 대상에서도 배제할 것이 아니라, 그 배경에 있는 논리와 동기에 학문적으로 접근해야 한다는 말이다.

지금은 사람을 죽여서 제물로 바치는 끔찍한 제의를 상상하기 힘들지만, 고대에는 적지 않은 수의 문화에서 이러한 제의가 행해졌다. 『삼국지』는 제갈공명이 인간 희생 제의를 대신하기 위해서 만두를 만들기 시작했다고 소개하고, 우리나라에도 『심청전』처럼 신에게 인간을 바치는 것을 소재로 하는 설화가 있다. 신에게 인간을 희생물로 바치는 의례는 대개 인간이 가장 귀한 제물이라는 믿음과 관련이 있다. 장례 때 죽은 사람의 수하들을 함께 매장하는 순장은 이승과 저승의 삶이 의례를 통해 이어질 수 있다는 생각, 좀 더 구체적으로는 높은 지위의 사람이 죽어서도 수하의 사람들을 계속 부릴 수 있다는 생각에 근거한다. 그중에서도 엘리아데는 하나의 생명을 없애서 새로운 생명을 잉태시키는 관념에 근거한 인간 희생 제의에 주목한다. 농경과 관련하여 사람이나 동물을 죽여 희생 제의를 하는 것은 태초에 신적 존재의 죽은 몸으로부터 우주 만물이 창조되었다는 신화를 재현하여 작품에 새로운 생명이 깃들도록 하는 것이다. 바빌로니아 신화에서 우주는 티아마트의 죽은 몸으로 만들어졌고, 인도 신화는 원인(原人) 푸루샤의 몸에서 우주와 세계가 나왔다고 말하며, 스칸디나비아 신화에서는 오딘(Odin) 형제들이 원초의 거인 이미르를 죽여 세계를 창조했다고 하고, 중국 신화에서는 태초의 거인 반고가 죽은 후 그 몸에서 세계가 창조되었다고 한다.

오르기는 신들의 합일을 모방하는 것으로, 코스모스가 이루어지기 이전인 태초의 무질서 상태를 상징한다. 혼란을 상징하는 오르기 의례 뒤에 창조 및 재생 의례가 이어지는 것은 오르기가 우주적으로는 인간, 사회, 자연, 신들 사이의 장벽을 없애는 행위를 뜻하며, 성스러운 생명 에너지를 순환시키는 의미도 지니기 때문이다. 오르기와 유사한 목적을 지닌 의례로는 붉은 물감(생명, 생식을 상징한다)을 던지며 외설스러운 욕을 하는 인도의 홀리(holi)제가 대표적이다. 동아시아에서도 특히 새로운 시간이 창조되는 신년 제의를 앞두고 투석전 등 혼란을 상징하는 의례들이 행해졌다. 엘리아데는 오스트레일리아 아룬타(Arunta)족이나 카라제리(Karadjeri)족 남성 성인 입문 의례에 포함되는 성기 분할 의례를 두 가지 의미로 설명한다. 첫째로는 성기의 모양과 관련이 있다. 요로를 따라 성기를 위에서 아래로 잘라서 개봉하면, 상처가 아물면서 여성 성기의 모양과 유사한 모양이 된다. 남성의 성기가 여성의 성기도 포함하는 모양이 되게 함으로써, 양성을 전부 다 가진 존재, 즉 '신성한 총체성'을 이룬 존재로 남성을 만드는 의미가 있다. 둘째 의미는 피와 관련된다. 분할 의례에서 힘과 비옥함의 상징인 피가 나도록 하고, 어머니의 자궁에 있으면서 받았던 피를 제거함으로써 신참자가 어머니로부터 독립된 새로운 존재가 되게 하는 의미도 있다.

③ 주요한 의례들

여기서 종교 의례들의 구체적인 사례를 많이 다룰 필요는 없을 것이다. 이 책의 목적대로, 가장 널리 알려진 종교 의례들 중 몇 가지를 검토하여 인간의 행위에 나타난 종교적 상징을 확인하고자 한다. 가장 널리 알려진 종교 의례는 예배나 예불처럼 인간이 자신의 한계를 넘는 초월적인 존재와 관계를 맺거나 이 관계를 확인하는 의례다. 그중에서도, 생명을 죽여서 바치는 '공희(供犧)' 혹은 '희생 제의'의 형태로든 그 외의 귀한 것을 바치는 '공양(供養)'의 형태로든 초월적 존재에게 귀한 것을 바치는 의례들은 거의 어느 문화에서나 보편적으로 행해졌다.

희생 제의는 주로 동물을 제물로 삼아 피를 제단에 뿌리고 제물의 일부나 전체를 태워서 연기를 하늘로 올려 보내는 형태로 이루어졌다. 정기적으로 신을 대접하기 위해, 공동체의 복을 기원하기 위해, 신의 노여움이 원인이라고 생각되는 재해가 발생했을 때 신의 노여움을 풀기 위해, 개인적으로 감사를 표하기 위해, 개인이나 공동체가 신을 노엽게 한 죄나 부정을 없애기 위해서 등 다양한 경우에 행해졌다. 죄나 부정을 없애는 희생 제의는 정화 의례나 속죄 의례의 중요한 형식 중 하나이기도 하다. 어느 경우이건, 신에게 "받기 위해서 바친다"는 사고나 "신과 서로 주고받는다"는 사고가 배경에 있었다.[133]

신에게 제물을 바치는 과정은 인간의 정성을 표현하는 엄격한 형식과 절차에 따라야 했다. 인도에서는 의례 절차를 정확히 아는 사제만이 공희를 집전할 수 있었다. 기도문을 잘못 외우면 신들이 제물을 받아들이지 않는다고 생각하여 절차를 확실하게 아는 사제들이 제의를 독점했다. 결함이 있거나 못난 제물을 신에게 바치는 것도 금지되었다. 제물의 종류는 신의 속성에 따라 달랐다. 고대 그리스에서 하늘의 신 제우스에게는 황소를 제물로 바친 반면, 대지의 여신 데메테르에게는 돼지를 제물로 바쳤다. 앞에서도 말했듯이 목과 뿔이 하늘을 향한 모양의 소나 양은 하늘의 신과 관련이 있고, 머리가 땅을 향하는 돼지는 땅의 신과 관련이 있는 것으로 여겼다는 설명이 설득력이 있다. 한편 이집트의 태양신 레(Re)에게는 물고기를 제물로 바치지 않았던 것으로 추정되며, 물고기를 먹은 사람은 부정하게 여겨져 태양신의 아들인 파라오의 왕궁에 들어갈 수 없었다.[134] 문화에 따라 사람을 죽여 제물로 바치는 경우도 있었는데, 사람이 제물로서 가치가 높아서 효과도 크다고 여겼기 때문이다. 남태평양 지역에서는 신에게 인간을 바치면서 의례 참여자들도 그 인육을 먹는 풍속이 있었는데, 이는 피와 살을 신과 함께 먹어서 특별한 힘을 얻고자 한 것으로 해석된다. 우리나라에서 사람을 바치는 공희가 이루어졌는지는 정확히 알 수 없지만, 이와 연관된 신화는 상당수 전해진다. 『심청전』은 공양미와 심청 자신이라는 이중적인 공양을 중심으로 이야기가 전개된다. 부처님에게 바칠 공양미 300석을 얻기 위해 심청은 자신을 용왕에게 바쳐야 했다. 이 외에도 토목공사를 할 때 사람을 흙속에 묻거나 물에 빠뜨려 후세 사람이 신의 노여움을 받지 않도록 했다는 설화가 많이 전해진다. 성덕대왕신종 혹은 에밀레종과 관련된 이야기가 일제의 왜곡인지 여부를 놓고 논란이 있지만, 아기를 바쳐서 성스러운 존재를 만족시켰다는 설화는 세계 각지에서 전해 내려온다. 이야기의 진위, 즉 아기를 실제로 바쳤는지는 문제가 아니다. 그만큼 인간의 생명을 신에게 바칠 수 있는 가장 귀한 것으로 여겼다는 사고가 이 설화에 반영되었음을 이해하는 것이 중요하다.

고대 그리스나 중동 지역에서 동물 희생 제의는 공동체의 축제로 이어지기도 했다. 제물을 통째로 태워 하늘로 연기를 올리기보다는, 가죽, 뼈, 특정 부위의 기름, 내장의 일부 등 주로 처치하기 곤란한 부위를 신에게 바치고 나머지는 사람들이 먹었던 것이다. 헤시오도스는 『신통기』에서 신에게 뼈와 가죽을 바치고 인간이 고기를 갖게 된 유래를 설명하는 신화를 다음과 같이 소개한다.

> '교활한 프로메테우스'는 '전능한 제우스'를 대적했다. 그래서 제물로 바치는 소를 분할하여 인간에게는 고기와 먹을 수 있는 지방 부위를 위장으로 덮어서 주고, 제우스에게는 흰 지방으로 그럴듯하게 포장한 뼈를 주고자 했다. 프로메테우스는 제우스에게 "가장 고귀하고 위대한 영원한 신이여, 당신이 원하는 부위를 고르시오"라고 말하여 속이려고 했으나, 제우스는 프로메테우스의 속셈을 다 알고 있었다. 그래서 제우스는 인간이 결국 썩게 될 고기를 택하여 영원히 살지 못하는 운명을 맞게 했고, 불멸의 속성을 지닌 신들이 뼈를 가지도록 했다.[135]

이 신화는 신에게는 먹지 못하는 뼈를 바치면서 인간은 좋은 부위를 먹는 이유를 설명한다. 신에게 고기를 바치지 않고 인간들끼리의 축제에서 먹는 것에 대해 아마도 그리스인들은 마음이 편치만은 않았던 듯하다. 우리는 여기에서 그리스의 공희 의례와 이에 대한 기원 신화 중 의례가 먼저 행해진 후 의례를 정당화하는 신화가 덧붙여진 것으로 생각할 수 있다.

모든 고대사회가 살아 있는 동물이나 인간을 죽여서 제물로 삼았던 것은 아니다. 신의 속성에 맞는 이상적인 음식물을 격식에 맞게 바치는 의례가 다양하게 발전했고, 많은 문화에서 공희는 차차 음식물 등의 공양으로 대체되었다. 인도에서 불살생의 가르침이 널리 퍼지기 전, 브라만교에서는 소나 말은 물론 인간의 생명을 신에게 바치는 의례가 행해졌으나, 이후에는 음식물을 바치게 된다. 음식물의 종류는 상황에 따라 달라진다. 우리나라에서는 아이를 낳은 뒤 삼신에게 쌀밥과 미역국을 바쳤다. 집안의 작은 고사를 지낼 때는 정화수 한 그릇만을 떠 놓기도 했다. 카트만두의 안나푸르나 사원에서는 안나푸르나 여신상의 입 위에 아침마다 사탕을 붙여 공양한다. 우리나라에서 오래전부터 행해져 오는 유교의 의례도 조상들이 좋아하는 음식을 절차에 맞게 대접하는 의례다.

현대인들은 초월적 존재와 직접적인 관계를 맺기 위해 귀한 것을 바치는 의례의 중요성을 그다지 실감할 수 없을 것이다. 세속화가 이루어지면서 이러한 종류의 의례를 정기적으로 행하는 사람들은 많지 않기 때문이다. 오늘날에도 여러 집단이나 단체 등에서 누가 시키지 않아도 스스로 만들어 체계화하는 의례는 통과의례(rites of passage)다. 인생의 과정에서 일정한 지위나 상태에서 다른 지위나 상태로 넘어갈 때 행하는 의례를 통과의례라고 한다. 통과의례를 거치는 사람은 이전의 삶의 질과 지위를 떠나 새 지위로 통합된다. 크게 구분하면 통과의례는 인생 주기에 따른 통과의례와 어떤 집단이나 사회에 가입할 때 거쳐야 하는 입사식(入社式, initiation rites)으로 나누는 것이 가능하다. 전통 사회에서 통과의례는 종교에 의해 주도되었고 종교 상징적 의미를 지닌 행위들로 구성되었다. 인류학자 아놀드 반 즈네프 (Arnold van Gennep)는 통과의례가 세 단계로 구성되었음을 지적했다. 먼저 과거의 상태에서 '분리(separation)'되는 단계를 거치고, 다음으로 혼란과 고난을 통해 새로운 힘과 지위를 부여받는 '전이기(transition)'를 지나, 새로운 공동체나 단계에 '통합(incorporation)'되는 형태가 가장 일반적이라는 것이다.[136]

태어나서 성인으로 공인되고 결혼하고 죽는 과정으로 구성되는 인간의 삶은 통과의례의 연속으로 이루어진다. 대부분의 문화에서 아이는 태어난 후 얼마 지나지 않아 탄생 의례(birth-rites)를 거친다. 이 의례를 통해 이전에는 가족이나 사회의 일원이 아니었던 아기가 공식적인 구성원 혹은 예비 구성원으로 수용된다. 어머니의 태에서 나오는 것 자체가 태중의 상태에서 '분리'되는 단계라면, 태어난 후 며칠 동안 가족 구성원으로 공인되기 이전의 '전이기'를 거치고, 마지막으로 음식을 나누어 먹으며 아이가 가족으로 통합되는 것을 축하한다. 대표적인 탄생 의례가 서구 그리스도교권에서 부모의 신앙고백에 의해 아이를 그리스도교 공동체의 구성원으로 수용하는 유아세례다.[29] 고대 그리스에서는 아기가 태어난 후 5일이나 7일 뒤에 아버지가 아이를 받아들일 것인지를 결정했다. 특히 경제적 사정을 고려하여 아이를 키우지 않기로 결정하면 아이를 마을 밖의 산에 버렸다.[30]

29 아이가 자라서 입교식이나 견진성사(Confirmation)를 하면 성숙한 교인으로 인정된다.
30 그리스의 탄생 의례에 대한 내용은 Louise Bruit Zaidman & Pauline Schmitt Pantel, *Religion in the Ancient Greek City*, trans. by Paul Cartledge (Cambridge: Cambridge University Press, 1997[1989]), pp.64-65를 참조할 것. 고대 그리스에서 신생아를 버리는 풍속은 신화와 문학작품에서 찾을 수 있다. 그중에서도 나중에 아버지를 죽이고 어머니와 결혼할 것이라는 신탁 때문에 어린 오이디푸스가 버려졌다는 이야기가 가장 유명하다. 또한 2세

공식적으로 아이를 받아들이면 아이의 이름을 지어 주고 존중받을 사람으로 인정했으며, 집안 화로 옆에서 집의 수호 여신 헤스티아에게 신고하는 형식의 의례를 하고 잔치를 열었다. 근대 이전 우리나라의 중부지방에서는 탄생 의례가 세 차례에 걸쳐 시행되었다. 아이가 태어나고 7일이 되면 새 옷을 입히고 할아버지, 즉 산모의 시아버지와 첫 대면을 하게 했다. 두 번째 7일이 되는 날에는 다시 새 옷으로 갈아입히고 손을 자유롭게 해 주었다. 마지막으로 세 번째 7일에는 부정을 막기 위해 쳐 놓은 금줄을 치우고 일가친척과 이웃을 초청하여 음식을 대접했다. 탄생 의례가 끝나기 전까지 아기는 여러 종류의 부정으로부터 보호받았다. 예를 들어 외부인들은 집에 들어오는 것을 삼가야 했고, 상가에 다녀온 사람은 아기와 접촉해서는 안 되었으며, 가족들은 닭고기, 돼지고기, 개고기 등을 피해야 했다. 세 번의 7일째 되는 날마다 새벽에는 매번 삼신에게 쌀밥과 미역국을 올려 아이의 무병장수와 산모의 건강을 기원했다. 인생의 새로운 단계로 들어갈 때 행하는 통과의례들에 대해 자세히 설명할 필요는 없을 것으로 생각한다. 결혼식과 장례식도 중요한 통과의례라는 점만 지적하겠다. 결혼을 해야 성인으로 인정하는 전통은 여러 문화에서 찾아볼 수 있다. 우리나라에서 결혼식 후에 흔히 행해졌던 신랑을 때리는 풍속은 새로운 지위로 통합되기 전의 전이기에 고난을 겪게 하는 전형적인 형태를 보여 준다. 죽은 이가 살아 있는 사람들로부터 떠나 며칠

기 말 롱구스(Longus)라는 작가가 그리스어로 쓴 『대프니와 클로에(*Daphnis and Chloe*)』의 주인공 대프니는 집에 아이가 많다는 이유로 버려졌다. Longus, *Daphnis and Chloe*, trans. by Paul Turner (Harmondsworth, Middlesex: Penguin Books, 1957), p.108 참조.

간의 이별의 기간을 거쳐 죽음의 영역으로 통합되는 장례식도 통과의례의 3단계 구조를 잘 반영한다는 것을 쉽게 알 수 있을 것이다.

　　대부분의 전통문화에서 매우 중시되었던 성년식은 인생 주기에 따른 통과의례이면서 성인 사회에 가입하는 입사식이다. 남성과 여성으로 구별되기 전의 아동기에서 분리되어 온갖 고행이 수반되는 전이기를 거쳐 성년이라는 새로운 지위를 부여받는 것이다. 성년식 이후에는 그 전까지는 없었던 의무와 권리가 부여되어, 공동체의 일을 결정하는 데 참여하고 전사로 인정받아 전쟁에 나간다. 유대인 남자아이들은 열세 살에 바르 미츠바(bar-mitzvah)라는 성년식을 하며, 여자아이들도 비슷한 시기에 바트 미츠바(bat-mitzvah)라는 이름의 성년식을 행한다. 아이들은 이 의례를 마친 후 '율법의 아들' 또는 '율법의 딸'이라는 호칭을 받고, 공동체 모임에서 정식으로 활동하는 구성원으로 받아들여진다. 힌두교 전통에는 '실의 의식(thread ceremony)'이라는 남자아이의 성년식이 있다. 상투만 남기고 머리카락을 모두 깎는데, 이는 어린아이 시기를 마치고 새로운 지위를 얻는 것을 의미한다. 소년들은 성년식을 거친 후에야 『베다(Veda)』를 배우고 독송할 수 있으며 힌두교 의례 절차에 대해서도 배울 수 있다. 우리나라에서도 관례를 올려야 사회적 지위가 보장되어, 관례를 거치지 않은 남자는 나이가 많아도 하대를 받았다.

　　엘리아데는 성년식에서 '다시 태어남(regeneration)'의 의미를 부각시킨다.[137] 성년식은 영적인 거듭남이며 새로운 존재가 되는 것을 의미한다는 것이다. 서아프리카 여러 부족의 성년식은 성년이 될 후보자들이 닭이나 돼지를 찔러 죽이면서 시작된다. 이것은 기존의 자신을 죽임으로써 전과 완전히 분리되는 것을 상징한다. 이어서 후보자들은 숲속의 오두막에서 금식과 할례를 포함하는 고통스러운 교육을 받는 전이의 과정을 거친다. 엘리아데는 고통스러운 교육의 과정도 이전의 존재가 죽는 것을 상징한다고 말한다. 또한 오두막은 어머니의 자궁을 상징한다. 오두막에 있는 성년식 후보자는 태아 상태로 돌아간 것이다. 때로는 동물의 가죽을 덮어쓰는 과정이 포함되는데, 이것 역시 이전 존재의 죽음과 태아 상태로의 회귀를 나타낸다.[138] 앞서 소개한 네팔의 바라태구라는 의례도 전형적인 성년식이다. 바라태구를 치르는 소녀는 가족과 분리되어 햇빛이 들어오지 않는 방에 갇혀 지내며, 12일 후 방에서 나와 태양과 결합하는 의례를 하고 나면 여성으로 인정된다. 이 의례를 엘리아데의 이론에 따라 설명하자면, 방에 갇혀 있는 전이기는 의례적 죽음 상태라고 볼 수 있으며, 방은 죽음의 공간이면서 동시에 재생의 공간이다.

    탄생에서 죽음으로 이어지는 삶의 갈림길에서 이루어지는 의례보다 더 종교적인 맥락에서 이루어지는 통과의례도 이전의 지위에서 분리되어 새로운 지위로 통합되는 구조를 가지고 있다. 앞서 언급한 쿰브멜라 축제 기간 중에는 보통 사람들이 사두(sadhu), 즉 성인(聖人)으로 여겨지는 힌두교 수행자가 되는 의례가 거행된다. 이들은 먼저 지금까지 입던 옷을 벗고 삭발을 한다. 이는 이전 삶과의 단절을 의미한다. 그 후에는 갠지스강에 몸을 담그는데, 시체를 갠지스강에 던지는 것과 마찬가지로 이전의 존재를 죽게 하고 새로운 존재로 다시 태어나는 것을 의미한다. 우리나라에서 '신내림' 경험을 한 강신무들은 내림굿을 하여 신내림을 받아들이고 이전의 단계와 결별한다.

이후로 대개 3년 정도 내림굿을 집전한 무당을 따라다니며 극한 고통과 시련을 수반하는 입문 수련의 과정을 거친 뒤 독립적인 무당이 된다. 그리스도교에서 성찬에 참여하는 그리스도교 신자의 지위를 얻기 위해서는 일정한 교육을 마친 다음 세례를 받아야 하며, 사제나 목사가 되기 위해서는 훈련 기간을 거친 후 서품식과 안수식을 행해야 한다. 불교에서는 수계(受戒)를 통해 불제자의 지위를 얻으며, 출가하여 6개월 내지 1년 동안의 기간을 거친 후 사미계(沙彌戒)를 받아 사미(여승의 경우 사미니)가 되고, 이후 구족계(具足戒)를 받아 비구(여승의 경우 비구니)가 된다.

넓게 보면 인생 자체가 입사식의 과정이라고 할 수 있다. 특히 신화의 영웅이나 종교적 지도자의 삶에는 통과의례의 3단계 구조가 잘 나타난다. 석가모니는 왕자로서 살던 이전의 삶에서 스스로를 분리시켜 고행의 과정을 거쳐 '깨달은 자'라는 새로운 지위를 획득했다. 모세도 이집트 공주의 아들로 살다가 이집트 관리를 죽임으로써 이전의 지위에서 분리되어, 광야에서 긴 전이기를 겪은 뒤 이스라엘 민족의 종교 지도자라는 새로운 지위를 획득했다. 헤라클레스는 신과 인간 사이에서 태어난 것 자체가 고난의 시작이었다. 일생 동안 고난을 겪다가 죽은 뒤, 결국 신의 지위를 획득한다. 엘리아데의 표현을 빌려 말하자면, 통과의례를 거치는 사람들은 신화 속의 영웅이나 조상의 삶을 반복하는 것이다.

지금까지 신에게 귀한 것을 바치는 의례와 통과의례를 간략히 살펴보았다(이 두 의례 못지않게 중요한 '정화 의례'는 뒤에서 정결과 부정의 상징을 다루면서 설명하게 될 것이다). 신에게 공양하는 의례는 현대의 비종교적인 사람들에게는 생소하게 느껴질 것이다. 동물 희생 제의는 성지순례를 하는 무슬림이나 모르몬교 지도부 등 매우 일부의 종교인들만 행하는 것이 사실이다. 그러나 음식물을 초월적 존재에게 바치는 공양은 동아시아에서 '제사'의 형태로 이어지고 있다. 또한 의례적 행위가 직접적으로 행해지지는 않는다고 해도, 희생 제의나 정화 의례의 중심적인 개념들은 여전히 상징적으로 표현된다. 희생 제의를 하지 않는 그리스도교에서 '그리스도의 피'는 정화와 희생, 속죄 등을 상징한다. 현대 세속 국가에서도 언제나 누군가가 희생하는 것을 칭송하며 정당화한다. "전우여 이 몸 바쳐 통일이 된다면 사나이 한 목숨 무엇이 두려우랴"라는 군가의 가사는 '바친다'는 희생 제의의 용어를 사용한다. '피 흘려 지킨 조국'이나 '국가를 위한 희생'은 자주 들을 수 있는 표현이다.

통과의례는 현대의 비종교적인 맥락에서도 끊임없이 지속되고 있다. 새로운 지위를 획득하고 확인하는 것은 시대를 불문하고 필요한 일이기 때문이다. 대개 단합을 강조하는 공동체일수록 통과의례, 그중에서도 입사식이 가혹하게 치러진다. 군대나 간혹 학교 신입생들이 거쳐야 하는 신고식이 대표적이다. 문학과 영화 등에서는 통과의례의 구조를 여전히 효과적으로 차용하고 있다. 그 맥락은 대체로 죽었다가 살아나는 사건을 거칠 때마다 이전의 존재와 다른 존재가 되는 것, 또는 역경을 이기고 더 성숙한 존재가 되는 것이다. 앞서 언급한 것처럼 〈본 아이덴티티〉와 〈공각기동대〉에서 주인공이 물에 빠졌다가 나오면서 새로운 존재가 되거나 그렇게 되기를 바라는 것은 그리스도교의 세례 혹은 침례의 구조와 같다. 배트맨, 슈퍼맨,

스파이더맨 등 현대 대중문화가 만들어 낸 영웅들은 고난과 역경, 때로는 치명적인 유혹을 이기고 새로운 존재로 거듭난다. 주인공들의 삶 자체가 통과의례의 구조로 이루어지는 이야기에 현대인들이 계속해서 열광하는 한, 앞으로도 인간을 다루는 문학과 영화 속에서 통과의례를 찾아볼 수 있을 것이다.

5장

공간과 시간의 종교 상징

1) 공간적이면서 시간적인 우주

고대 종교적 인간들의 우주관은 가시적인 물리적 세계와 보이지 않는 세계를 구별하지 않는다. 고대 이집트에는 인간의 모든 감각이 인지할 수 있는 영역, 하늘처럼 보이지만 만질 수 없는 영역, 해가 넘어가는 세상의 저편처럼 볼 수도 만질 수도 없지만 세계 구성을 위해 당연시되는 영역이라는 세 가지 공간 인식이 존재했다. 도교에서는 자연과 인간을 구별하지 않아서 인간이 죽으면 자연으로 돌아간다고 생각한다. 인간과 축생은 물론 지옥과 신의 영역[天界]까지 포함하는 불교의 육도(六道)는 모두 우주적 연기(緣起)의 일부를 이룬다. 그리스도교의 우주관이 물리적 세계와 보이지 않는 세계를 엄격히 구별한다고 보는 사람도 있겠지만, 사실 이 세상과 천국, 지옥은 모두

신의 창조물이라는 범주 안에 포함되며, 따라서 연속적인 것이라고 할 수 있을 것이다.

우리가 흔히 알고 있는 동양의 전통적인 우주관을 자세히 살펴보면 종교적 인간의 우주 개념을 이해하는 데 도움이 된다. 특히 엘리아데가 우주(the cosmos)를 전체(the whole)와 동일시하는 이유를 더 실감할 수 있으며, '성스러움의 변증법'에서 개별적인 사물이 전체, 즉 우주의 일부가 된다는 주장의 근거도 명확해진다.[139] 먼저, 동양적 우주는 시간과 공간을 아우르는 모든 세계다. 중국에서는 선진시대 (先秦時代) 이후로, "하늘과 땅의 사방을 우(宇)라 하고 옛날이 가고 현재 가 도래하는 것을 주(宙)라고 한다"라는 지식이 널리 받아들여졌다.[140] 우주는 사방과 상하라는 공간과 고금왕래라는 시간을 모두 포괄하 는 개념이라는 것을 알 수 있다. 인도 전통도 이와 크게 다르지 않다. 『종교 사전』의 「힌두교 우주론(Cosmology, Hinduism)」이 "공간적 구조"와 "시간의 구별"이라는 두 항목으로 구성되었다는 사실만 봐도 우주가 공간적 개념과 시간적 개념을 포함하고 있음을 짐작할 수 있다. 힌두 교에서는 사회의 계급도 우주의 근본원리 및 창조 신화를 반영한다 고 여긴다. 『베다』는 본원적 존재인 푸루샤의 몸에서 네 개의 카스트 를 비롯한 우주 만물이 나왔다고 말한다. 브라만은 푸루샤의 입에서, 크샤트리아는 팔에서, 바이샤는 허벅지에서, 수드라는 발에서 나왔 다고 말하는 이 신화는 각 계급의 사람들은 각기 타고난 속성이 다르 다는 사고를 반영한다. 만물과 인간의 속성이 우주의 근본원리와 별 개가 아니라는 것이다.

우리나라 태극기가 우주의 모양을 표상하고 있다는 사실은 누구나 알고 있다. 가운데의 태극(太極)은 만물을 생성하는 근원을 표상하며, 네 모퉁이에 자리한 4괘는 각각 건(乾), 곤(坤), 이(離), 감(坎)을 가리킨다. 건-곤-이-감은 각각 천(天)-지(地)-일(日)-월(月)이라는 우주의 중심적인 장소와 동(東)-서(西)-남(南)-북(北)의 방위, 그리고 이를 상징하는 청룡(靑龍), 백호(白虎), 주작(朱雀), 현무(玄武)에 해당하는 동시에, 춘(春)-하(夏)-추(秋)-동(冬)의 4계절, 즉 시간의 구별을 가리키기도 한다. 그뿐만 아니라 우주를 구성하는 근본 물질인 금(金)-토(土)-화(火)-수(水)에 해당하기도 한다. 건은 인(仁), 곤은 의(義), 이는 예(禮), 감은 지(智)에 해당하는 것을 보면, 태극기가 표상하는 '전체'로서의 우주는 인간의 본성도 포함하는 것을 알 수 있다. 따라서 성인(聖人)이 된다는 것은 태극을 실현하여 궁극적인 우주의 본질과 같아진다는 것을 의미한다. 인간이 수양을 통해 인의예지를 이루면 전체인 우주와 하나가 된다. 전통적인 천인합일(天人合一) 사상과[31] "만물이 내 안에 갖추어져 있다[萬物皆備於我]"는 맹자의 가르침도 우주의 본질이 인간의 본질과 같다는 것을 말하고 있는 것이다.

---

31 예를 들어, 퇴계 이황의 천인합일 사상의 종교적 속성에 대하여 금장태는 다음과 같이 말한다. "일상생활 속에서 '천명'에 대한 무한한 경외감을 잃지 않고, '천'이 변이를 통해 드러낸 노여움에서 인간에 대한 '천'의 사랑을 발견하는 인격적 만남과, 나아가 '천'에 대한 외경과 자신에 대한 성찰의 수양론적 실천을 통하여 '천인합일'의 신비라는 극치를 실현하고자 하였던 것은 바로 [퇴계의] 도학의 신앙적 삶을 보여 주는 것이라 하겠다." 금장태, 『퇴계평전: 인간의 길을 밝혀준 스승』(서울: 지식과교양, 2012), 238쪽.

2) 종교적 인간의 성스러운 공간

① 종교적 인간은 공간을 구별한다

인간은 공간을 물리적으로만 이해하는 것이 아니라 상징적으로도 이해하기 때문에 공간을 구별한다. 종교적인 공간의 구별은 인간의 속성을 잘 반영하는 것이다. 의미 있는 장소를 구별하는 속성은 현대의 세속화된 사람에게서도 나타난다. 예를 들어 누구나 첫 키스의 장소는 소중한 추억으로 간직한다. 그런데 공간의 구별은 의미의 문제뿐만 아니라 사물이 있어야 할 곳에 있는가 하는 문제에서도 기인한다. 신을 신는 장소와 벗어야 하는 장소가 다르다. 한국 사람들은 실외에서는 신을 신고 다니는 것이 당연하지만 안방으로 신을 신고 들어오는 것은 절대 금한다. 서양 사람들은 두루마리 화장지를 화장실에 있어야 할 것으로 생각하여, 식탁에 올려놓으면 불쾌하게 여긴다. 전통적으로도 사람들은 종교적인 관점과 권위를 이용하여 자신의 생각대로 우주 내의 영역들을 구별하고 특정한 공간에 의미를 부여했다. 신이 거주하는 장소 혹은 신과 연관된 장소가 성스러운 공간으로 인정되었다는 것은 더 이상 강조할 필요가 없을 것이다.

공간을 구별하고 경계를 설정하는 작업 자체도 성스러운 일이다. 예를 들어 무속인들은 다른 영역의 존재인 신들과 만날 때 방울을 울려 자신들이 인간 영역의 경계를 넘어간다는 것을 신들에게 고지하며, 티베트 지역에서 마방 교역을 하는 사람들은 경계를 넘어 다른 마을로 갈 때 방울을 단 말을 앞세운다. 고대의 여러 문화에서 영역을 구별하는 상징물은 곧 신적인 존재이기도 했다. 우리나라에서 장승은 마을의 이정표 혹은 경계 지표였을 뿐 아니라 길을 지키는 신[路神]이자 마을 사람들이 소원을 비는 신앙의 대상이었다. 마을 공동체가 신앙의 대상으로 삼았던 솟대도 마을 입구에 세워져서 마을 안을 밖과 구별하고 신성하게 유지하는 기능을 했다. 고대 그리스의 헤르메스도 사각 돌기둥에 얼굴과 성기만 새겨진 형태로 마을 입구에 세워진 경계석신(境界石神)이었는데 차차 더 복잡한 역할이 더해져 올림포스 12신 중 하나가 된 것으로 생각된다.

대부분의 종교는 사원, 수도원, 교회 등 공동체 차원에서 성스럽게 구별되는 공간을 가지고 있다. 이 공간은 본래 범속한 공간과 똑같은 속성을 지니지만, 성스러움을 나타내는 상징적 의미가 부여됨으로써 구별된다. 속의 세계 안에 있으면서 속의 공간과 질적으로 구별되며 본래 범속한 것이었으면서 성스러움을 나타내는 이 구별된 공간은 성과 속의 변증법의 구조를 잘 드러낸다. 범속한 공간으로부터 성스러운 공간을 구별하기 위해 다양한 상징적인 장치가 사용된다. 여러 고대 문화에서 성스러운 공간을 구별하기 위해 사원 입구에 큰 돌기둥을 세웠다. 우리나라의 사당 입구에는 홍살문이, 일본의 신사(神社) 입구에는 도리이[鳥居]라는 문(門)이 성스러운 장소가 시작되는 것을 알리기 위해 만들어졌다.

종교적 인간이 가장 강조했던 공간의 구별은 성스러움과 범속함을 구별하는 기준에 따른 것이다. 성스러운 공간에는 몸을 씻거나 신을 벗고 입장해야 한다든지, 특정한 음식을 먹으면 들어갈 수 없다든지, 성관계를 피해야 한다든지 등의 다른 공간과 구별되는 법칙이 있다. 일상의 공간을 임시적으로 성스럽게 하거나 성스러움의 상태를 유지하기 위한 의례도 존재한다. 그리스에서는 민회를 하기 위한 장소의 바닥에 돼지 피를 뿌림으로써 회의장을 성스러운 장소로 만들었다. 불교 사원에서 매일 새벽 3시에 목탁을 치고 경전을 외면서 사찰 주변을 도는 도량석(道場釋)은 새벽 예불 전 도량을 청정하게 하기 위해 행하는 의례다. 성스러운 공간에서는 시간도 성스럽게 구별된다. 시간과 공간이 합쳐져 우주를 구성하는 것을 생각하면 당연한 일이다. 성스러운 존재와 관계를 맺는 시간은 신화적 시간에 일어났던 일을 반복하며, 따라서 흘러가는 세속의 시간과는 구별되는 시간의 회복을 의미한다. 성스러운 시간에 대한 설명은 뒤로 미뤄 두고, 여기서는 성스러운 공간이 배치되는 형태에 주목해 보자.

    대부분의 불교 사원은 절의 초입부터 여러 문을 차례로 거쳐 사원의 중심인 붓다의 공간으로 들어가게 되어 있다. 충청남도 조계종 사찰들 중 가장 오래된 것으로 알려진 마곡사(麻谷寺)는 불교 사원의 공간 구조를 잘 보여 준다. 마곡사의 정문인 해탈문(解脫門)을 지나가는 것은 속세를 벗어나 불교의 세계로 들어간다는 것을 의미한다. 해탈문 안으로 들어서면 왼쪽으로 매화당(梅花堂)과 영산전(靈山殿) 등 승려들이 수행하는 곳이 있다. 그다음에는 불법(佛法)과 불법에 귀의한 신자를 수호하는 사천왕(四天王)이 있는 천왕문(天王門)이 있다. 불교의 세계로 들어서서 승려의 공간을 지난 후 천왕문 안으로 들어서면 붓다의 공간에 더 가까워진다. 성스러움의 단계가 점차 심화되는 것이다. 천왕문을 지나면 시냇물 위로 극락교(極樂橋)라는 다리가 있다. 정문을 지난 후 물과 다리를 건너서 내부에 들어가도록 함으로써 속으로부터 구별되는 공간에 들어간다는 것을 상징적으로 나타내고 있는 것이다. 극락교를 지나면 붓다가 있는 곳, 즉 극락을 상징적으로 나타내는 공간이 펼쳐진다. 비로자나불이 있는 대광보전과 석가모니불, 약사여래불, 아미타불을 모신 대웅보전은 가장 안쪽으로 들어가야만 볼 수 있도록 되어 있다.

　　『구약성서』에 나오는 성막이나 예루살렘 성전도 점차 성스러움이 심화되는 구조를 보여 준다. 성스러운 공간으로 구별된 성막 바깥뜰은 성스러운 장소의 첫 단계로, 제단과 정화 의례를 위해 물을 담아 두는 큰 대야가 있었다. 성막 구조물은 성소와 지성소로 구별되었다. 성소에서는 제사장들이 분향을 하고 포도주와 떡을 상에 차려 놓는 일을 했고, 가장 내부에 있는 지성소는 대제사장도 함부로 들어갈 수 없는 곳으로 그 안에 있는 법궤 위에 신이 거하는 것으로 생각되었다. 여기서 대제사장이 1년에 한 번 있는 속죄일인 욤 키푸르(Yom Kippur) 때 이스라엘 백성의 죄를 씻는 의식을 수행했다. 성스러운 공간에 들어서서 성스러움과 점차적으로 가까워지도록 하는 구조는 『신약성서』의 배경이 되는 시대의 예루살렘 성전에서 더 뚜렷이 나타난다. 성전 뜰은 이방인도 들어갈 수 있었고, '미문'이라는 문을 통해 성전으로 들어가면 가장 바깥쪽에 여자들도 들어갈 수 있는 장소가 있었다. 그 안쪽은 제사가 행해지는 곳으로 남자들만 들어갈 수 있었고, 다음으로 제사장들이 일하는 성소가 위치했고, 마지막으로 신이 거하는 곳인 지성소가 있었다. 현대의 교회와 수도원도 이런 구조를 지닌다. 현재 우리나라에 여덟 군데에 있는 가톨릭 가르멜(Carmel) 봉쇄수녀원은 성과 속을 명확하게 구별하며 성스러운 공간 내의 층위도 분명히 나타낸다. 높은 담장은 속으로부터 성스러운 공간을 구별한다. 뜰 안에서는 허락을 받은 사람이라면 누구나 자유롭게 있을 수 있으나, 수녀들이 거하는 공간은 철저히 봉쇄된다. 미사를 보는 공간도 구별되어 있고, 면회를 할 때도 창으로 구별된 상태에서 해야 한다.

다른 종교의 사원들에서도 유사한 구조를 찾을 수 있다. 이슬람 사원이나 힌두 사원에 들어갈 때는 신발을 벗고 들어가야만 한다. 이 역시 사원의 내부가 세속의 공간과 구별되는 특수한 성스러운 공간임을 암시하는 것이다. 이슬람교인들은 사원뿐 아니라 어느 곳에서든 기도 의례 살라트를 하려면 물로 씻는 정화 의례를 해야 한다. 당연히 사원에도 의례를 하기 전에 씻을 수 있는 장소가 있다. 이슬람교의 정화 의례가 사람의 정화를 강조한다면, 도교 사원이나 신사의 수세소(水洗所)는 성스러운 장소의 오염 방지를 목적으로 한다. 중국의 도교 사원이나 일본 신도(神道)의 신사의 정문을 통과하면 볼 수 있는 수세소는 성스러운 장소가 인간의 영향으로 오염되는 것을 방

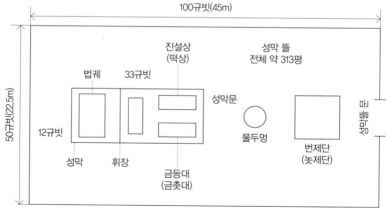

성막 단면도. 성스러움이 심화되는 구조를 볼 수 있다. 『구약성서』 「출애굽기」 40장 참조.

지하기 위해서 존재한다. 신사에서는 손과 입을 헹구고, 도교 사원에서는 손만 닦는다. 성스러운 장소로 들어가기 전 신체의 일부를 닦아서 속세의 영향과 흔적을 상징적으로 씻기 위한 곳이다. 도교 사원에서는 손을 씻은 후 문 하나를 더 거쳐서 뜰 안쪽에 있는 높은 울타리 안으로 들어가서 신에게 분향을 하고 제물을 올리며 기도를 한다. 더 안쪽에는 신상이 모셔져 있는 건물이 있는데, 여기는 일반인이 들어갈 수 없다. 타이페이시의 도교 사원 행천궁(行天宮)에는 관우, 포청천, 마조 등 세 영웅신의 신상이 가장 성스러운 장소를 차지하고 있다.

특정 건물이나 대지처럼 고정된 장소여야만 성스러운 공간이 될 수 있는 것은 아니다. 종교적 인간은 어느 장소에 거주하든 그곳을 성스러움과 관련시키기 위해 노력한다. 이스라엘 민족이 출애굽 이후 정착하기 전까지 성소로 사용한 성막은 그들이 머무는 곳에 임시로 설치할 수 있었다. 성막은 절대적으로 성스럽게 여겨졌으면서도 어디로든 이동이 가능한 성격을 지녔던 것으로 보아, 장소 자체가 성스러움의 근거는 아니었음을 알 수 있다. 무슬림들은 그들이 어디서 예배 의례를 하든 그곳이 성스러운 장소가 된다고 믿는다. 한국의 대형 개신교회들은 교회 건물을 가리켜 '성전'이라는 장소 중심적 용어를 사용하기도 하지만, 노숙자들을 위한 교회와 같이 성스러운 장소로 지정된 공간이 따로 없는 경우도 있다. 이들은 거리나 공원 등에서 예배가 시작되면 그곳에 신이 머물기 때문에 그 자체로도 그곳이 성스럽게 구별된다고 믿는다. 최근에는 '주님의교회'나 '높은뜻숭의교회' 등 예배를 위한 건물을 따로 마련하지 않고 주위의 학교나 공공시설의 강당을 예배 장소로 사용하는 대형 교회들도 생기고 있다.

장소 자체를 성스럽게 여기는 것이 아니라 어느 장소이건 예배 의례를 통해 신이 머무는 곳이 될 수 있다고 믿는 것이다.

② 종교경험과 성스러운 공간의 속성

세계의 중심

성스러운 공간은 '중심화'된다. 성스러운 공간이 비실재성에 대립되는 절대적 실재를 계시한다고 믿는 사람들은 모든 우주가 이 공간을 기준으로 방향성을 확립하고 질서를 유지한다고 생각하기도 한다. 이러한 우주관에 따르면 모든 공간은 성스러운 공간을 중심으로 존재의 근거를 확보하게 된다. 모든 무슬림들은 기도할 때마다 성스러운 도시 메카에 있는 카바(Kaaba) 신전을 향해 절한다. 카바 신전은 무슬림들이 신과 만나는 장소의 방향과 기준을 제공하는 세계의 중심이다. 아메리카 원주민 부족들에게 성스러운 중심은 대개 강, 산, 고원, 계곡 등의 특정한 장소다. 사람들은 이 중심을 기준으로 네 방위를 바라보며 자신들의 땅의 위치를 묘사하고, 부족의 역사적 사건들도 이 중심을 기준으로 설정한 범위 안에서 기술된다. '세계의 축' 혹은 '우주의 중심'이 하늘과 연결되며 동시에 우주 자체를 상징한다는 사고는 여러 고대 문명에서 찾아볼 수 있다. 도교 사원에서 사람들은 사원 뜰을 중심으로 사방을 향해 절을 하여 우주의 모든 신을 공경하며, 의례를 집전하는 도사는 사방을 향해 화살을 날려 모든 귀신을 몰아낸다.

여기서 '중심'은 상징적 의미를 가진다는 것에 주의해야 한다.

우주의 중심이라는 지위는 성스러움과의 관계를 통해 확보되는 것이다. 성스러움은 범속함을 통해 드러나며 범속함 속으로 계속해서 확장하려는 속성이 있기 때문에 어디든지 중심이 될 수 있다. 붓다의 사리를 보관한 탑처럼 성스러운 공간이 되는 근거를 물리적이고 직접적으로 획득할 수도 있지만, 중국 음식점의 한 모퉁이도 관우 신상을 두고 아침 예배를 할 때는 성스러운 공간이며 세계의 중심이다. 사리나 신상 같은 것이 없는 곳도 종교 의례를 행하면 신이 함께 머무는 성스러운 장소가 된다. 때로는 사람들이 성스러운 존재로부터 비롯된 것으로 생각하는 자연물이 있는 곳도 성스러운 장소로서 중심이 될 수 있다. 서론에 언급했듯이, 예수처럼 죽고 부활할 것을 꿈꾸는 그리스도교 신자들에게 예수가 죽은 골고다 언덕이 중심의 상징적 의미를 지니지만, 골고다 언덕에서 가져온 흙을 뿌린 수도원 묘지도 중심의 지위를 획득한다. 미국에 이주한 인도인들이 힌두교 사원을 만들 때 인도에서 가져온 소량의 흙과 강물을 땅에 뿌리는데, 이것도 인도의 신을 만날 수 있는 중심을 미국에도 건립하기 위한 상징적인 행위다. 이런 맥락에서 엘리아데는 "성스러운 공간의 속성은 하나의 중심 안에 무수한 장소가 공존하는 것을 인정하기 때문에 (…) '중심'의 다양성이 가능하다"라고 말했다.[141] 종교적 인간에게는 모든 거주 공간이 중심화될 수 있는 것이다.

그래서 평범한 가정집도 성스러운 존재가 상주하는 세계의 중심이 될 수 있다. 엘리아데는 "집의 건축은 세계의 중심에서 이루어지는 일일 뿐 아니라 우주 창조를 반복하는 일"이라고 말한다. "도시처럼 집도 소우주"이며, "모든 주거지는 중심"이 될 수 있다.[142] 아메리카 원주민들이 거주하는 원뿔 모양의 천막 '티피(tipi)'는 그 자체가 세계의 중심을 상징한다. 티피를 지탱하는 높은 기둥들은 세계의 성스러운 중심을 구성한다. 세계는 티피를 중심으로 방사상으로 뻗어 나간다. 이주할 때 티피를 옮기는 것은 곧 우주의 중심을 옮겨 가는 일이기도 하다.[143] 그리스인은 집 한가운데에 있는 화로에 헤스티아 여신이 거한다고 생각하여 이곳을 중심으로 모든 가정의 일을 처리했다. 신생아가 태어났을 때나 새 가족이 생겼을 때, 여행에서 돌아왔을 때에도 집 한가운데에 있는 화로에 와서 신고해야 했다. 집의 한가운데가 곧 신이 거하는 세계의 중심인 것이다. 전통 유교 사회의

아메리카 원주민의 천막인 티피. 세계의 중심을 상징한다. ©Mike Goad

집도 내부에 위패와 가묘를 둠으로써 조상신을 불러올 수 있는 통로가 될 수 있도록 기획되었다. '우주산(宇宙山)', '우주목(宇宙木)', '하늘 사다리' 등 세계의 중심에 위치한 상징적 통로가 신과 인간을 연결하는 기능을 한다는 것을 고려하면, 유교 사회에서 집이 바로 그런 역할을 한다는 것을 알 수 있다.

인공적인 건축물이나 구조물뿐 아니라 산이나 나무 등도 성스러운 공간을 상징한다. 세계의 중심으로 인식되는 산은 하늘과 땅을 연결시키는 중심축으로, 해와 별들이 도는 축이자 강들이 생긴 근원이다. 인도에서는 메루산, 즉 수미산이 세계의 중심이었다. 불교의 우주관에서 수미산이 어떤 위치를 차지하는지 잘 보여 주는 백과사전의 항목을 검토해 보자.

[수미산은] 불교의 우주론에 나오는 상상의 산으로 세계의 중심에 솟아 있는 거대한 산. 수미는 산스크리트로 메루(Meru) 또는 수메루(Sumeru)라 하며, 의역하여 묘고(妙高)·묘광(妙光)·호광(好光)이라고 한다. 물이 가득한 금륜(金輪)에 서 있으며, 주위에는 동심원(同心圓) 모양으로 7개의 산맥이 둘러싸고 있다. 가장 바깥 둘레 산맥의 바깥쪽에는 수미산의 동서남북에 해당하는 곳에 대륙이 하나씩 있는데, 그중 남쪽에 있는 대륙이 우리가 사는 대륙인 인간계 '섬부주(贍部洲)'이다. 수미산을 중심으로 태양·달·별이 수평으로 돌고 있다. 수미산 중턱에는 사대왕천(四大王天)들이 살며, 정상에는 제석천(帝釋天)을 수령으로 하는 33천(天)들이 산다. 정상에는 선견성(善見城)이나 수

승전(殊勝殿)이 있어 일종의 낙원을 이루고 있다.[144]

이곳을 중심으로 태양, 달, 별이 수평으로 돌고 있으며, 정상에는 천(天), 즉 신들이 살고 있다. 모든 윤회하는 존재의 우주에서 수미산은 중심을 이룬 것이다. 고대 이스라엘인에게는 시나이산과 시온산이, 페르시아의 조로아스터교인들에게는 하라베레자이티산이, 일본인에게는 후지산이 이와 같이 세계의 중심이었다. 『현의 노래』의 가야국 사람들은 북두가 가야산 위에 있었다고 생각하여 가야산을 우주의 중심으로 간주했다.

세계의 중심이라는 사고가 명확히 드러나지는 않는다 하더라도, 성스러움이 내려오는 통로로 인식되는 산들은 중심의 역할을 한다. 성스러움의 속성인 영원성과 안정성을 상징하는 터키 아라라트산이나, 우리나라에서 '민족의 성산'으로 불리는 백두산은 범속함과 구별되는 성스러운 공간이다. 성스러운 중심에 있는 산은 신과 인간이 접촉하는 공간이다. 스리랑카 스리파다산은 붓다가 거닐어 발자국을 남긴 곳이고, 단군 신화는 환웅이 태백산 신단수 밑으로 강림했다고 전하며, 무함마드는 히라산에서 지부릴(가브리엘)을 통해 신의 계시를 받았고 모세는 시나이산에서 신으로부터 계시를 받았다. 수미산 중턱에 사대왕천이 살고 정상에는 제석천 등 여러 신이 살듯이, 올림포스 산에는 제우스를 수장으로 하는 그리스의 신들이 살았고 히말라야 카일라사산은 시바 신의 거주지이며, 중국의 4대 명산, 즉 보타락산, 아미산, 오태산, 구화산은 각각 관음보살, 보현보살, 문수보살, 지장 보살의 영지(靈地)로 여겨졌다.

국가, 사원, 집의 건축: 신들의 작업의 재현

종교적 인간은 공간을 구별하고 우주 질서를 확립하기 위해 거룩한 신들의 작업을 의례로 반복하여 재현하고 신들과의 교섭을 통해 성스러움을 실현하고자 한다. 이들이 의례에서 세계 창조를 반복하는 상징적 행위를 하는 것은 우주의 질서화를 통해 혼돈의 공간을 살 만한 공간으로 만들기 위한 것이다. 근대 이전의 사람들은 자신들이 거주하지 않는 미지의 공간을 혼돈의 공간으로 여겼다. 예를 들어, 중세까지 유럽인들은 사람들이 살지 않는 깊은 숲을 악마가 숨어 있는 무서운 곳이라고 생각했다. 미지의 공간에 도시나 국가를 건립하는 일은 신의 천지창조를 반복하는 일이며, 혼돈에서 질서로 나아가는 행위이다. 환웅은 하늘로부터 태백산 신단수로 내려와 신시(神市)를 세울 때, 풍백(風伯), 우사(雨師), 운사(雲師)를 거느려 자연현상을 주관했고, 곡식과 수명, 질병, 형벌, 선악 등 인간의 속성을 형성하는 것들의 기원을 전했다. 환웅은 천지창조에 준하는 일을 한 것이며, 그의 아들 단군이 이를 이어받아 세운 고조선은 성스러운 장소에 성스러운 인물이 세운 국가다. 마찬가지로 고구려는 천제(天帝)의 아들인 해모수의 아들 주몽이라는 신의 자손이 세운 나라다. 『동명왕편(東明王篇)』은 부여로부터 도망쳐 나온 주몽이 골령에 자리를 잡았을 때 하늘이 직접 주몽의 건국을 도왔다고 전한다. 검은 구름을 내려온 산을 캄캄하게 가린 후 신의 자손인 주몽을 위해 성과 궁궐을 지어 주었다는 것이다. 인간이 살 만하지 않았던 곳을 환웅이 인간이 살 수 있는 질서 잡힌 공간으로 만들었고, 주몽이 혼란에 빠진 부여를 떠나 질서 잡힌 국가 고구려를 세운 것도 신의 뜻과 계시에 따른 것이다. 중세 유럽의 국가들이 존재의 근거를 신에게서 찾은 것이나 중국의 천자가 하늘의 아들을 칭하고 세계의 중심에 있음을 선언한 것도 성스러움을 통해 질서를 확립하고자 하는 의도에서 비롯된 것이라고 볼 수 있다.

카트만두는 신이 계획한 장소에 신의 칼 모양대로 건축한, 신이 디자인한 도시다. 여기에 우주의 주관자인 여신이 거주하며, 여기서 여신을 만족시켜야 온 인류가 평안을 누린다. 카트만두의 종교적 인간들은 이곳을 우주의 중심으로 여기고 있는 것이다. 또한 도시나 국가 외에도 신전이나 사원 역시 신이 거주하는 장소이기 때문에 우주의 중심지로 여겨진다. 많은 종교 전통에서 신전은 신들의 설계나 지시에 따라 만든 것이다. 카트만두에 있는 여덟 곳의 사원도 신의 지시를 따라 건립한 것이다. 『구약성서』에서 모세는 여호와의 구체적인 지시 사항에 따라 성소를 건립했다.

앞에서도 언급한 것처럼, 종교적 인간에게는 집을 건축하거나 부동산을 소유하는 것도 신의 작업을 반복하여 우주의 질서를 확인하는 일이다. 힌두교 경전 베다는 부동산의 소유권이 발효되려면 아그니(Agni) 신에게 바치는 불의 제단이 세워져야 한다고 하는데, 엘리아데는 이 제단을 세우는 일이 천지창조를 소우주적인 규모에서 재현하는 행위라고 해석한다. 제단의 재료인 진흙을 만들기 위해 사용하는 물은 태초의 물질과 동일시되며, 제단의 기초를 형성하는 진흙은 대지를 상징하고, 옆면의 벽은 대기층을 나타내며, 제단을 세울 때 부르는 노래는 우주의 어떤 부분을 창조했다는 내용을 담고 있다. 따라서 부동산을 소유하는 일은 제단을 세워야 가능하고 이는 우주 창조를 반복하는 일이다.[145] 멕시코의 마야족이 행하는 건축의례도 태초에 신이 세워 놓은 우주의 질서를 확인하는 과정을 잘 보여 준다. 먼저 닭 두 마리를 죽여 목은 집 중앙에, 발은 네 귀퉁이의 기둥에 묻고, 술과 음식을 뿌린 후, 집 중앙을 우주의 중심이자 기준점으로 삼고 방위를 정한다.[146] 날받이, 텃고사, 개공고사, 모탕고사, 성주 운 보기, 상량고사, 집들이고사, 성주고사 등 우리나라의 여러 건축의례들 역시 집이 신들을 포함하는 우주 전체의 질서에 부합하게 하려는 의미를 지닌다고 할 수 있다. 제주도 토착종교의 건축의례 '성주풀이'에는 집의 모형을 만들어 그 중심에 신을 모시는 의례가 포함된다. 먼저 제주 무속인인 심방이 사과와 배를 반으로 갈라 뒤집어 놓고 그 위에 대나무를 꽂아 네 기둥을 세운다. 이 네 기둥 위로 들보와 지붕을 올리고 종이를 올려 집의 형태를 만든다. 그 한 가운데에는 심방이 의례에서 사용하는 무구(巫具)이면서 신 자신으로 간주되는 '멩두'를 모셔 놓고 지붕 위에 신에게 바치는 돈을 올려 신을 기쁘게 한다. 신을 건축된 집의 중심에 모심으로써 주민들이 사는 집이 우주의 중심에 있게 되는 것이다.

불교 사원에 있는 탑은 붓다의 사리 혹은 사리를 상징하는 구슬을 보관하는 장소로 붓다 자신을 상징할 뿐 아니라, 이상적인 불교 세계를 상징하기도 한다. 탑의 기단은 수미산, 탑신부는 3층천, 상륜부는 모든 것을 초월한 붓다의 경지를 표상하는 것으로 해석된다. 기단과 탑신부에 새겨진 사천왕상, 팔부중상, 십이신장상을 비롯한 불국(佛國)의 수호신은 붓다의 세계를 상징하는 탑이 호위되고 있다는 것을 의미한다.[147] 우리나라 가야 왕의 무덤도 성스러운 장소를 상징

제주도 성주풀이의 한 장면. 집의 모형 중심에 멩두가 놓여 있다.
김윤수 심방이 의례를 집전하고 있다.   ⓒ유요한

한다고 이해할 수 있다. 김훈이 『현의 노래』에서 묘사한 해석에 따르면, 가야 왕의 무덤은 해가 뜨는 동쪽을 향했고, 바닥에는 5천 근의 쇳덩이가 깔려 영구적인 기반을 이루며, 주석실과 그 주변의 여러 구덩이는 '자미원(紫微垣)'의 별자리 모양으로 배치되었다. 자미원은 북극성을 중심으로 하는 별자리로, 고대 중국인들은 이곳이 천제(天帝)와 신선(神仙)의 거처라고 생각했다. 김훈은 왕의 무덤이 신들의 세계를 상징하는 모양으로 구성되었다고 말하고 있는 것이다.[148]

　　고대의 종교인들이나 근대화 이전의 비합리적인 사람들만 공간을 성스러움과 연관시키고 그 속에서 성스러움을 경험한 것은 아니다. 스스로 종교를 가지고 있지 않다고 생각하는 현대인들 중에도, 종교적 건축물은 물론 일반 세속적 건축물에서 옛 종교적 인간과 유사하게 생각하고 느끼는 사람들이 있다. 알랭 드 보통은 『행복의 건축학』에서 종교적인 건축물이 종교적이지 않은 현대인들에게도 성스러움을 표상하는 상징으로서 의미를 전달할 수 있다는 것을 잘 보여 주었다. 그는 비를 피하기 위해 들어간 예배당 건물 안에서 바깥 세계와 완전히 격리되었다고 느꼈으며, 그가 보기에 모든 방문객은 집단적 꿈에 빠져든 듯했다고 증언한다. 그 속에서 한계와 무한에 대한 생각과 같이 일상 속에서 무디어진 것이 부각되었으며, 완전함에 이르고자 하는 갈망이 불붙었다고 한다. 또한 그는 현대인들이 "신을 섬기지 않더라도" 세속적인 장소에 종교적인 장소와 다름없는 의미를 부여한다고 말한다. 그에 따르면, 세속적 건축도 "종교적 건축과 다를 바 없이 그 궤도 안으로 들어오는 사람들에게 영향력을 행사"하며, "신을 섬기지 않더라도, 가정적인 건축 하나가 사원이나 교회와 다를 바 없이 우리의 진정한 자아를 기억하는 일을 도울 수 있다."[149] 이 진술은 인간이 모든 거주 공간을 성스러움과 연관시키고자 하며 성스러운 공간으로 만들고자 한다는 엘리아데의 관찰과 큰 차이를 보이지 않는다.

불변의 유의미한 공간

종교적 인간이 특정한 공간을 성스러운 속성이 나타나는 성현으로 경험하게 되면 질적으로 균질적이던 공간에 구별이 생긴다. 종교적 인간에게 성스러운 공간은 유한한 현실을 넘어 영원과 연결된 공간이며, 유일한 실재의 공간이자 불변의 공간이고, 따라서 의미 있는 공간이다. 성과 속을 기준으로 공간을 구별하는 일은 성스러움을 통하여 상대성과 혼돈이 없는 공간을 찾는 작업인 것이다. 우리가 살고 있는 공간과 지각하고 있는 모든 사물이 사실은 실재가 아니라는 생각은 고대로부터 지금까지 사람들의 머릿속에서 떠나지 않았다. 인도의 상키아(Sāmkhya) 학파와 그리스의 플라톤 등은 이와 유사한 내용으로 세계를 설명하려 했다. 영화 〈매트릭스〉 시리즈(1999-2003)는 감각적인 인식의 대상인 공간이 사실은 실재하는 공간이 아닐지도 모른다는 것, 그리고 이것을 넘어서는 진짜 실재의 공간이 존재하리라는 생각을 향수처럼 자극하여 인기를 얻었다.

종교적 인간이 성스러운 공간을 '불변의 공간'으로 간주한다는 것이 그 공간을 물리적으로 전혀 변하지 않을 것으로 여긴다는 뜻은 아니다. 어떤 장소가 성스럽게 되는 것은 속의 속성을 지닌 기표를 통해서이기 때문에, 불확실성, 상대성, 가변성을 지니고 있을 수밖에 없다. 그러나 이 기표가 표상하는 성스러움은 불변하고 절대적이다. 앞에서도 이야기했듯이 마하르잔족은 카트만두에 있는 안나푸르나 여신의 사원에서 여신을 섬긴다. 이들은 여신상이 마모되면 새 신상으로 교체하고 건물이 낡으면 개축한다. 사원이라는 장소 역시 물리적으로 변하는 것이다. 그러나 세상의 모든 불확실성을 초월한 존재의 공간이라는 그 가치는 변하지 않는다. 다만 특정 공간을 성스럽게 여기는 종교 공동체가 약화되거나 없어지면 당연히 성스러운 공간의 가치도 소실될 것이다. 우리 역사에도 하늘과 국왕의 직접적인 관계 속에서 국가를 세계 중심의 상징으로 이해하던 인식이 있었으나, 성리학적 세계관이 수용되면서 중국 중심의 우주관에 편입되게 된다.

한 가지 덧붙이자면, 종교적 인간들이 특수한 상황에서는 특정한 물리적 장소를 불변의 유의미한 공간으로 만들기 위한 노력을 하지 않을 수도 있다는 것이다. 거주 공간이나 물리적 장소를 중심화하거나 신성화할 수 없는 상황이 발생할 수 있기 때문이다. 현세를 부정하고 초월을 강조하는 종교들도 대부분의 경우에는 현세 너머의 초월적 공간을 상징하는 공간을 우주의 중심으로 삼는다. 고대 후기 지중해 남동부 지역에는 현세의 모든 것의 가치를 부정하고 이 우주 너머에 있는 실재의 공간을 강조하는 영지주의 종파들이 있었다. 이들 중에는 불완전하고 악한 물리적 세계는 벗어나야 하는 장소라는 극단적인 교리를 강조한 사람들도 있었지만, 현실 속에 초월적 실재의 공간을 상징하는 장소를 두지 않은 것은 아니다. 그러나 현실에서 유토피아적 이상향을 설정하는 일이 불가능한 상황이 되면 성스러운 공간을 유지하려는 노력을 포기하게 된다. 다시 말하면 자신들의 정체성을 유지할 공간을 확보할 수 없는 상황이나, 현실 속에서 종교적 세계관이 완전히 붕괴되는 상황이 오면 이 땅에서는 어떠한 의미도 찾을 수 없는 지경에까지 이르게 되는 것이다. 미국을 떠나 가이아나 정글에 존스타운(Jonestown)을 건립한 인민 사원(Peoples Temple)이라는 종교 집단의 일원 900여 명이 1978년에 집단 자살을 한 사건은 유의미한 공간을 찾을 수 없던 사람들이 택한 극단적 예라 할 것이다.[32]

32 J. Z. Smith, *Imagining Religion*, pp.102–120 참조. 스미스의 책에서 인용하기는 했으나, 그
    가 강조하는 내용은 내가 여기서 공간에 초점을 맞추어 이야기한 것과는 방향이 다르다. 그는
    인민 사원과 지도자 존스(Jim Jones)가 만민평등의 이상을 실현하기 위한 노력이 실패하자,
    외부 세계와 변절자들이 자신들을 실패로 몰아갔다고 생각하고 그들에게 저항하기 위해 자살

3) 일상적 공간과 이상향: 성지순례와 여행

종교적 인간은 모든 거주 공간을 성스러움과의 관계 속에서 중심화한다. 엘리아데에 따르면, 종교적 인간은 "낙원에의 노스탤지어"를 가지고 있다. 다시 말해 "영원한 성소" 혹은 "세계의 중심"에 있고자 하는 욕망을 품고 있는 것이다. 이 성스러운 공간은 시간적인 이상향이기도 해서, 그리스도교로 말하자면 "타락 이전" 상태를 가리킨다.[150] 종교적 인간은 이 이상향의 회복을 위해서 중심의 의미가 부여된 상징물이나 성스러움의 간편한 대리물을 자신의 거주지에 위치시켜 일상적 공간을 성스러운 공간으로 변모시키려 한다. 성스러움의 상징이 확장될 수 있다는 '성현의 변증법'의 원리가 적용된 것이다. 모든 도시, 사원, 주거지가 우주의 중심지를 표방하는 것도 성스러움에 가까워지기 위해서이다. 여기저기 떠돌아다니는 유목민들은 우주목이 있는 중심을 설정하는 것이 어렵기 때문에, 우주목을 상징하는 나무를 늘 가지고 다니며 유숙하는 곳에 보관함으로써 우주의 중심에 머무르고자 한다. 신상, 불상, 십자가 등의 성스러운 상징물을 집 안에 두는 것은 거주지를 성스러움과 가깝게 만들기 위한 노력의 일환이다. 가까운 교회나 사원은 성스러운 존재와 만나는 이상화된 상징적 공간이다.

그러나 이런 노력들로 본원적 성스러움과 더 가까워지고자 하는 욕망이 완전히 해소되지는 않는다. 원래 성스럽게 기획된 공간

을 택했다고 설명한다.

이 너무나 익숙해진 나머지 더 이상 성스러움이 경험되지 않는 범속한 공간이 되기도 한다. 국교화된 교회나 사찰은 사회적으로 성스럽게 여겨지지만, 모든 종교적 인간이 추구하는 본원적 성스러움을 충족시킬 수 없는 공간으로 전락해 버리기도 한다. 자신의 집과 도시, 자주 방문하는 사원 등이 그 친숙함으로 인하여 일상적인 공간 이상의 의미를 갖지 못하게 될 때면, 태초의 시간과 종말 이후에 존재하는 공간을 상징하는 성지에 대한 갈망이 더 커진다. 그래서 신화 속에서 성스러운 존재가 직접 나타났던 곳을 찾아 떠나게 된다. 또한 속의 공간을 성의 공간으로 바꿀 수 없을 때, 즉 "실재의 공간, 불변의 공간, 영원과 연결된 공간, 유의미한 공간"으로 바꾸는 것의 한계에 부딪힐 때에도 인간은 더 나은 곳으로의 "떠남"을 갈망한다. 말콤 엑스(Malcolm X, 1925-1965)의 「메카로부터의 편지(Letter)」는 사람들이 성지순례를 통해 기대하는 것과 그 기대가 충족되는 모습을 잘 보여 준다.

> 이 고대의 거룩한 땅, 아브라함과 무함마드의 땅, 그리고 성
> 서의 다른 모든 예언자의 땅인 여기서 모든 인종, 모든 피부
> 색의 사람들이 실행하는 것과 같은 그렇게도 진정한 호의와
> 압도적인 참된 형제애의 정신을 나는 결코 본 적이 없었다.
> 지난주 내내, 나는 주변의 모든 피부색의 사람들이 보여 준
> 친절함에 말을 잃었고 매혹되었다.
>
> 나는 메카라는 거룩한 도시를 방문하는 축복을 받았다.
> 전 세계에서 온 수만 명의 순례자가 있었다. 푸른 눈의 금발

로부터 검은 피부의 아프리칸까지 모든 인종이 있었다. 그러나 우리 모두는 똑같은 의례에 참여하며 하나됨과 형제애의 정신을 발휘했다. 미국에서 했던 경험에 비추어 보면, 백인과 백인이 아닌 사람 사이에 이런 정신이 생길 수 있으리라고는 상상할 수도 없었던 일이었다.

미국은 이슬람을 이해해야 한다. 그것이 인종 문제를 없앨 수 있는 단 하나의 종교이기 때문이다.

여기 무슬림 세계에서 보낸 지난 열하루 동안, 가장 푸른 눈에 가장 두드러지는 금발 머리와 너무나도 하얀 피부를 지닌 동료 무슬림들과 같은 접시의 음식을 먹고, 같은 컵으로 음료를 마시고 같은 침대나 깔개 위에서 잠을 잤다. (…) 여기 거룩한 땅에서의 매시간 덕분에 나는 미국에서 흑인과 백인 사이에 일어나는 일에 대해 더 위대한 영적인 안목을 갖게 되었다. 미국의 흑인은 인종적 원한을 품은 것 때문에 비난받을 수 없다. 그는 단지 지난 400년 동안 미국 백인에게 받아온 의식적인 인종주의에 대응하고 있을 뿐이다. 그러나 인종주의가 미국을 자살의 길로 몰고 가기 때문에 (…) 인종주의가 반드시 가져오게 될 재난을 쫓을 유일한 남은 길, 진리의 영적인 길로 방향을 바꾸리라고 믿는다.

온 세계의 주이신 알라에게 찬양을!

마음으로부터,

엘-하지 말리크 엘-샤바즈(말콤 엑스)[151]

말콤 엑스가 보는 메카는 "고대의 거룩한 땅"이자 "모든 선지자와 예언자의 땅"이다. 다시 말하자면 신화 속 사건의 배경이 되는 공간으로서 본원적 성스러움이 인간에게 드러나는 도시인 것이다. 더 중요한 것은, 그곳은 그가 혐오하는 범속한 일상의 공간인 미국에서는 상상할 수도 없는 일이 벌어지는 이상적인 공간이라는 것이다. 흑인이 차별받는 악과 부조리를 개선할 수 없는 미국에서 벗어나 진정한 호의와 참된 형제애의 장소로 온 것이 그가 경험한 성지순례다. 말콤 엑스는 성지순례를 통해 "더 위대한 영적 안목"을 가진, 이전보다 더 나은 존재가 되었다. 그가 "미국은 이슬람을 이해해야 한다. 그것이 인종 문제를 없앨 수 있는 단 하나의 종교이기 때문이다"라고 말하는 것은 속의 세계인 미국이 원형적 성스러움을 본받고 재현하여 새롭게 되어야 한다는 의미로 해석할 수 있다.

여정이 어렵고 고되더라도 순례자들은 성스러움을 통하여 새로운 존재가 되기 위한 과정으로 여겨 그러한 여정을 기꺼이 감수한다. 중심인 성지에 이르기 전에 겪는 갖가지 장애와 시련 혹은 미궁에 빠지는 일은 통과의례의 과정과 유사하다. 즉 무의미의 범속한 세계로부터 나와서 고난과 시련을 거쳐 성스러움을 만날 수 있는 세계, 실재와 영원의 세계로 들어가는 구조를 지닌다. 순례자들은 이 과정을 통해 성스러움에 더 가까운 새로운 존재가 되기를 기대한다. 여러 달 동안 극도의 고행을 수반하는 오체투지 순례를 거쳐 성지 라싸에 이른 순례자들은 "선행만 하는 존재가 되겠다" 혹은 "부처님처럼 자비로운 존재가 되겠다"라며 성스러운 원형을 따라서 살겠다는 다짐을 한다.

성지는 종교인들이 성스러움을 경험할 수 있는 가능성을 극대화한다. 성지는 종교인들이 갈망하는 장소이기 때문에 종교경험의 분위기를 강력하게 고취할뿐더러, 일상에서 멀리 떨어진 낯선 곳이라는 점에서 속을 극복하는 경험을 하기에 더 용이한 것이다. 종교적인 성지순례가 아니더라도, 일상의 무의미함을 벗어나 의미 있는 곳을 찾아 떠나는 여행이라면 속을 벗어나 성스러움을 향해 가는 성지순례의 과정과 구조가 다르지 않다. 알랭 드 보통은 순례를 떠나는 종교인들과 일상을 벗어나기를 꿈꾸는 시인들이 같은 정신을 가진 것이라고 말한다. 그는 그리스도교의 순례자들이 자기가 살고 있는 세계의 질서를 타락한 것으로 규정하고 "대안적인 영역, 덜 훼손된 영역에 대한 비전"을 품었기에 순례를 떠날 수 있었다고 말한다. 그는 이러한 비전을 시인들에게서도 찾을 수 있다고 지적한다. "어디로라도! 이 세상 바깥이기만 하다면"이라고 외친 보들레르는 일상을 벗어나 어디로라도 떠나기를 갈망했고, 여행을 꿈꾸는 것을 "고귀한 영혼, 탐구하는 영혼들의 표시"라고 생각했다. 알랭 드 보통은 한 발짝 더 나아가, 여행 중에 잠시 들르는 "24시간 식당, 역의 대합실, 모텔"도 "성소"의 역할을 한다고 말한다. 시인이 아니더라도 "고귀한 이유로 일상 세계에서 가정을 찾지 못한 사람들", 즉 현실 속에서 유의미한 중심적 장소를 찾지 못한 사람들에게는 대합실이나 휴게소와 같은 곳도 범속한 일상적 공간과 구별되는 장소의 역할을 할 수 있다는

것이다.[152]

　　그러나 현실과 반대되는 이상적 공간으로서의 '성지'는 때때로 과장되고 미화되기도 한다. 그래서 성지순례를 간 사람들 중 기대를 이루지 못한 사람들도 많다. 바티칸에 갔던 마르틴 루터나 성지를 찾으러 십자군 원정을 떠났던 사람들 중 일부는 성지에 도달하고 나서 실망하기도 했다. 많은 사람이 너무도 익숙한 공간과는 다른 '저곳'을 이상화하는 속성을 가지고 있다. 현대의 상업주의는 이렇듯 여전히 인간에게 남아 있는 '낙원에의 노스탤지어'를 이용할 줄 안다. 알랭 드 보통은 여행 광고가 사람들에게 여행지에 대한 과장된 이미지와 환상을 심어 준다고 말한다. 여행 팸플릿에는 "야자나무, 맑은 하늘, 하얀 해변을 보여 주는 노출 과다의 사진들"이 실려 있고, "지성을 모욕하고 자유의지를 무너뜨리는 힘을 지닌 이런 사진들에 사람들이 쉽게 현혹된다." 그러나 막상 여행지에 간 사람들은 지속적으로 행복을 느끼지 못하고 실망에 빠지기도 한다. 여행지에 가서 지속적으로 만족하지 못하는 사람들에게는 이상향일 것으로 기대했던 여행지도 곧 다시 일상적인 공간과 다를 바 없게 될 수도 있다.[153]

4) 종교적 인간의 성스러운 시간

① 시간의 흐름을 극복하는 종교적 인간

　　인간이 가장 두려워하는 것 중 하나를 꼽으라고 하면 시간의 흐름이라고 할 수 있다. 시간의 흐름 속에 있는 이 세상의 모든 것은 가변적이다. 인간 역시 시간의 흐름 속에서 변해 간다. 성장하다가 노쇠해지고 결국 죽게 된다. 많은 문학, 예술, 영화 등이 시간의 흐름을 벗어나고자 분투하는 인간을 주제로 다루었다. 인간의 모든 감각은 물론 기억도 시간의 지배를 받는다. 과거는 그 자체로 존재하는 것이 아니라 현재와의 관련 속에서만 존재하기 때문에,[154] 기억되지 않는 것이 존재한다는 것은 불가능한 일이다. 아무리 강한 인상을 준 사건이나 풍경이라도 시간의 흐름 속에 잊혀져 가고 존재마저 희미해진다. 사람들은 망각하지 않기 위한 장치로 글, 그림, 그리고 상징물들을 이용한다. 화가 김병종은 자신에게 "황홀의 덩어리였고 색채의 교사"였으며 "불멸의 정신이었고 영혼의 땅"이었던 남미를 여행한 기억조차 희미해 갈 때 그림을 그렸다고 말한다.

> 그렇게 나는 라틴에 다녀왔다. 홀연히. 과연 그곳에 나는 갔던 것일까. 어느새 꿈결의 기억인 양 아스라하다. 그곳의 풍경과 인정들 또한 멀어지는 기차 소리처럼 희미해 간다. 흐려지는 그 소리와 색채와 눈망울의 기억들을 붙잡으려 나는 붓을 든다. 내가 그리운 이들과 마음을 나누려는 데는 예나 이제나 이 방법밖에는 없기 때문이다.[155]

강렬했던 기억이 아스라히 잊혀질 때 화가는 붓을 들어 흐려지는 기억을 붙잡는다. 음악가는 짧은 연주를 하는 동안 창조되었다가 사라질 세상을 만들기 위해 긴 시간 땀을 흘려야 한다. 작곡가는 시간의 흐름 속에서 가장 빨리 사라지는 '소리'를 가지고 시간의 흐름을 극복하려 한다. 정해진 시간 동안 되돌릴 수 없는 연주를 해야 하는 음악은 시간의 예술이다. 짧은 시간 동안 음악가들은 시간과 맞서서 잊힌 세상을 되살리고, 과거의 세상을 현재에 재현하며, 보이지 않는 세상을 실재하게 만든다. 김훈은 『현의 노래』에서 우륵의 입을 빌려 "소리가 한번 일어서고 한번 사라지면 정처 없다"고 지적한다. 역설적으로 음악가는 "정처 없는 소리"를 가지고, 과거에는 있었지만 지금은 없는 세상을 다시 만들어 낸다. 소리가 무엇이냐는 질문에, 우륵은 "소리는 없는 세상을 열어 내는 것인데, 그 세상은 본래 있는 세상인 것이오"라고 답한다.[156] 그는 멸망한 가야의 마을들을 음악으로 되살렸다.

예로부터 지적인 종교적 인간 중 몇몇은 시간이 성스러움과 대비되는 속의 세상을 지배하는 것이라고 생각했다. 예를 들어 아우구스티누스(Aurelius Augustinus)는 『고백록』에서 "시간은 존재하는 것이라기보다는, 비존재(非存在)로 향해 가는 것"이라고 말했다. 그는 시간의 속성에 대해 깊이 성찰하고 '영원'을 시간에 대비되는 성스러움의 속성으로 규정했다. 과거의 시간은 이미 지나가서 존재하지 않는 것이고 미래의 시간은 아직 오지 않아서 존재하지 않는 것이기에, 과거와 미래는 현재의 "기억"과 "미리 생각해 봄" 속에서 존재한다. 그러나 현재는 항상 현재로 머물러 있을 수 없고 과거가 되는 것을 멈출 수 없다. 그렇게 흐르지 않는 것은 이미 시간이 아니라 "영원"이기 때문이다. 아우구스티누스는 현재가 항상 현재로 있는 영원은 신에게 속한 것이라고 말한다. 신의 날은 지나가는 "나날"이 아니라 항상 "오늘"이라는 것이다.[157] 이렇듯 흐르는 시간과 영원이라는 두 시간의 개념은 아예 공존할 수 없이 분리되었으나, 속의 시간 속에서 성스러움을 지향하는 종교적 인간들에 의해 일치점이 모색된다.

사람들은 시간의 덧없음 앞에서 무기력한 자신들의 시간과 구별된 시간이 있을 것으로 생각하고 그 시간을 자신들의 현실 속에서 재현하고자 한다. 시간의 흐름을 극복하는 수단의 예로 음악, 미술, 글을 언급했지만, 종교 상징이야말로 가장 효과적인 수단이다. 종교적 상징물들은 속의 시간 속에서 영원한 성스러움을 나타냄으로써 사람들이 시간의 흐름에 압도되지 않도록 할 수 있다. 특히 신화와 의례가 아득한 성스러움의 경험을 기억하는 데 유용하다. 신화를 통해 경험하는 시간은 속절없이 흘러가는 속의 시간과는 본질적으로 다른 시간이다. 신화는 영원을 속성으로 하는 성스러운 존재가 인간과 함께 있었던 태초의 시간을 이야기한다. 의례는 효과적인 기억장치일 뿐 아니라, 신화적 시간을 재현하여 현재화하고 시간을 극복한다. 또한 성스러운 공간의 상징적인 구성도 원형적 시간을 재현하고 시간의 흐름을 극복하는 데 효과적이다. 많은 가톨릭 성당이나 유적지에는 예수 그리스도의 삶을 공간으로 재현하는 장소가 있다. 예를 들어 강릉 초당성당에 들어가려면 신자들은 '순례길'이라고 불리는 경사진 통로를 지나간다. 예수의 삶과 고난 그리고 죽음을 상징하는 이 통로의 끝은 부활을 상징하는 밝은 공간으로 이어진다.[158]

밀란 쿤데라는 소설 『향수』에서 사람들이 자신에게 유의미한 시간을 현재화하는 모습을 그려 낸다. 주인공 조제프는 사랑하는 아내가 죽은 뒤 그녀와의 기억이 잊혀져 가는 것을 괴로워하며, 아내와 살던 때의 단편적인 일화가 떠올라도 그 사건을 둘러싼 공백으로 인해 절망한다. 죽은 아내가 현재라는 시간 속에서는 "그 어떤 물질적이거나 시간적인 차원도 갖지 않는다"는 것을 알고 좌절한다. 그에게 가장 중요한 것은 아내와 가졌던 과거의 시간이 없어지지 않도록 하는 것이다. 그는 자신이 태어나고 자란 나라 체코를 방문해서도 자신의 "고국"은 아내와 함께 살던 덴마크라고 말한다. 체코에서는 아내의 존재가 사라질 수밖에 없다고 느끼게 된 그는 덴마크로 서둘러 돌아가고자 한다.

> 여기에서는 그녀가 존재했다는 어떤 흔적도 찾아볼 수 없었다. 이 나라에서 보낸 삼 일 동안 그 누구도 그녀에 대해 단한마디도 하지 않았다. 그는 깨달았다. 그가 여기에 머문다면 그녀를 잃게 되리라. 그가 여기에 머문다면 그녀는 사라지리라.[159]

조지프는 아내에 대한 기억이 없는 체코에서 아내가 존재하지 않게 된다는 것을 깨달은 것이다. 과거는 현재와의 관련 속에서만 존재하기 때문이다. 그에게 가장 중요한 원형적인 시간은 아내와 함께 있었던 시간이다. 그가 이 시간을 반복하고 재현하는 행위는 과거를 추억하는 것이 아니라 새로운 시간을 만들어 내어 시간을 극복하기 위해서다.

> 그는 그녀를 추억하기 위해서가 아니라 그녀와 함께 있기 위해 그녀의 무덤으로 갔다. 그를 쳐다보는, 과거가 아닌 지금

현재 그를 처다보는 그녀의 눈을 보기 위해서. 그래서 새로운 삶이 그에게 시작되었다. 죽은 아내와의 동거: 새로운 시계가 그의 시간을 편성하기 시작했다. (…) 그는 이 모든 습관들을 그대로 지키며 의자나 꽃병 하나하나가 그녀가 두고자 했던 곳에 있도록 신경을 쓴다. 그는 그들이 사랑했던 장소들을 다시 찾는다.[160]

조제프는 아내와 함께 있기 위해 무덤에 찾아가고, 아내와 함께 있던 공간을 다시 만들어 내고, 아내가 사랑했던 장소를 다시 찾아간다. 옛날 종교적 인간들이 그랬던 것처럼, 그는 이러한 의례적 행위를 통해 신화적 시간을 재현하고, 신화의 이야기를 기억하며, 시간의 흐름을 극복하는 것이 가능하다는 것을 발견한 것이다.

신화적인 시간에 일어났던 원형적 사건을 반복하려는 시도는 인간의 뿌리 깊은 본성에 기인한다. 드라마나 영화 등은 탈신화화된 현대를 사는 사람들에게 신화를 대체하는 기능을 한다. 많은 사람이 '새로운 대체 신화'의 시간을 반복하고 싶어 한다. 유명한 드라마의 촬영지가 관광 명소가 되는 것은 이제 흔한 일이 되었다. 종교에서 신화를 반복하는 것처럼 긴 생명력을 가지고 반복되지는 않지만, 드라마가 사람들에게 깊이 각인될수록 드라마의 내용은 오랫동안 관광객들에 의해 반복된다. 고전적인 지위에 오른 영화의 경우에는 사람들이 더 오래도록 영화의 내용을 반복하는 현상이 나타난다. 이탈리아의 로마를 여행하는 사람들은 꼭 〈로마의 휴일〉(1953)의 배경이 되었던 스페인 광장과 부근의 트레비 분수와 진실의 문 등을 찾아가 영화 속 주인공들의 행동을 재현하고 자신에게 의미 있는 일로 만든다. 범속한 시간의 흐름과 구별되는 신화의 시간을 재현하여 현재화하는 오랜 습성은 여전히 남아 있는 것이다.

② 태초의 시간 재현

종교적 인간은 어느 곳에 있든 그곳을 성스러움과 연관시키고 자 하는 것처럼, 모든 일상의 시간 역시 성스럽게 경험하고자 한다. 그래서 경건한 그리스도교인들은 모든 시간 속에서 '신과 동행'하며 '성령으로 충만'하고자 하는 것이다. 이런 면에서 유학자들도 매우 종교적이다. 정순우는 유학자들의 범속한 시간이 성스러운 시간으로 변하는 과정에 대해 다음과 같이 말한다. "[유학자들의] 일상적인 삶이 영원한 리(理)의 세계와 맞닿음으로 인해 일상적 삶이 구현되는 시간 그 자체는 절대화된다. 일상적인 시간 흐름이 리의 세계, 즉 본질적인 세계와 맞물리게 되고 일상적 시간이 초월적 시간과 맞닿게 된다." 말하자면 유학자들은 모든 일상의 시간들에 초월적 의미를 부여하고자 했던 것이다.[161]

이 세상 속에서 구현된 성스러운 시간은 완전히 성스러운 시간을 나타내고 잠정적으로 그렇게 인정되기도 하지만 원형적인 성스러운 시간 그 자체는 아니다. 신화 속에 등장하는 태초의 성스러운 시간은 인간이 의례를 통하여 회복하는 원형적 본보기다. 인간은 주기적으로 우주 창조를 상징적으로 반복하는 의례를 행하여 새로운 시간을 만들어 내며, 소멸과 생성을 되풀이하는 우주 전체의 리듬을 재현한다. 엘리아데는 성스러운 시간의 재현이 "새로운 창조 속에서 새로운 삶을 시작하고 싶어 하는 갈망"이 실현되는 것이라고 표현했다.[162] 새롭게 창조되는 시간은 그냥 흘러가 버리는 일회적이고 순간적인 시간이 아니다. 우주 창조를 반복하는 신년 의례는 해마다 '새로운 시간'을 만들어 낸다. 종교 공동체는 신년 의례를 통하여 실재적이고 초월적인 시간을 반복하는 것이다. 종교 의례의 시간은 속세의 시간과 단절된 시간, 즉 성스러운 시간이다. 의례는 흘러가는 균질적인 시간과 구별되는 특별한 시간을 만들어 낸다. 우주 창조를 반복하는 의례가 분명한 형태로 남아 있지 않은 현대에도 '묵은해는 가고 새해 새 아침이 밝는다'는 표현이나 망년회, 송년회, 신년회 등은 남아 있다. 우리나라 사람들도 많이 애송하는 알프레드 테니슨(Alfred Tennyson)의 「우렁찬 종소리여 울려 퍼져라」는 새해를 맞는 마음을 노래한 시다.

> 울려 퍼져라 우렁찬 종소리, 거친 상공에,
> 저 흐르는 구름, 차가운 빛에 울려 퍼져라,
> 이 해는 오늘 밤 사라져 간다.
> 울려 퍼져라 우렁찬 종소리, 이 해를 보내라
> 낡은 것 울려 보내고 새로운 것을 울려 맞아라.[163]

이 시에는 새로운 시간을 살고 싶어 하는 종교적 인간의 바람이 잘 드러난다. 또한 현대인들은 결혼기념일, 100일 기념일 등을 여전히 챙긴다. 특별한 시간은 종교적 인간이 역사의 상대성과 일회성을 극복하기 위해 고안한 방식이라고 할 수 있는 것이다.

소설 『남한산성』에는 사람들이 성스러운 시간을 만드는 의례를 통해 원초적 신화의 시간으로 회귀하는 모습이 생생히 나타난다. 남한산성으로 피신한 조정은 백제의 시조인 온조의 사당에 제사를 지내기로 한다. 제사를 제안한 김상헌은 온조왕도 환란에 쫓기다가 남한산성에 도읍을 정하여 국가를 세웠고 현 조정도 어려움을 피해 같은 곳에 왔으니 "온조왕의 신령이 반드시 전하를 보우할 것"이라고 주장한다. 이어서, 어려울 때 "근본"을 돌아보고 "근본에 기대어 회복을 도모"해야 한다고 말한다.[164] 제사를 지내면서 김상헌은 태초의 시간이 완전히 재현되는 것을 경험한다. "향 연기 속에 떠오른 온조의 혼령이 일천육백 년의 시간을 건너서 이쪽으로 다가오는 환영을 김상헌은 느꼈다. 침탈과 살육과 기근과 유랑의 들판을 가벼운 옷자락으로 스치며 혼령은 한 줄기 피리소리처럼 이쪽으로 다가오고 있었다."[165] 작가 김훈은 아우구스티누스가 말하는 시간과 대조되는 영원을 암시하며, 엘리아데가 말하는 성스러운 태초의 시간을 생생히 묘사한다. 소설 속에서 김상헌은 "시간은 흘러서 사라지는 것이 아니고, 모든 환란의 시간은 다가오는 시간 속에서 다시 맑게 피어나고 있으므로, 끝없이 새로워지는 시간과 더불어 새롭게 태어나야 할 것이었다"라고 생각한다. 또한 "모든 시간은 새벽"이며 "그 새벽의 시간은 더럽혀질 수 없고" "그 새로움을 경건성이라고 생각"한다. 김상헌은 설날에도 신년 의례를 할 것을 임금에게 권하며, "동지 때 사라진 해가 다시 떠오르는 날"임을 강조한다. 그는 임금이 망궐례를 하는 동안 멀고 아득한 곳에 있던 성스러운 존재를 가까이 끌어당기는 환영을 느낀다.[166]

　　김상헌이 그랬던 것처럼, 종교적 인간은 의례를 하는 동안 성스러운 태초의 시간이 새롭게 재현되는 것을 경험한다. 의례가 이루어지는 시간은 온조왕이 도읍을 열었던 시간을 가리키며 그 시간이 경험될 수 있도록 하는 상징적 시간이다. 그래서 의례의 시간에는 태초의 성스러운 시간을 대신할 수 있는 힘이 있다. 종교적 인간들이 회귀하고자 하는 시간은 인간의 현재 역사와는 동떨어진 다른 차원의 시간 세계, 즉 신화적인 태초의 시간이다. 이 시간은 무한정으로 회복되고 무한정으로 반복되어 영원히 현재화될 수 있다. 유대-그리스도교 전통은 남한산성에서 일어났던 온조왕 제사 의례처럼 성스러운 태초의 시간이 구체적으로 언제인지를 명시하는 반면, 고대 그리스나 메소포타미아 등지에서는 현재의 시간과는 다른 차원의 어떤 원초적인 시간이 있었다는 것을 전제로 하기도 했다. 그래서 그리스도교의 의례적 시간은 역사적 시간으로 회귀하고 역사적 시간을 의례로 재현한다면, 고대 바빌로니아 사람들이 반복하는 태초의 시간은 현재의 역사와는 완전히 다른 시간이다. 모세가 이집트로부터 이스라엘 백성을 데리고 나왔던 사건을 반복하는 유월절 의례를 하는 유대인들은 그 사건이 구체적으로 언제 발생했었는지에 대한 나름대로의 대답을 가지고 있다. 반면 바빌론 신년 제의 시 반복되는 마르두크의 천지창조는 현재의 우주가 창조되기 이전의 사건으로 여겨진다. 가정에서 지내는 제사의 시간 구조도 종교 공동체 혹은 국가의 주기적 종교 의례의 시간과 다르지 않아서, 과거의 동일한 시간이 계속 반복되어 시간의 한계를 극복하도록 한다. 조상의 기일이나 생일에 제사를 지내면 조상은 현재의 인간들에게 돌아온다. 제사의 시간은 시간을 거슬러 조상을 다시 만날 수 있는 시간인 것이다.

바빌론 신년 제의인 '아키투' 제전에서는 창세 서사시인 『에누마 엘리쉬』를 낭송하여 태초의 성스러운 시간을 재현했다. 『에누마 엘리쉬』에 따르면 바빌론의 신 마르두크가 신들의 어머니인 원초신(原初神) 티아마트를 죽여 그 몸으로 하늘과 땅을 만들었다. 이 신화는 다양한 의미를 지니는 것으로 해석할 수 있다. 바빌론이 메소포타미아의 중심지가 되는 과정에 대해 이야기하는 것으로 보면 티아마트는 해수의 신으로, 옛 질서와 구세력을 상징한다. 마르두크는 옛 질서를 무너뜨린 후 그 몸을 가지고 새로운 하늘과 땅을 연 것이다. 또한 『에누마 엘리쉬』는 인간이 신을 섬기기 위해 창조된 것이라고 설명한다. 하위 신들이 상위 신들을 섬기는 노역 체계에 불만을 터뜨리자 마르두크는 티아마트 수하의 지휘관 킹구의 피와 점토를 섞어 사람을 만들어 신을 섬기는 일을 담당하도록 했다. 이처럼 『에누마 엘리쉬』는 바빌로니아인들에게 가장 의미 있는 사건과 이에 대한 해석을 제공하며, 아키투 제전은 이를 재현하여 현재화한다. 천지창조라는 우주론, 인간의 기원과 존재 목적을 말하는 인간론, 그리고 바빌론 국가의 기원과 정당성 등이 매년 재현되어, 지나가 버린 역사로 그치는 것이 아니라 새롭게 현재의 시간이 되는 것이다.

신년 제의를 포함하여 해마다 반복되어 새로운 시간을 만드는 의례들은 기존 질서의 파괴, 옛것을 씻는 정화의 과정, 그리고 질서를 회복하는 행위를 재현하는 과정을 포함한다. 로마의 신년 의례인 농신제를 그리스도교화한 카니발이 이러한 구조를 잘 보여 준다. 사람들은 축제가 벌어진 후 8일 동안은 먹고 마시며 노는 데 전념하여 무절제하고 혼란스러운 분위기가 조성된다. 이때 행하는 가장행렬은

묵은 악령을 쫓아내기 위한 것이다. 이후 사순절 기간 동안 육식을 하지 않으며 정화의 과정을 거치고, 부활절 이후 새로운 생명으로 부활했음을 선포하여 질서를 확립한다. 우리나라에서는 정월대보름과 연관된 세시 풍속에서 이러한 과정을 잘 볼 수 있다. 달이 여성 및 성적 생산력을 상징한다는 것을 고려하면, 풍요와 연관된 세시 풍속이 1년 중 첫 보름인 대보름에 몰려 있는 것도 당연하다. 액막이 연날리기, 줄다리기, 차전놀이, 쥐불놀이 등은 무질서한 혼돈의 상황으로 들어가는 것을 의미하는 싸움 혹은 기존 질서의 파괴를 상징한다. 남부 지방의 민속놀이 중 하나인 '고싸움놀이'는 정월대보름 전에 마을 사람들이 동부와 서부로 편을 갈라 짚을 꼬아서 만든 커다란 고를 맞부딪치며 싸워 상대의 고를 떨어뜨리는 놀이로, 매우 격렬한 싸움을 수반한다.[33] 설날을 앞두고 지난 한 해 동안 빠진 머리카락을 모아 두었다가 태우는 것, 불씨를 끄는 것, 연을 날려 보내는 것이 옛것을 없애는 상징적 행위라면, 제사를 지내고 세배를 하는 것은 새로운 질서를 확립하는 행위라고 할 수 있다.

주기적으로 죽은 사람들을 소환하거나 이들을 공양하는 의례

33 「고싸움놀이」, 『파스칼세계대백과사전』 권2 (서울: 동서문화사, 1996), 1115쪽. 달의 상징을 다루면서 다시 언급하겠지만, 풍요를 기원하는 제의는 주로 여성, 풍요, 생산성을 상징하는 달과 연관되었다. 이때 달과 여성이 최대한 부각되어야 풍년을 위한 좋은 징조가 된다. 예컨대 광주 인근 옻돌 마을에서 행해지는 고싸움놀이에서는 서부가 동부를 이겨야 풍년이 들 것이라는 속설이 있다. 할아버지 당산이 있는 상부 마을은 남자를 상징하는 동부를 맡았고, 할머니 당산이 있는 여자를 상징하는 하부 마을이 서부를 맡았다. 방위로 보아도 동쪽은 태양의 방향이고 서쪽은 달의 방향이다. 『옻돌마을 사람들과 고싸움놀이』에 따르면, 서부의 고가 동부의 고보다 크게 제작된다고 한다. 이유를 물으니 촌로들은 "여자가 커야 물이 많이 나오고 새끼를 많이 낳을 수가 있지 않겠느냐"고 답했다고 한다. 자세한 내용을 보려면, 고싸움놀이 보존회, 『옻돌마을 사람들과 고싸움놀이』(서울: 민속원, 2004), 223–224, 233–236쪽을 참조할 것.

도 과거에 죽은 사람들을 현재에 불러냄으로써 시간을 극복하는 의례다. 조상들에게 제사를 지내지 않는 문화에서도 추수가 처음 시작될 때나 마지막 추수를 마칠 때에는 죽은 자를 공양하는 의례를 행한다. 엘리아데는 이 의례가 죽은 자의 영혼이 생명력을 보충하기를 원하는 사람들의 믿음에 근거한다고 해석했다. 죽은 자의 영혼은 수확 제의를 통해서 빈곤함을 털어 내고 생명의 에너지를 보충할 수 있다고 여겨졌다는 것이다.[167] 죽은 자가 농경과 연결되는 이유는 다양하다. 땅에 묻힌다는 점에서 죽은 자와 씨앗은 동일시되었고, 농작물을 보호하며 풍요를 상징하는 뱀은 죽은 자의 세계를 상징하는 동물이기도 했다. 고대 그리스인들은 가을에 죽은 자를 소환하여 배불리 먹이고 돌려보내는 의례를 행했고, 근대 이전 유럽에서는 죽은 자를 공양하기 위하여 추수가 끝난 농경지에 곡물이나 음식을 남겨 놓는 풍습을 지켰다. 멕시코와 과테말라 등지에서는 추수가 끝날 무렵인 11월 1일과 2일에 이와 유사한 행사를 한다. '죽은 자의 날(Day of the dead)'이라는 전통 명절로, 사람들은 해골 가면을 쓰는 등 죽음을 연상시키는 복장을 하여 죽은 자를 맞을 준비를 하고, 죽은 자를 공양하기 위해 제단에 음식을 차리며 묘지를 찾아간다.[168] 죽은 자들과 접촉하는 시간은 일상적인 시간과 구별되는 성스러운 시간이다. 종교적 인간은 이 시간 동안 과거의 존재를 현재에 소환하여 관계를 맺으며, 현재의 인간이 풍요를 누리는 데 도움을 줄 수 있는 우월한 존재와 접촉한다. 한국 불교 전통에는 추수기에 사자(死者)와 접촉하는 의례를 불교식으로 재해석하여 수용한 우란분재(盂蘭盆齋)가 있다. 100가지 음식과 과일 등을 붓다와 스님에게 공양하면 지옥과 아귀의 영역에 있는 조상

멕시코 '죽은 자의 날'. 무덤을 꾸미며 죽은 자를 맞을 준비를 하고 있다.   ©Eneas de Troya

을 고통으로부터 구제할 수 있다고 한다. 우란분재는 한 해 농작물의 첫 수확이 이루어지는 절기인 음력 7월 15일 백중날에 행해지는 것으로 보아서 풍요의 기운이 죽은 자에게 미치도록 하는 의례라고 할 수 있다. 그러나 죽은 자가 현재에 유익한 영향을 끼치지 않는다는 점에서 불교식의 변형을 거친 것으로 보인다.

5) 태초의 시간과 종말의 시간

세계의 여러 종교가 말하는 이상향과 낙원은 공간을 가리키는 동시에 시간적인 개념도 내포한다. 공간과 시간은 분리할 수 없을뿐 더러, 성스러운 시간에 공간이 성스러워질 수 있으며, 마찬가지로 성스러운 공간에서 시간이 성스러워질 수 있다. 종교적 인간은 성스러운 시간의 낙원을 재현하고 반복하지만 속의 세상에서 재현되는 성스러움은 완전할 수 없다. 따라서 완벽하게 성스러움이 구현되는 것은 낙원에서 신과 함께 거닐었던 과거에나 가능했다고 보거나, 천국이나 정토를 누릴 수 있는 미래에 가능할 것이라고 말한다. 이 이상적인 시간은 아우구스티누스의 표현을 빌려 말하자면 '시간'이 아니라 '영원'이기 때문에, 역사적 시간에서 당연시되는 죽음을 비롯한 불완전과 부조리가 영향을 끼치지 않는다.

많은 종교는 인간에게 죽음이 없었던 이상적인 과거를 이야기한다.[169] 인간이 죽지 않는 존재이던 시절이 있었는데 어떤 잘못을 해서 죽음이 인간에게 부여되었고 이제는 피할 수 없는 숙명이 되어 버렸다는 내용이다. 유대-그리스도교 전통에서 말하는 에덴동산의 시절에는 인간에게 죽음이 없었다. 또한 인간이 자연 만물을 관장하며 어떤 부족함, 고통, 죄도 모른 채 직접 신을 대면하고 살았다. 죽음이 없던 시간은 아니더라도, 다른 면에서 완벽한 이상이 실현되었던 시대에 대한 추억은 동서양 어디에서나 볼 수 있다. 고대 그리스의 헤시오도스는 『노동과 나날』에서 오랜 옛날에 황금시대가 있었다고 말한다. 현생 인류인 철의 종족은 판도라가 연 상자에서 나온 재앙들을 감수하며 살아가는 운명을 타고났지만, 크로노스가 신들의 왕이던 시절인 신화적 시간에 살았던 황금의 종족은 괴로움과 불행을 몰랐고 즐거움만 향유하며 살았다. 그들이 잠자듯이 죽어 사라진 이후 오만하고 난폭한 은과 청동의 종족이 출현했다. 이들은 오로지 전쟁만을 일삼다가 제우스가 일으킨 대홍수로 멸망했고, 이후에 현재의 인류가 생겨났다. 초기 불교경전 『디가니까야』에 따르면, 완전히 하나인 물만으로 이루어진 태초의 인간계의 중생은 본래 타고난 광채를 가지고 있었기 때문에 태양과 달, 별도 필요가 없었다. 그러나 이들은 갈애(渴愛)로 인해 광채를 잃어버리게 되고, 차차 이 세상에는 탐심, 거짓말, 애욕, 경계, 계급, 악행이 생겨나게 되었다. 중국의 요순시대는 쇠락한 말세인 현재와 대비되는 아름답고 완벽하고 평화로웠던 과거를 가리킨다. 조금 어려운 말로 되어 있지만 현재 시간에 대한 중국의 관념을 잘 정리한 동양사학자 민두기의 설명을 살펴보자.

> 중국의 경우 금[今, 현재]은 비록 그 목표는 이념적인 고[古,
> 저자의 설명에 따르면 이상적인 모델로서 과거]로의 복귀에
> 있으나, 실제는 시간적인 차원에서 파악되어 고(단순한 과거)의
> 연속에 불과한, 나빠져만 가는 상태[衰世(쇠세), 末世(말세)]로서
> 의 금[현재]이었다.[170]

이 설명에 따르면, 중국인들은 이상적인 본보기로서의 과거를 현재에 재현하려고 시도하면서도 실제로는 점점 나빠져 가는 쇠락한 말세 현재를 인식했다.

앞으로 다가올 이상적 시간에 대한 설명도 여러 종교에서 찾을 수 있다. 완전히 구현될 미래의 성스러운 시간은 불완전한 현재와 명확히 대비된다. 『신약성서』의 「고린도전서」에서 바울이 현재와 미래의 "그때"를 대비하는 구절을 살펴보자.

> 온전한 것이 올 때에는 부분적으로 하던 것이 폐하리라. 내가 어렸을 때에는 말하는 것이 어린아이와 같고 깨닫는 것이 어린아이와 같고 생각하는 것이 어린아이와 같다가 장성한 사람이 되어서는 어린아이의 일을 버렸노라. 우리가 지금은 거울로 보는 것같이 희미하나 그때에는 얼굴과 얼굴을 대하여 볼 것이요 지금은 내가 부분적으로 아나 그때에는 주께서 나를 아신 것같이 내가 온전히 알리라.[171]

바울은 완전한 성스러움이 이루어질 미래의 시간을 "온전한 것이 올 때"로 표현한다. 성스러움을 "희미하게" 볼 수밖에 없는 "지금"과는 달리 "그때에는" 명확하게 볼 것이며, "지금"은 부분적인 지식밖에 없으나 "그때에는" 온전한 지식이 있을 것이라고 말한다.

미래의 완전한 시간에 대한 종교적인 설명은 지금 살고 있는 시대의 끝에 대해 말하는 종말론(eschatology)과 직접적으로 관련된다. 일부 신종교 단체들이 현재를 부정하는 급진적인 형태의 종말론을 펴기 때문에 종말론은 종종 부정적인 방향으로 인식된다. 종말론이 사람이라면 누구나 가지고 있을 미래에 대한 불안 심리와 맞물려 있기 때문에 신종교 교세의 급속한 성장을 위한 효과적인 도구로 사용될 수 있는 것은 사실이다. 그러나 종말론이 현실에 부정적인 영향을 끼치는 것으로만 볼 수는 없다. 오히려 초기 그리스도교에서 그랬듯이, '세상의 끝'을 일상화함으로써 당장이라도 종말을 맞을 심정으로 살아가야 한다는 윤리적 태도를 강화하는 역할을 할 수도 있다.

종말론은 한 시대가 끝나고 새로운 세계가 열릴 것이라고 말한다. 이 세상이 끝나고 아무것도 남지 않을 것이라고 말하는 것이 아니다. 『구약성서』「창세기」에 나오는 노아의 이야기는 인류가 홍수를 통해 심판을 받는 것으로 끝나지 않고, 노아의 가족들이 새로운 인류의 역사를 시작했다고 기록한다. 마찬가지로 『신약성서』「요한계시록」에 나오는 다가올 종말의 이야기도 "새 하늘과 새 땅"이 열릴 것을 예언한다. 현대에 그리스도교적 재림론에 근거하여 종말론을 내세웠던 신종교들도 완전한 세상이 올 것을 예견했다. 이런 점에서 보면 뉴에이지(New Age) 신앙도 종말론을 포함하고 있다. 태양 춘분점의 이동을 새로운 시대가 도래하는 것으로 해석하여, 보편적 에너지와 단일한 종교의 세계가 열릴 것이라고 주장하기 때문이다.

한 시대가 끝나고 이후에 이상적인 시대가 도래할 것이라는 주장은 동양의 종교 전통에서도 볼 수 있다. 불법(佛法)이 타락한 정도에 따라 정법기(正法期), 상법기(像法期), 말법기(末法期)로 시대를 구분하는 불교의 삼시(三時) 사상은 한 시대가 끝나고 새로운 시대가 시작된다는 것을 강조한다는 점에서 종말론적이다. 또한 삼시 사상은 현재 우리가 사는 말법기에는 중생의 힘으로 깨달음을 얻는 것이 어려워 아미타불의 공덕으로 서방정토에 왕생해야 한다는 정토 사상을 포함한다. 정토는 이상적인 공간과 시간을 함께 상징한다.

후천개벽 사상은 이제 선천 세계는 운이 다했고 새로운 후천 세계가 열려 모든 고통과 재난이 없어지고 혁세의 기틀이 마련되었다고 말하면서 이미 이상적인 시대가 시작되었다는 것을 선언한다. 현세를 이상화하는 후천개벽 사상은 증산교의 후천선경(後天仙境)이나 원불교의 불국토(佛國土)에도 나타난다. 이전의 왕조는 운이 다했기 때문에 새로운 왕조가 세워지는 것이 정당하다고 말하는 역성혁명 사상도 모순과 부조리의 시대가 가고 희망의 새 시대가 열렸다고 주장한다는 점에서 일종의 후천개벽 사상이라고 볼 수 있다. 시대가 끝났음을 알리는 도참사상과 미륵불이 중생을 구제할 것이라는 미륵 신앙은 우리 역사에서 반복되어 나타났다. 이미 삼국시대에 도입된 것으로 보이는 도참사상은 고려 건국 과정에 영향을 끼쳤고, 이자겸과 묘청이 난을 일으키는 데 작용한 요소들 중 하나이기도 했다. 이성계는 도참사상에 근거하여 한양으로 천도했고, 조선 중기 이후에 일어났던 크고 작은 변란들과 동학농민운동도 도참사상과 연관이 있다. 미래에 나타나 석가모니불이 구제하지 못한 모든 중생을 구제한다는 미륵불을 믿는 신앙에는 천상의 정토인 도솔천에 살기를 원하는 상생(上生) 신앙과 미륵이 내려와 구제해 줄 것을 기대하는 하생(下生) 신앙이 있다. 특히 하생 신앙은 후천개벽 사상처럼 현세에 이상적 시간이 실현될 것을 믿는다. 후고구려를 세운 궁예가 자신이 미륵불이며 큰아들은 청광보살(靑光菩薩), 작은아들은 신광보살(神光菩薩)이라고 칭한 것도 이상적인 시대가 이미 열렸음을 선언한 것이다.

이 장에서 우리는 종교적 인간이 성스러운 공간과 시간을 표현하고 경험하는 양상을 검토했다. '우주'가 공간적인 개념인 동시에 시간적인 개념이라는 것과, 낙원이나 천국 등 미래의 이상향 역시 공간적이면서 시간적이라는 것을 살펴봄으로써 종교적 인간에게 성스러운 공간과 성스러운 시간은 하나의 전체를 이루고 있음을 확인했다. 성스러운 시간과 공간을 설정하는 것은 범속한 일상의 한계를 뛰어넘기 위한 지향성에서 비롯되었다고 할 수 있다. 신화는 초월적인 공간과 시간에 대한 모범을 제공해 주고, 의례는 이 공간과 시간을 상징적으로 혹은 기본적인 형태의 성현을 통해 재현하는 역할을 한다. 현대인들이 더 이상 공간과 시간을 엄격하게 성과 속으로 구별하지 않는다 하더라도, 일상적 공간과 완전히 구별되는 어딘가에 대한 향수나 새해를 맞을 때마다 새로운 시간의 시작을 선언하는 모습 속에 성스러운 공간과 시간은 숨어 있는 것이다.[172]

6장

상징적인 깨끗함과 더러움

상징적인 정결과 부정의 중요한 이론적 문제들을 여기서 자세히 다루는 것은 불가능하다. 여기서는 종교적 인간이 생각하는 깨끗함과 더러움의 개념을 이해하는 데 꼭 필요한 내용을 중심으로 간략하게 다루고 넘어가도록 하자.[34]

---

34 정결과 부정의 논의에 가장 큰 영향을 끼친 학자는 메리 더글러스(Mary Douglas)다. 그녀가 *Purity and Danger: An Analysis of Concepts of Pollution and Taboo* (London: Routledge, 1966)에서 제시한 상징적인 정결과 부정의 개념은 이후 정결에 관련된 거의 모든 논의에 지대한 영향을 끼쳤다. 더글러스는 정결과 부정을 사회적인 자리 정하기에 대한 것으로 설명하여, 부정은 "자리에서 벗어난 것", 정결은 제자리에 있는 것이라고 말한다. 나는 더글러스의 정결 이론이 종교학의 관점에서 좀 더 발전될 필요가 있다고 생각했다. 또한 특정한 장소와 위치를 지정하는 세계관을 가진 종교는 정결 · 부정을 강조했고, 죽음의 극복을 주장하는 유토피아적 세계관의 종교 전통은 정결 · 부정의 문제를 부각시키지 않았다는 스미스(J. Z. Smith)의 주장(*Drudgery Divine*, pp.121-125, 132-134)을 정결 이론과 연결하여 자세히 설명할 필요가 있다고 보았다. 이와 같은 필요를 충족시키기 위하여 졸고, "A Theory of Purity From the Perspective of Comparative Religion" (Ph.D. Dissertation, Syracuse University, 2005)이라는 논문에서 나는 정결을 사회 내의 관계를 반영하는 것으로 이해하는 더글러스의 사회 기능론적인 이론에서 벗어나, 우주론과 구원론을 반영하는 정결 이론을 제시하고자 했다. 이 장에서 다루게 될 '정결과 우주론적 영역'이나 '삶의 영역에서 죽음의 영역의 영향을

1) 우주 내 영역 구별하기

목욕을 깨끗이 하고 새 옷을 입어도 깨끗하다고 인정되지 못하는 경우가 있다. 정결(purity) 혹은 깨끗함(cleanness)의 개념은 종종 위생적이고 물리적인 깨끗함과는 다른 상징적 의미로 사용되기 때문이다. 이에 대립되는 부정(impurity)과 더러움(dirtiness), 오염(pollution)의 개념도 정말 때와 오물이 묻은 상태를 가리키지 않는 경우를 볼 수 있다. 흔히 "나는 더러운 놈이에요"라는 말을 할 때 이는 더러운 오물이 묻었다는 뜻이 아닌 상징적 의미로, 이러한 표현은 어느 시대 어느 문화에서나 찾을 수 있다. 종교적인 정결은 영역을 어떻게 설정하는지의 문제로, 상대적인 의미를 포함한다. 농부가 농지에서 비료와 흙을 만지는 것은 더럽지 않으나 그 상태로 집으로 들어가면 더럽다. 또 신을 밖에서 신으면 더럽지 않으나 안방으로 신고 들어가면 더럽게 생각되는 것이다. 앞에서도 언급했듯이 무슬림들은 아무리 몸이 깨끗한 상태라도 기도 의례 전에는 사지를 씻어야 한다. 물이 없으면 모래로라도 씻어야 하는데, 모래로 씻고 나면 물리적으로는 오히려 더 더럽게 보일 수 있지만 상징적 의미에서는 정결해진다.

특정한 영역에서 부정을 일으킬 수 있는 행위는 '금기'로 여겨진다. 앞으로 자세히 설명하겠지만, 상가에 다녀온 사람이 신생아가

처리하는 문제' 등에 대한 더 자세한 설명을 보려면 이 논문을 참조할 것. 나는 졸고 「신들 사이의 영역 구별, 신과 인간의 영역 구별: 제주 토착종교의 정결 개념에 관한 연구」, 『종교와 문화』 25호(2013), 서울대종교문제연구소, 27–65쪽에서 제주도 토착종교 신화 및 의례 자료를 이용하여 좀 더 다듬어진 정결, 부정, 금기의 개념을 제시하고 성스러움의 개념과의 차이에 대해서도 명확하게 논했다.

있는 집에 들어가는 일은 부정을 유발하기 때문에 금기이며, 신과 만나는 의례를 하는 곳에 성행위를 한 사람이 참여하는 것도 부정을 일으키는 금기다. 엘리아데는 금기가 "다른 존재의 질서에 속하는 특정한 사물, 사람, 또는 장소와의 접촉에 의해 발생되는 급격한 동요를 막기 위한 것"이라고 말했다.[173] 이를 정리하면, 금기는 다른 영역에 속한 사물이나 사람과의 접촉을 통해 발생할 수 있는 부정을 막고자 하는 장치라고 할 수 있다. 또한 금기는 우주의 질서를 유지하기 위해 반드시 지켜야 한다고 사회 내에서 동의된 규례이기도 하다. 지라르는 금기를 "사회관계의 제일 첫 번째 존재 조건이며 첫 번째 문화적 기호"라고 말했다.[174]

　　정결과 부정은 인간 문화 어디에서나 나타난다. 부정의 개념은 상대적이다. 일반적으로 영역의 이상적 상태를 유지하기 위한 조건이 더 까다로운 쪽과 덜 까다로운 쪽이 만나면 더 까다로운 쪽, 즉 정결의 상위 계층에 있는 영역이 오염된다. 인간의 영역에서 정결하더라도 신의 영역에 들어갈 때는 부정할 수 있다. 일반 가정집에서는 정결한 상태이던 사람도 왕궁에 들어갈 때는 부정을 씻고 들어가야 한다. 인도에서 하위 카스트에 속한 사람은 자신의 집단에서는 정결하더라도 상위 카스트의 영역에서는 부정을 일으키는 존재다. 특히 최하층의 '불가촉천민'은 상위 카스트의 모든 것을 더럽게 만든다고 여겨진다. 불가촉천민 출신으로 인도 사회에서 높은 지위에 오른 나렌드라 자다브(Narendra Jadhav)가 쓴 『신도 버린 사람들(Untouchables)』은 이에 대한 사례를 잘 보여 준다.

'이 새끼 좀 보게! 감히 이걸 만지겠다고? 아니 이걸 나한테서 받아들 수 있다고 생각하는 거야?' (…) '바바, 그 남자는 물통에서 물을 떠 마시는데 왜 나는 그러면 안 돼요?' '아이고, 아들아, 우리는 마하르야. 물을 건드릴 수 없어. 그랬다간 **물을 더럽혔다고** 벌을 받게 된단다. (…) 그리고 **다른 사람들도 거기서 물을 마실 수 없게 되지.**' 이해할 수 없었어. 그런데 말이야, 소니. 뒤를 돌아보았더니 아까 그 개가 물통에서 물을 핥고 있는 거야! 그때 처음으로 마하르보다 차라리 개로 태어나는 게 낫겠다는 생각이 들었어.

나는 아직 아무 일도 하지 않고 있었기 때문에 그걸 도와주어야겠다고 생각했어요. 그래서 과자를 같이 나누어 주려고 쟁반을 집어 들었어요. 손님들한테 막 과자를 나누어 주려는데, 지주의 어머니인 헤라바이가 비명을 지르는 거예요. (…) '아무 짓도 안 했다고? 신성한 음식을 **전부 더럽혀 놓고?** 이런 바보 같으니. (…) **네 그림자가 음식을 더럽혔어.** 이걸 어떻게 먹니?'[175]

불가촉천민이 상위 카스트의 물통에 손을 대면 물을 오염시켜서 다른 사람들이 물을 마실 수 없게 된다. 차라리 부정을 일으키거나 정결을 유지하는 데 영향을 끼치지 않을 '중립적'인 위치에 있는 개는 부정의 원인이 아니다. 불가촉천민 아이가 만진 쟁반은 음식을 더럽히고 그림자조차도 과자에 부정을 일으킨다.

정결과 부정의 구별은 우주 내에서 영역을 구별하는 규칙에 따른다. 이때 '영역'은 물리적 공간(place)에 한정되는 개념이 아니다. 영역은 특정한 존재의 존재론적인 지위를 규정하는 규칙이 인정되는 공간이자 시간, 즉 소우주라고 할 수 있다. 영역의 구별은 많은 경우 이원적이다. 특히 성스러움의 영역과 범속함의 영역, 신의 영역과 인간의 영역, 그리고 삶의 영역과 죽음의 영역의 구별은 거의 모든 문화에서 가장 두드러지게 나타난다. 뒤르켐 이후 많은 학자가 성스러움을 정결과 동일시하고 범속함을 부정과 같은 것으로 여겼다. 그러나 성스러움은 정결과 같은 것이 아니다.[35] 예를 들어 고대 그리스에서 하데스(Hades)는 성스러운 존재다. 그러나 그는 죽음의 영역에 있기 때문에 살아 있는 인간과 신에게 오염원으로 작용한다.[176] 성스러움이 인간보다 우위에 있는 존재들의 영역에서 지배적인 속성이라면 정결은 어떠한 영역에서든 그 영역이 요구하는 필수적인 조건을 충족시키는 상태를 말한다.

따라서 정결은 특정한 우주론적 세계관 내의 각 영역이 지니는 필수적인 조건 혹은 꼭 필요한 특질이며, 각 영역의 조건이 충족된 상태를 통합적으로 가리키는 말이기도 하다. 부정은 우주론적 세계관 내의 어떤 영역이 그 필수적인 조건을 충족시키지 못한 상태를 말한다. 둘 이상의 영역을 규정하는 존재론적인 규칙들이 양립할 수

---

35 J. Z. Smith, *Relating Religion*, pp.107-108. 스미스는 뒤르켐이 성스러움을 이중적이고 모호한 것이라고 주장했으며 더글러스도 이 관점의 영향을 받았다고 말한다. 그러나 그는 성스러움의 모호성이라는 문제는 성스러움과 범속함, 정결과 부정, 허용된 것과 금지된 것 등의 세 체계가 혼합되면서 생긴 것이라고 지적한다. 성스러움과 정결은 많은 부분이 일치하지만 같은 것이 아니며 혼동되어서도 안 된다는 것이다.

없을 경우, 즉 엄격한 구별 없이는 공존할 수 없는 경우에, 한 영역이 다른 영역에 끼치는 부정적인 영향을 오염이라고 할 수 있다. 특정한 영역이 오염되면 존재론적 지위는 위협을 받는다. 인간이 신의 영역에 들어갈 때는 신의 영역에 적용되지 않는 것들을 삼가야 한다. 인간의 생명을 상징하는 피나 정액이 묻어 있어도 안 되고, 인간의 생식을 위한 성행위도 삼가야 하며, 죽음과 연관된 제반 사항을 피해야 한다. 상징적으로 조성된 영역이 나름대로의 규칙을 지닌다는 것은 앞장에서 공간의 구별을 다루면서 언급한 바 있는데, 영역의 필수적인 조건을 오염시키지 않고 지키기 위한 정결의 규칙이다. 그래서 일본의 신도 사원에 들어가는 사람은 손을 씻고 입을 헹궈야 하고, 힌두교 사원에 들어가는 사람은 신을 벗어야 한다. 대만의 도교 사원에 들어가기 전에는 손과 가져간 제물을 씻는다. 김훈은 『현의 노래』에서 왕릉에 순장되는 사람들은 근본이 분명해야 한다는 규칙이 있었던 것으로 그린다. 우륵의 제자 니문은 원래 양부와 함께 왕릉에 순장될 사람으로 뽑혔으나, 근본을 모르는 고아이기 때문에 "더럽게" 여겨져 순장에서 제외된다. 사람들은 니문이 "개포 나루 창기의 몸에 붙은 대장장이의 씨라고도 했고, 암말과 수꿩이 흘레붙는 마을의 병풍 속 그림에서 나온 아이라고도" 하여,[177] 어떤 영역에 속해 있는지 알 수 없는 사람, 즉 특정한 영역의 규칙에 따를 수 없는 사람으로 여겼다. 정결의 규칙에 따를 수 없는 이런 사람은 근본적으로 부정하며, 따라서 왕릉이 상징할 자미원이라는 이상적 공간을 만들기에 적합하지 않은 존재인 것이다.

2) 삶의 영역과 죽음의 영역, 신의 영역과 인간의 영역

많은 문화에서 죽음과 관련된 부정의 관념이 발전한 것은 살아 있는 사람들이 자신의 영역을 죽음의 영역과 엄격하게 구별하려하기 때문이다. 불사의 존재인 신들도 죽음의 부정으로부터 엄격하게 보호되어야 했다. 물론 고대 이집트처럼 삶의 영역과 죽음의 영역의 구별이 강조되지 않은 문화권도 있는데, 이런 지역에서는 죽음과 관련된 부정이 분명히 나타나지 않았다. 그러나 거의 모든 문화에서 죽음과 연관된 것은 부정을 일으키는 것으로 취급되었다. 무슬림들은 사체, 피, 정액, 배설물을 부정하게 여긴다. 이것들과 접촉하면 의례적 측면에서 부정해지기 때문에 매일 올리는 기도를 수행할 수 없고, 모스크에서 열리는 금요일 집회 등 모든 종교 의례에 참여할 수 없다. 『구약성서』 「레위기」에서 죽음 및 죽음과 연관된 것들을 부정의 원인으로 여기는 것은 매우 유명하다.[178] 시체, 피, 정액 등은 물론이고, 문둥병과 곰팡이 등도 죽음을 상징적으로 나타내는 징표들로서 부정의 대상이었다. 사람의 시체는 삶의 영역에서 강력한 부정의 근원이다. 대부분의 경우 동물의 사체도 부정의 원인이 된다. 생명을 지닌 것으로 여겨진 피나 정액도 몸에서 나오면 죽음과 연관되어 부정하다고 여겨졌다. 또한 전쟁에 나갔다 온 사람은 부정하기 때문에 정화부터 해야 했고, 성관계를 가진 부부는 일정 기간 동안 부정한 존재로 취급되어 정화 의례를 거쳐야만 성스러운 공간에 들어갈 수 있었다. 고대 이스라엘을 비롯한 대부분의 문화에서 여성 자체는 부정의 대상이 아니지만, 월경 중인 여성은 피가 계속 나오기 때문에 부정하다고 간주되어 사원이나 신전에 들어가지 못하거나 심한 경우에는 다른 사람들로부터 격리되기도 했다.

고대 그리스에서는 어떤 사람이 죽는 순간 그 집이 오염된다고 여겼다. 그래서 집 밖에 물을 받아 놓은 대야를 비치하여 나오는 모든 사람이 정화 의례를 하도록 했다. 또한 이 집의 물도 오염되었기 때문에 집에 있던 물은 다 쏟아 버렸고, 정화를 위한 대야에는 다른 집에서 길어 온 물만 담아 두어야 했다. 집 안에 있는 불도 오염된 것으로 간주하여 껐다가 다시 붙였고, 집을 깨끗이 쓸어서 정화했으며, 장례를 마친 사람은 목욕을 했다. 시체는 도시 밖으로 운반되었는데, 반드시 사원에서 멀리 떨어진 곳이어야 했다. 공공장소에서 죽음이 발생하면 온 도시가 오염된 것으로 생각했기 때문에 도시 전체를 청소하는 정화 과정을 거쳐야 했다.[179] 여러 희랍 비극 작품에서도 피는 죽음과 연관되어 부정을 일으키는 것으로 묘사된다. 예를 들어 에우리피데스(Euripides)의 『헤라클레스』에는, 헤라클레스가 미쳐서 자식들을 죽인 후 친구 테세우스와 다음과 같은 대화를 나누는 장면이 있다.

헤라클레스: 떨어지게, 경솔한 친구여! 내 더러운 부정이 옮
   지 않도록 피해!
테세우스: 사랑이 있는 곳은 오염되지 않아.

헤라클레스: 조심해. 나는 피로 자네의 옷을 오염시킬 수 있어.
테세우스: 오염되라지. 아까울 것 없네. 나는 신경 쓰지 않아.[180]

헤라클레스는 자신이 아내와 아들을 죽였고 그 피로 오염되었으므로 자신과 접촉하는 테세우스도 오염될 것이라고 경고한다. 테세우스가 기꺼이 오염을 무릅쓰고 자신의 생명을 구해 준 헤라클레스를 돕는 장면이지만, 피가 유발하는 부정의 힘에 대한 인식을 엿볼 수 있다.[36]

죽음과 내세보다는 현세를 강조하는 것으로 알려진 일본의 신도(神道)에서[181] 죽음이 부정을 유발하는 것으로 여겨지는 것은 당연한 일이다. 인간은 물론 신들이 거주하는 사당도 죽음의 영역이 끼치는 영향을 받으면 더럽혀진다. 10세기 일본의 자료에 따르면, 시체와 접촉한 뒤에는 30일, 출산 뒤에는 7일, 가축의 사체와 접촉한 뒤로는 5일, 출산하는 가축과 접한 뒤에는 3일, 그리고 가축의 고기를 먹은 뒤에는 3일 동안 신도 의례에 참여할 수 없었다. 또한 장례를 집전한 사람이나 임신 중기 이후 유산한 사람은 30일, 임신 초기에 유산한 사람은 7일간 신도 의례에 참여할 수 없었다.[182] 초기 신도(혹은 고대 일본 종교)에서 사체나 시체 이외의 주요한 부정의 원인은 피와 배설물이었다.[183] 고대 일본 종교에서도 피와 시체는 분명히 죽음과의 관련 속에서 설명될 수 있다. 배설물이 죽음과 연관되는지에 대해서는 논란의 여지가 있지만, 살아 있는 인간의 몸에서 버려지는 것임은 분명하며, 이와 같은 맥락에서 인도에서도 배설물을 부정의 원인으로 여긴다.

36 에우리피데스 버전의 『오레스테스(Orestes)』 792-794행에도 우정이 오염의 두려움을 이겨 낸다는 내용이 나온다. 이와 같이 에우리피데스의 비극에는 전통적인 부정의 힘을 사랑과 우정이라는 인간적인 가치로 대체하려는 시도가 종종 나타난다. 이는 크세노파네스 등이 활동한 기원전 5세기 이후로 나타난, 도덕적 기준에 근거하지 않은 정결과 부정의 규칙에 반발하는 움직임이 반영된 것으로 볼 수 있다. Parker, Miasma, p.34 참조.

삶의 영역과 죽음의 영역이 구별되는 것처럼, 많은 문화에서 인간의 영역과 신의 영역도 엄격히 구별되었다. 물론 불멸의 존재로 인식되는 신의 영역은 죽음의 영역이 끼칠 수 있는 오염을 피해야 했다. 그래서 사원에는 죽음과 연관된 것이 접근할 수 없었다. 고대 이스라엘에서 제사장들은 부모, 형제, 자녀, 결혼하지 않은 누이가 죽은 경우가 아니라면 장례식에 참석하지 못했고, 대제사장은 어떤 장례식에도 갈 수 없었다. 제사장은 신의 영역에서 일하는 사람이기 때문에 신의 영역에 죽음의 부정을 입히지 말아야 했다. 그리스에서도 사제들은 장례식에 참석하지 못했다.[184] 그러나 일상적인 삶을 살고 있는 평범한 인간에 의해서도 신의 영역에 부정이 전염될 수 있었다. 그래서 사원이나 신전에 들어가려면 인간 영역의 속성을 정화한 다음에 들어가야 했다. 신의 속성에 따라 각 신의 영역에서 필수적으로 요구되는 조건은 다르다. 달리 말하면 정결과 연관된 규정은 각 신에 따라서 다른 것이다. 대부분의 문화에서 사제들은 엄격한 음식 의례 규정을 지켜야 했으며, 스스로를 성스럽다고 생각하는 민족 공동체는 구성원 전부가 이 규정을 지켜야 했다. 고대 이스라엘 사람들은 일상적인 삶이 신의 영역 안에서 이루어진다고 생각했으므로 늘 신이 봤을 때 허용할 만한 동물의 고기만 먹도록 되어 있었다. 오늘날에도 많은 유대 인들이 음식물과 관련된 율법이 허용하는 정결한 음식인 '코셔(kosher)'만을 먹으려 세심한 주의를 기울이고 있다. 이들은 먹을 수 있는 음식을 결정하는 기준을 이해하지 못하면서도 신과의 관계를 유지하기 위해서 코셔 규정을 지킨다. 같은 이유에서 무슬림들도 이슬람 율법이 허용하는 정결한 음식인 '할랄(halal)'만 먹으려 한다.

신의 영역과 인간의 영역은 명확히 구별되면서도 서로 소통이 가능하기 때문에 인간이 신의 영역으로 들어갈 수 있을 뿐 아니라 신도 종종 인간의 영역에 들어온다. 그러나 의례적으로 통제되는 방식의 만남이 아니면 서로가 서로에게 위험을 불러일으킨다. 신이 인간의 영역을 침해하는 경우에, 인간이 신을 보면 죽었다. 『구약성서』에는 신이나 신의 사자를 보면 죽을 것이라고 두려워하는 사람들이 많이 나온다. 예를 들어, 천사를 만난 기드온은 신의 영역에 속한 천사를 만난 후 자신이 죽을 것이라고 생각하며 "슬프도소이다 주 여호와여 내가 여호와의 사자를 대면하여 보았나이다"라고 탄식했다.[185] 그리스 신화에서 제우스의 원래 모습을 본 세멜레는 죽게 된다. 이 역시 인간의 영역을 침범한 다른 영역의 존재가 인간에게 해를 끼친 것으로, 일종의 부정으로 볼 수 있다.

종교적 인간이 신의 영역을 구별하는 모습을 보여 주는 사례들은 많이 있을 것이나, 여기서는 인간의 거주 공간 속에 건립된 신의 영역이 어떻게 설명되었는지를 검토하기 위해 고대 이스라엘 종교와 일본 종교의 경우만 간략히 다루도록 하겠다. 세계를 창조한 이스라엘의 신은 "하늘의 하나님"으로 믿어졌다.[186] 하늘의 신이 땅에 거처를 마련한 곳이 예루살렘 성전이다. 『구약성서』에서 솔로몬은 신이 공간을 초월하여 하늘도 감당하지 못할 존재라는 것을 인정하면서도, 신에게 땅에 있는 성전에 머물러 달라고 간청한다.

하나님이 참으로 땅에 거하시리이까. **하늘과 하늘들의 하늘이라도 주를 용납하지 못하겠거든** 하물며 내가 건축한 이 성전이

오리이까. 그러나 내 하나님 여호와여 주의 종의 기도와 간구를 돌아보시며 이 종이 오늘 주 앞에서 부르짖음과 비는 기도를 들으시옵소서. 주께서 전에 말씀하시기를 **내 이름이 거기 있으리라 하신 곳 이 성전**을 향하여 주의 눈이 주야로 보시오며 주의 종이 이곳을 향하여 비는 기도를 들으시옵소서.[187]

인간이 거주하는 땅 위에 수립된 신의 영역인 성막과 성전은 여호와의 이름이 기억되는 장소이며 신이 이스라엘 사람들에게 내려오는 곳, 신의 영광이 가득 찬 곳이다.[188] 지성소(至聖所)는 신의 영역 중에서도 중심을 이룬다. 이스라엘 사람들은 신이 지성소 안에 있는 법궤 위의 속죄소 위에 나타나는 것으로 믿었다.[189]

신도의 정결 체계는 죽음의 영역과 삶의 영역은 물론 인간의 영역과 신들(kami)의 영역을 구별하는 고대 일본인의 우주관을 반영한다. 주요한 신들은 하늘에 거주하지만 사원을 방문하기 위해 주기적으로 땅에 내려오는 것으로 생각되었다.[190] 사원은 인간의 영역에 마련되었지만 신이 머무는 곳이기 때문에 신의 영역이다. 그래서 사람들이 사원 경내에 들어갈 때는 손을 씻고 입을 헹구는 정화 의례를 해야만 한다. 신을 모시는 의례가 행해지는 축제에 참여할 때도 정화 의례를 한다. 사원처럼 항상 구별된 공간이 아니더라도 신이 거리낌 없이 내려와 머물도록 하기 위해서는 인간의 영역에 속한 흔적을 없애야만 하기 때문이다. 이집트의 파라오처럼 일본의 왕도 신의 후손으로 인정되어 신성하게 여겨졌다. 일왕의 칭호 중 하나는 살아 있는 신을 의미하는 '아키쓰카미(現神, god present)', 즉 '살아 있는 신'이었다.[191]

제2차 세계 대전에 패한 후 일왕은 자신이 아키쓰카미가 아니라는 것을 선포했지만, 그 전까지 일왕은 신성한 존재로 여겨졌기 때문에 왕궁도 신의 영역으로 간주되었다. 왕궁을 방문한 사람들은 정화 의례를 한 후에 들어가는 것이 원칙이었다. 부정에 오염된 사람은 왕궁을 방문할 수 없었다. 927년에 완성된 의례 관련 서적인 『연희식(延喜式, Engishiki)』에는 "상가에 방문한 사람과 장례식에 참여한 사람은 왕궁에 방문할 수 없다"는 내용이 실려 있다.[192]

고대 이스라엘과 일본의 예에서 볼 수 있듯이, 범속한 세상에 세워진 신의 영역인 사원은 초월적인 존재인 신이 와서 머무는 곳으로 여겨졌다. 우리가 지금까지 사용해 온 용어로 다시 표현하자면, 사원은 범속한 공간이면서 성현을 통해 성스럽게 구별되는 공간이다. 종교적 인간은 자신이 경험하는 성현을 통해 균질적인 공간에 특별히 구별된 공간을 만든다. 이 공간 자체는 초월적인 신의 영역은 아니지만 그 영역을 나타내며 대신한다. 따라서 사원과 성전은 성과 속의 변증법과 상징의 기능을 통해 인간의 영역 속에 형성된 신의 영역이라고 할 수 있는 것이다.

인간과 인간 사이에도 영역의 구별이 적용될 수 있다. 민족이나 종족 구성원이 우주 내의 독립된 영역으로 규정되면 이방인들과의 접촉과 교류는 부정을 유발할 수 있다. 바빌론유수 이후 유대인들은 민족 공동체의 영역을 확고히 구별하여, 이방인들이 부정을 유발시킨다고 생각했다.[193] 또한 각 사회 계급이 존재론적 지위를 완전히 달리하는 것으로 여겨지면, 각 계급은 우주 내의 구별된 영역으로 할당되고 정결과 부정의 규칙에 의해 계급 간의 관계가 설정된다. 한

가지 주의할 점은, 모든 신분 구별이 부정과 연관되었다고 볼 수는 없다는 것이다. 한 계급의 사람이 다른 계급의 사람과 접촉하면 오염된다는 개념이 개입되어 있는 경우만이 분명히 정결과 부정의 규칙에 지배되고 있다고 볼 수 있을 것이다.

앞에서 언급했듯이, 인도의 카스트는 각 계급의 관계를 정결과 부정을 통해 설정한다. 각각의 카스트의 영역은 각기 다른 수준의 정결을 요구하는데, 낮은 카스트의 사람이 의례적 절차 없이 높은 카스트의 사람과 접촉하면 부정을 입힌다. 인도 중부의 가테와라(Gathewara) 마을에서 각 계급의 영역은 엄격하게 분리되어 있다.[194] 각 계급의 구성원들이 각자의 영역에 있을 때는 부정의 문제가 발생하지 않지만 다른 카스트들과의 접촉이 있을 때는 세심한 주의를 기울여야 한다. 예컨대, 낮은 카스트에 속한 사람이 높은 카스트의 사람에게 음식을 전해 주면 낮은 카스트의 속성이 음식에 남아 있어 높은 카스트의 사람에게는 부정하다. 마을의 불가촉천민은 다른 계급 사람들이 사용하는 우물에 접근하는 것이 금지되어 있으며, 반드시 자신의 우물만 식수로 사용해야 한다.

각 카스트의 지위 유지를 위해 필수적으로 요구되는 규정인 정결 체계는 특히 고기와 연관되어 나타난다. 대개 브라만은 채식을 하며, 중간계급의 사람들은 닭고기나 양고기까지 먹는다고 한다. 달걀, 생선, 닭고기, 양고기, 돼지고기를 먹는 순으로 오염의 정도가 높아지며, 특히 쇠고기를 먹는 불가촉천민은 가장 부정하다고 여겨진다. 또한 불가촉천민은 모든 시체와 사체를 치우는 일은 물론, 출산 시 탯줄을 자르는 일이나 출산 후 출혈로 인한 오염 때문에 격리되는 산모의 수발을 드는 일 등 다른 계급의 구성원들에게 금기인 모든 일을 담당한다.

3) 정화 의례

지금까지 정결과 부정의 개념을 설명하면서 정화 의례에 대해서도 언급해 왔기 때문에, 여기서는 정화 의례의 목적과 형식을 중심으로 간략히 정리하고 넘어가겠다. 정화 의례는 세 가지 목적, 즉 우주론 내에 구별된 영역의 지위를 확보하고, 다른 영역에 들어갈 때 생길 부정을 예방하며, 그 영역이 유지되기 위한 규칙과 가치가 손상된 경우 이를 복구하는 것으로 분류될 수 있다.

첫째, 우주론 내에 구별된 영역의 지위를 확보하기 위한 목적으로 행해지는 정화 의례로는 신의 영역을 주기적으로 정화하는 의례를 대표적으로 꼽을 수 있다. 주기적인 정화 의례는 특별히 오염을 일으키는 사건이 없어도 신의 영역의 지위를 유지하기 위해서 행해진다. 앞에서도 언급했듯이, 힌두교 사원에서 매일 아침 신상을 씻는 정화 의례를 하는 것은 인간 세상과는 구별된 신의 지위를 확인하기 위해서다. 특별한 종교 행사를 앞두고는 신의 영역의 지위를 확보하기 위해서 행사 장소를 정화한다. 고대 그리스에서 민회를 하는 장소에 신성한 장소의 지위를 부여하기 위해 돼지의 피를 뿌려 그곳을 정화한 것도 같은 맥락에서 이해할 수 있을 것이다. 둘째, 다른 영역과 접촉할 때 생길 부정을 예방할 목적으로 하는 의례로는, 신의 영역에 들어갈 때 인간의 요소를 씻어 내는 것이 대표적이다. 성스러운 시간과 공간에 들어가기 전에 목욕을 하거나 신체의 일부를 씻거나 물을 뿌리는 행위는 여러 종교에서 공통적으로 나타난다. 같은 이유에서, 신과 만나기 전 일정 기간 동안 신의 속성과 맞지 않는 특정한 음식을 먹지 않고 성행위를 금하며 상가에 가지 않는 등 인간 영역의 요소를 최대한 약화시키려 한다. 셋째, 영역 내에서 필수적으로 요구되는 상태가 손상을 입었을 때 이를 바로잡기 위한 정화 의례는 오염된 것을 교정하는 수많은 의례를 포함한다. 시체, 피, 정액, 배설물 등 죽음과 관련되거나 죽음을 연상시키는 상징적인 오염원들과 접촉한 후에 행하는 정화 의례들에 대해서는 앞에서도 여러 번 언급했다. 민족 공동체의 영역이 확고한 경우 이방인이 유발시키는 부정이나, 하위 카스트가 상위 카스트를 오염시킨 것을 정화하는 의례도 다른 영역의 부정적인 영향을 씻고 자신의 영역의 이상적인 상태를 회복하기 위한 목적으로 행해지는 것이다.

　　정화 의례 중에서 가장 흔한 형식은 깨끗한 물로 씻거나 물을 뿌리는 것이다. 성스러운 의미가 부여된 물은 정화하는 힘이 특히 강하다. 예컨대 힌두교에서 가장 성스러운 물로 여겨지는 갠지스강은 다른 무엇보다 강력한 정화의 힘을 지닌 "정화력의 원천"이다.[195] 바다 부근에서는 바닷물이 가장 강력한 정화의 힘을 지니고 있다고 여겨졌기 때문에, 신년 의례의 일부로 바다에 들어갔다가 나오기도 한다. 바다에서 나온 소금을 뿌려 정화 의례를 하는 경우도 있다.[37] 오염

37　소금이나 피를 뿌리는 것은 귀신을 쫓을 목적으로도 행해진다. 정화 의례와 귀신을 쫓는 의례는 둘 다 어떤 대상을 제거한다는 점에서 매우 유사하지만 같은 것으로 볼 수는 없다. 귀신을

이 더 강력한 경우에는 피를 통해 씻을 것을 요구하기도 했다. 피로 정화하는 것은 희생양의 피로 '속죄'하는 것과 같은 결과를 낳을 수도 있다. 그러나 다른 생명에게 대신 죄의 책임을 묻는 희생 제의가 죄를 사면하는 것에 초점을 맞춘다면, 정화 의례는 생명력을 포함한 액체인 피로 깊숙하게 파고든 오염까지 씻는다는 생각에 근거한다는 점에서 다르다. 아이스킬로스의 『에우메니데스(The Eumenides)』에서 아폴론 신은 오레스테스가 아버지의 원수이자 어머니인 클리템네스트라를 살해하여 입은 강력한 부정을 돼지의 피로 정화해 준다.[196]

우리나라에도 목욕재계 형식의 정화 의례가 존재한다. 재계(齋戒)는 단순히 목욕을 하는 행위일 뿐 아니라 종합적인 정화 의례라고 할 수 있다. 유교는 제사를 지내기 전에 산재(散齋)와 치재(致齋)를 포함한 재계를 하도록 규정한다. 제사 전 나흘(중국에서는 이레) 동안 산재를 하고 그 이후 이틀(중국에서는 사흘) 동안 치재를 한다. 산재는 목욕재계하며 성관계를 피하고 음악을 듣지 않으며 상가에 가지 않는 등 근신하는 것이며, 치재는 조상에게 제사하기 전에 제사를 받는 대상에 대해 명상하고 기리면서 동화를 이루려 하는 것을 말한다. 산재가 신과 접촉하기 전에 인간의 영역의 흔적을 약화시키는 전형적인 정화 의례라면, 조상이 거처하던 곳, 했던 말, 즐기던 일, 좋아하던 음식 등을 생각하는 것으로 이루어지는 치재는 적극적으로 신과 가까워지기 위한 의례라고 볼 수 있다. 인간의 속성을 없애는 의례와 신의 속성에 가까워지는 의례를 함께 행함으로써 신의 영역과 인간의 영역의 엄

쫓는 '축신' 의례는 대개 귀신을 대접하고 달래서 쫓아내는 형태가 더 많기 때문에 '더러움'을 씻어 내는 것만으로는 설명할 수 없는 부분이 있다.

제주 김녕 잠수굿(2013년 4월).
고순안 심방이 대나무 잎에 물을 적셔 뿌리며 '새림' 정화 의례를 하고 있다. ⓒ유요한

격한 구별을 약화시키고자 했다고 할 수 있을 것이다.

　　참고로, 아메리카 원주민들의 정화 의례에서도 재계와 유사한 구조가 나타난다. 아메리카 원주민들은 신과 만나는 의례를 하기 전에 작은 한증막 속에 들어가 몸을 수증기로 깨끗하게 하는 '증기 목욕(sweat bath 또는 vapor bath)' 방식의 정화 의례를 수행했다. 증기 목욕 중에는 반드시 신들을 즐겁게 하는 노래를 부르고 신을 기쁘게 하는 약초를 이용하여 신과 접촉해야 했다. 증기 목욕 의례가 재계의 산재에 해당한다면, 노래하고 신들과 접촉하는 것은 치재와 유사하다고 할 수 있다.[197]

7장

자연을 통해 나타나는
종교 상징적 의미

엘리아데는 『종교형태론』에서 사람들이 자연을 통해 인식하게 되는 성스러움의 모습들을 자세히 설명했다. 그는 하늘, 태양, 달, 물, 돌, 대지, 식물 등 주요한 자연물이 나타내는 특징에 따라서 성현의 속성이 형성된다고 주장한다. 때로는 자연물 자체가 성스러운 존재로 여겨지기도 하고, 때로는 자연물이 성스러움을 가리키고 대신하는 상징으로 사용되기도 한다. 어느 경우이건 종교적 인간들이 보기에 자연물이 지닌 속성이 성스러움의 속성과 일치할 때 자연물은 성현이 된다. 특정한 자연물이 성스러움의 속성을 전부 다 보여 주는 것은 아니지만, 인간이 가지지 않은 자연의 어떤 특성은 성스러움의 속성 중 일부를 드러내는 것으로 생각되었다.

엘리아데가 상술한 내용을 여기서 다시 반복하지는 않겠다. 독자들이 직접 『종교형태론』을 읽어 볼 것을 권한다. 『종교형태론』

은 이미 수십 년 전에 그렇게 방대한 자료를 이론에 따라 구성했다는 사실만으로도 충분히 읽을 만한 가치가 있는 고전이다. 물론 자료가 보완되어야 하고, 현대의 시각에서 재기술되어야 할 부분이 있다. 그러나 그것은 엄청난 분량의 자료를 세밀히 검토해야 하기 때문에 이 책의 목적과는 별개로 이루어져야 할 작업이다. 이 장에서는 『종교 형태론』의 내용을 바탕으로 하여, 종교적 인간이 자연을 어떻게 경험하며 또한 그 경험이 자연을 통해 어떻게 표현되는지, 자연이 종교 상징으로서 어떤 의미를 전달하는지를 간략히 살피는 것으로 만족하겠다. 그러나 이 간략한 고찰을 통하여, 종교를 중심으로 삶의 의미를 구성한 고대인들은 물론 현대의 비종교인들까지도 자연이 성스러움의 어떤 속성을 보여 주고 있다고 생각하는 성향이 있다는 점을 보일 수 있을 것으로 기대한다.

1) 하늘과 태양

① 하늘의 종교 상징

사람이 보는 하늘은 그 끝을 알 수 없을 정도로 멀고 측량할 수 없을 정도로 넓다. 따라서 하늘은 초월, 절대적 실재, 영원성, 힘이라는 신적인 위엄을 획득하게 된다. 가장 높고 광대한 하늘의 속성은 곧 신의 속성으로 생각된 것이다. 그래서 하늘을 주관하는 천공신(天空神), 즉 '끝없이 열린 하늘의 신'은 땅에 발을 붙이고 사는 존재들과는 완전히 분리되는 성스러움으로 인식되었다. 세계 여러 문화의 종교적 인간들에게 하늘은 가장 높은 신의 상징이거나 혹은 가장 높은 신 그 자체였다. 하늘을 인격적인 존재로 생각하기보다는 모든 것의 근원이 되는 철학적 원리로 설명하는 엘리트들도 있었다. 그러나 그런 세련된 사고는 먼저 하늘을 통해 가장 높은 존재를 경험하게 된 이후에 발전한 것으로 보인다. 고대 메소포타미아에서 신들의 아버지 아누(Anu)는 천공신이었고, 고대 이스라엘에서도 신을 '하늘의 하나님'으로 불렀다. 중국에서는 천제(天帝)가 가장 높은 신이었고, 알타이 계열 민족들은 하늘의 신 텡그리(Tengri)를 창조자이자 전능한 신으로 섬겼다. 고대 아리안 민족의 주신이었을 것이라고 생각되는 디에우스(Dyeus)는 신들의 왕이자 하늘을 지배하는 신이었고, 여기서 나온 그리스의 제우스, 로마의 주피터, 인도의 디아우스 등도 마찬가지였다.

모든 것 위에 있는 지고(至高)의 하늘 신은 그 아래의 만물을 창조하고 주재하며, 인간 세상의 모든 일을 내려다보며 감독하는 것으로 여겨진다. 고대 중국의 하늘에 대한 인식을 이어받은 퇴계 이황은 하늘이 "일상을 감독하고 다스리는 주재자"이자 "공경하고 두려워해야 할 대상"이라고 생각했다. 그는 하늘을 인간의 삶에 깊이 관여하는 존재로 생각하여, 저 높이 "따로 떨어져 있는 객관적 대상"이라기보다는 "언제나 임재하여 오늘 이곳을 살피는 종교적 대상"으로 파악했다.[198]

세계에 질서를 부여하는 힘을 지니고 있는 하늘의 신은 땅 위에서 일어나는 일들 중 모르는 것이 없는 전지(全知)의 신이자 무슨 일이든 할 수 있는 전능(全能)의 신으로 섬겨지기도 한다. 이 신은 최고의 권위를 지니며, 전능한 통치자이거나 우주 유일의 주(主)로 간주된다. 권력 개념이 뚜렷한 문화에서는 우주의 주인이자 통치자로 여겨지기도 했다. 하늘의 지고신은 종종 '최고의 권위자'라는 의미를 지닌 '아버지'의 칭호를 갖는다. 가장 높은 하늘의 신은 수많은 인간사 중에서도 누군가에게 왕권을 부여하는 일과 통치가 잘 이루어지도록 하는 데 특별히 신경을 썼다. 계약과 약속을 지키는 일도 하늘의 지고신이 개입하여 주관하는 것으로 믿어졌다.

인간과 분리된 초월을 상징하는 하늘은, 일상에 지친 인간들에게 심리적 안식을 제공하기도 한다. 사람들은 하늘을 보며 겸허한 마음을 갖게 되고, 불안한 마음을 안정시키기도 하고, 이 세상의 분주함을 초월한 어떤 것을 생각하게 된다. 고대의 종교적 인간은 이 느낌을 종교로 체계화하고 상징으로 표현했다. 현대인들도 여전히 종교적인 속성을 지니고 있기 때문에 하늘을 보면서 유사한 감정을 갖게 된다.

산도 하늘의 특성인 '높음'이라는 의미를 지닌다. 높이 건축된 사원은 하늘과 땅이 맞닿는 집이다. 사람들은 높은 산이나 사원을 보면서 이 땅의 답답함을 잊을 수 있었고 초월의 세계를 접할 수 있었다. 유럽 도시에 건축된 첨탑에 대하여 알랭 드 보통은 다음과 같이 설명한다.

> 대략 1130년부터 1530년 사이의 400년 동안 유럽의 크고 작
> 은 도시에서 100개가 넘는 성당이 세워졌으며, 이들의 첨탑
> 이 하늘의 풍경을 지배했다. 성당은 곡물 가게, 궁전, 사무소,
> 공장, 가정 위에 우뚝 서 있었다. 그 웅장함에는 다른 건물들

이 상대가 되지 않았다. (…) 첨탑들이 하늘로 105미터, 즉 34층 마천루 높이로 치솟은 샤르트르 같은 성당은 못 가진 자들의 본향이었으며, 그들이 다음 생에서 누리게 될 경이의 상징이었다. 그들의 지상의 거처가 아무리 초라하다 해도, 그들의 마음은 성당에 속해 있었다. 그 아름다움은 내적인 가치를 반영했다.[199]

알랭 드 보통이 말한 것처럼, 성당의 첨탑은 하늘의 풍경을 지배하는 건축물이자, 하늘을 지향하는 사람들의 마음의 "본향"이었다. 못 가진 자들은 성당이 가리키는 하늘을 보며, 현재의 척박한 삶을 견딜 수 있었다.

성스러운 공간 부분에서 설명했듯이, 높은 산은 하늘과 가장 가까운 곳이기에 초월성의 공간적 상징이고 신들의 거주처이며 세계의 중심이다. 여러 문화에서 높은 산이나 성스러운 장소에 있는 나무는 세계의 중심에 있는 우주산(宇宙山)이나 우주목(宇宙木)으로 인식되었고 하늘과 땅을 연결하는 사다리이자 통로였다. 티베트 전통에서는 불경을 적은 오색의 경문기(經文旗)를 높은 산 주변에 매달아 바람에 휘날리게 한다.[38] 만물에 붓다의 자비와 복을 전하고 경문기를 매

---

38 티베트의 오색 경문기에는 수직으로 세우는 다루초(darchor)와 수평으로 매다는 룽타(Lungta)가 있다. 오색은 청색, 백색, 적색, 녹색, 황색으로 각각 하늘, 공기/바람, 불, 물, 땅이라는 우주의 다섯 요소를 상징한다고 한다. 불교가 들어오기 이전부터 티베트의 전통 종교였던 본교의 치병 의례에서 이 다섯 요소의 균형을 이루어 건강을 회복시키려는 목적으로 오색기를 이용했다고 한다. 나는 이 책에서 '색'의 상징적 의미를 따로 다루지 않았다. 그러나 여러 문화에서 색은 상징적 의미를 전달하기 위해서 이용된다. 예컨대 연금술에서 색의 상징적 의미는 매우 중요하다. 연금술사들은 비금속들이 황금으로 변화하면서 검은색, 하얀색, 초록색, 빨간색의 네 단계를 거친다고 믿었다. 검은색은 죽음, 하얀색은 부활, 초록색은 희생, 빨

티베트 사람들이 경문기를 매달고 있는 모습.　ⓒ박석(상명대학교 교수)

다는 사람이 복을 받도록 하기 위한 것으로, 경문기를 매다는 산은 곧 초월적 존재와 이 세상이 통하는 곳이 된다. 때로는 탑, 사다리, 사원 제단의 계단, 동아줄 등도 종교 전문인이 하늘로 올라가고 하늘의 사자가 땅으로 내려오는 통로의 상징이다. 제주도 신화 중 「천지왕본풀이」에서는 땅에 있던 천지왕의 두 아들은 아버지가 준 박씨에서 돋

간색은 완전한 인간 아기 예수를 의미한다. 오늘날에도 여러 문화에서 색의 상징을 사용한다. 예컨대 빨간색은 정열과 충동적 에너지를 상징하며, 녹색은 자연과 치료를 의미하고, 황금색은 풍요와 권위를 상징하는 것으로 흔히 이야기된다. 색은 다양한 상징적 의미를 지니고 있으며 맥락에 따라 다른 의미로 사용된다는 점에 주의해야 한다. 예를 들어 검은색은 어둠의 상징이지만, 검은색 고급 승용차는 성공과 부의 상징이기도 하다.

아난 덩굴줄기를 타고 하늘에 올라갔고, 「세경본풀이」에서 주인공 자청비는 줄에 매달린 두레박을 타고 하늘에 올라가서 연인인 옥황의 아들 문도령을 만났다.[200]

　　사람들은 하늘로 올라가는 것을 꿈꾸지만 올라갈 수는 없었다. 그래서 샤먼처럼 신비한 경험을 통해 하늘로 올라가는 능력이 있다고 인정받는 사람들은 하늘의 신성을 공유한 사람들로 여겨졌다. 이들은 환시나 황홀경을 통하여 하늘 사다리를 타고 가장 높은 층위의 하늘로 올라가 신을 만나고 돌아온다고 한다.[39] 세속적 권력과 종교적 사고가 분리되기 전에는 하늘에서 내려온 신의 후손이나 신이 지명한 대리인이 왕권을 가진다고 생각되었다. 일본 국왕이나 이집트의 파라오는 신의 후손이며 살아 있는 신으로 여겨졌다. 거의 신과 같은 권위를 지닌 중국의 황제는 하늘의 명[天命]을 받아서 세계를 통치하게 된 신의 아들[天子]로 불리며, 하늘의 지상 대리자로 국가의 올바른 운영은 물론 자연현상의 정상적인 운행도 보장한다.

　　여러 문화에서 새는 하늘과 땅을 연결하는 것으로 여겨졌다. 땅에 거처를 두지만 하늘을 날아다니는 특성이 자연스럽게 성스러움과 연결되어 상징화된 것이다. 근대화 이전까지 몽골의 목축민들은 하늘의 아버지 신에게로 날아오르는 날짐승을 사냥하는 것을 금기로 여겼다.[201] 아메리카 원주민 신화에서 해마다 보이지 않는 곳에서 날

39　위앤커, 『중국신화전설 1』, 49–51쪽 참조. 위앤커는 중국 신화에서 복희가 하늘 사다리를 타고 하늘을 오르내렸다는 사실이 "그의 신성을 증명하는 것"이라고 지적한다. 그는 중국 신화에 나타나는 하늘 사다리는 하늘과 통할 수 있는 산과 나무를 가리키며, "하늘 사다리를 따라 마음대로 하늘을 오르내릴 수 있는 것은 신인(神人)과 선인(仙人), 그리고 무사(巫師)들뿐"이라고 말한다.

아와 보이지 않는 곳으로 날아가 버리는 기러기는 대지의 모서리를 상징하는 신성한 존재이고, 까마귀는 하늘의 신의 뜻을 인간에게 전하는 성스러운 새다. 한국에서 까마귀는 불길한 소식을 전한다고 하지만, 이 역시 까마귀가 인간이 알 수 없는 것을 미리 아는 능력을 가진 존재임을 의미한다고도 볼 수 있다. 비둘기는 무함마드에게 신의 명령을 전달했고, 그리스도교에서 성령의 강림을 상징하기도 한다. 샤먼이 새의 깃털을 착용하는 것은 더 높은 영역으로 날아오르는 데 도움이 될 것으로 믿었기 때문이라고 한다.[202]

높은 첨탑과 사원이 하늘을 상징하기는 하지만, 사실 끝없이 넓고 높은 하늘의 특징을 다른 상징물로 나타내는 일은 쉽지 않다. 시골 마을에 사는 사람들도 쉽게 접할 수 있는 하늘의 상징물은 많지 않다. 또한 하늘은 인간이 가까이하기에는 너무 멀리 있다. 시시한 인간의 일에 관여하기에는 하늘은 너무 위대하고 그래서 친근감이 없는 것도 사실이다. 아득하고 넓다는 특징은 하늘이 지고, 창조, 전지전능과 연결되는 동시에 많은 문화권에서 잊혀지게 되는 주된 원인이다. 강력한 힘이 있으나 인간의 일에는 더 이상 개입하지 않는 신을 일컬어 '물러난 신(deus otiosus)'이라고 한다. 물러난 신은 인간과 너무 멀리 떨어져 있어서 사람에게 해를 끼치지 않을 것이라고 여겨지는 하늘의 신이다. 예를 들어, 아메리카 원주민 라코타 부족원들은 하늘의 신 '와칸 탕카'에 대해 다음과 같이 말한다. "와칸 탕카는 모든 것들 위에 있어서 모든 것을 다스렸다 (…) 위대한 신이며 모든 신들 위에 있다. 하지만 와칸 탕카는 "모든 것들의 위에 있지만, 아무것도 하지 않는다. 인디언들은 그에 대해 별로 많이 알지 못한다."[203] 말하자면 와칸 탕카는 가장 높은 신이지만 아무것도 하지 않을뿐더러 인디언들이 잘 알지도 못하는 '물러난 신'인 것이다.

　　반면 인간과 가까운 신들은 인간 세계에 직접적인 영향을 끼치는 것으로 여겨진다. 사람들을 해코지하는 귀신이나, 사람들의 일에 개입하는 조상신, 지역의 신, 풍요의 신 등이 그 예라 할 수 있다. 평소에는 이런 신들과 관련을 맺는 종교 의례가 세시 풍속을 구성한다. 그러나 태풍이 오거나 가뭄이 들었을 때, 역병이나 전쟁 등 다른 신들이 감당하기 어려운 재난이 닥쳤을 때 사람들은 물러난 하늘의 신을 다시 찾기도 한다.

　　그런데 지고신인 하늘이 풍요 및 다산과 연관되면 인간에게 좀 더 친근하게 인식된다. 보통 때는 하늘에 제사를 지내지 않고 달과 땅에 풍요를 기원하다가도 오랫동안 가뭄이 들면 하늘에 기우제를 지내는 것은 여러 문화에서 나타나는 현상이다. 그것은 무엇보다도 비가 하늘에서 내리기 때문일 것이다. 핀란드 신화에서 높은 하늘의 신이라고 불리는 우코(Ukko)는 비를 내려 주는 풍요의 신이기도 하다. 핀란드 신화 모음집인 『칼레발라(Kalevala)』에는 우코가 다음과 같이 묘사된다.

> 우코, 당신은 높은 곳의 신, 당신은 하늘의 아버지, 높은 창공
> 에 계신 당신은 하늘의 모든 구름을 다스리시며, 공중에서 모
> 임을 주관하시고 구름 속에서 모임을 주관하시나이다. 동쪽
> 으로부터 구름 조각들을 보내시며 북동쪽에서 비구름을 보
> 내 주시고 서쪽에서 다른 구름을 우리에게 보내시며 북서쪽

에서 또 다른 구름을 보내 주시고 남쪽에서 따뜻한 구름을 속히 보내 주소서. 하늘에서 비가 내리고 구름들이 꿀을 떨어뜨리도록, 이삭이 가득 차고 익어 가며 보리밭에 곡식이 살랑거리도록.[204]

여기서 우코는 높은 하늘의 주재자이지만 결코 인간과 멀리 떨어진 신이 아니라는 것이 분명히 나타난다. 비를 내려 이 세상에 풍요를 주는 점이 강조되기 때문에 인간과 매우 가까운 신으로 인식되는 것이다.

하늘은 땅의 배우자라는 생각에서 지모신의 남편으로 받아들여지기도 하는데, 비는 하늘이 내리는 생명의 씨다. 그리스 신화에서 제우스는 청동 탑에 갇힌 다나에(Danae)에게 금빛 비의 모습으로 접근하여 다나에를 임신시킨다. 황금색 비가 다나에의 몸으로 들어가는 것을 그린 구스타프 클림트의 그림은 이 신화를 배경으로 한다. 비 외에도, 폭풍, 번개, 천둥 등의 기상 현상이 하늘과 연관된다. 폭풍은 창조적인 힘이 최고조로 발휘된 것이다. 파괴를 가져오는 폭풍이 지나가면 가뭄이 끝나고 새로운 생명이 움트기 때문이다. 멀고 아득한 하늘의 속성은 상징적으로 표현되기 어렵지만, 하늘의 신이 풍요의 신으로 인식되면 강력함과 다산성을 같이 나타내는 황소로 상징되었다. 제우스 신은 별자리 중 황소자리의 주인이며, 황소로 변신하여 페니키아의 공주 에우로페를 크레타섬으로 데려가 자신의 세 아들을 잉태시켰다. 고대 근동 지방에서는 하늘을 향해 높이 솟은 황소의 뿔과 강력한 힘이 기상 현상을 관장하고 비를 뿌려 대는 하늘의 신을

구스타프 클림트, 〈다나에〉(1907).

나타냈다. 또한 하늘은 천둥과 번개의 근원이기 때문에, 천공신은 큰 목소리와 강력한 무기를 지닌 존재로 표현된다. 번개는 비를 수반하면서 불을 일으키기도 해서 물과 불을 동시에 상징하며, 물이나 비와 연결되면 풍요로운 생산을 상징한다. 또한 번개는 초월적인 힘의 상징이기도 해서, 번개가 칠 때 하늘이 노했다고 생각하는 사람들은 어디에나 있었다. 번개는 그리스 신화의 천공신 제우스의 무기이며, 베다에서 가장 많이 칭송되는 인드라는 폭풍을 주재하는 마루트 신을 수하에 둔 뇌정벽력의 신이었다. 물론 인드라는 하늘의 신이라기보다는 하늘의 한 특성인 천둥과 번개의 신이다. 폭풍의 신이나 번개의 신 등 하늘의 여러 현상 중 하나를 주재하는 신은 가장 강력한 힘을 지닐지는 몰라도 하늘의 신처럼 전지전능한 창조자의 위치에는 오르지 못한다.

천상의 신이 번개, 천둥, 운석, 비 등을 통해 아래에 있는 세상과 소통한다면, 인간도 주로 무언가를 위로 올려 보내는 형식으로 하늘에 의사를 표현하는 상징적인 방식을 가지고 있다. 근대화 이전 몽골인들은 새끼 늑대를 죽이거나 너무 많이 태어난 강아지를 처리할 때 하늘 높이 힘껏 던졌다. 이렇게 함으로써 늑대와 개의 영혼을 하늘로 돌려보낸다고 생각한 것이다.[205] 살아 있는 동물을 잡아서 제단에서 태우는 희생 제의는 신에게 고기를 바치는 것이라기보다는 고기를 태워서 피어오르는 연기를 바치는 것으로 생각되는 경우가 더 많았다. 제물이 타오를 때 포도주를 뿌리는 것도 향기를 올리기 위한 것이었다. 하늘에 거주하는 신들에게 향을 피워 올리는 것도 신을 공양하는 매우 흔한 방법이다. 국가와 국가 사이에 계약을 맺을 때면 계약을 주관하는 하늘의 신에게 제물을 올리고, 제물의 피를 공중에 뿌리기도 했다. 정묘호란 때 인조는 "임금은 성문 앞에 쌓은 제단에서 적장을 맞아 형제의 나라가 되기를 맹약하고 흰 말과 검은 소를 잡아서 피를 뿌려 하늘에 고했다."[206] 사원에서 사용되는 물건은 먼저 신에게 바쳐져야 했다. 그러기 위해서 제물을 들어올린 후 공중에서 흔드는 상징적 행위로 신에게 제물을 헌납했다는 것을 분명히 했다. 『구약성서』에는 신에게 바치는 제물 중 제사장이 갖게 되는 부분은

위로 올렸다가 내리거나, 위로 들어 흔들었다가 내려야 한다고 명기되어 있다.[40]

② 태양과 태양숭배

이집트, 멕시코, 페루 등의 고대 문명에서 볼 수 있는 태양신의 이미지가 너무도 강하기 때문에 우리는 태양숭배가 어디에나 있었을 것으로 생각하기 쉽다. 그러나 이집트, 아시아 일부 지역, 메소아메리카 문명, 고대 유럽을 제외하고는 모든 공동체 구성원이 태양을 숭배했다고 할 수 있는 곳이 많지 않다. 게다가 현대인들에게 태양은 성스러운 힘을 지닌 대상으로 다가오지 않는다. 엘리아데는 서구인들이 달이나 물이 성스러움과 연결되는 것은 여전히 분명하게 인식할 수 있는 반면, 태양의 성스러움에는 공감할 수 없게 되었다고 말한다. 그는 아리스토텔레스 이래 이루어진 지적인 활동, 특히 근대 이후 천문학적인 연구가 진행되면서 태양에 대한 감수성이 둔화되었음을 지적한다.[207] 태양은 하늘만큼 성스러움이 분명히 드러나는 자연물은 아니었다.

그러나 고대의 여러 사회에서 태양이 성스러움을 드러내는 것으로 여겨졌음은 부인할 수 없다. 태양은 하늘에 버금가는 신성의 위치를 차지했다. 중국과 한국에서는 하늘 바로 다음의 지위에 있는 일월성신(日月星辰) 중에 포함되었다. 중국의 천자만이 하늘에 제사할 수

---

40 그냥 들어올린 후 내리는 방식을 '거제(heave offering)', 들어 흔들었다가 내리는 방식을 '요제(wave offering)'라고 부른다. 『구약성서』 「출애굽기」 29, 38장, 「레위기」 7, 22장, 「민수기」 8, 15, 18장 참조.

있다는 유교 질서가 공고해진 조선조 성종 이후 조선에서는 하늘에 제사를 지내는 제천 의례가 억제되었고, 대신 남교(南郊)에서 일월성신에 지내는 제사가 남았다. 폭풍과 대기의 신이 하늘의 속성 중 일부를 드러내며 특히 식물의 번식과 연결되었던 것처럼, 태양이 하늘의 신의 중요한 부분으로 인식되기도 했다. 태양은 지고신인 하늘의 눈이라는 위치를 부여받기도 했다. 스칸디나비아에서는 오딘의 눈이었고, 인도에서는 바루나의 눈으로 표현되었으며, 페르시아에서는 아후라 마즈다(Ahura Mazda)의 눈이었다. 일본 신화에서는 창조신 이자나기(伊邪岐)가 부정을 입은 왼쪽 눈을 씻었을 때 태양의 여신 아마테라스 오미카미(天照大神)가 태어났다고 한다. 기원전 5세기부터 그리스에서 태양신의 위치를 차지한 아폴론처럼 천공신의 매력적인 젊은 아들로 위계가 정해지거나, 바빌론의 마르두크처럼 '물러난 지고신'인 하늘의 신의 자리를 이어받아 신들의 수장의 역할을 하기도 했다.

태양신이 신들의 아버지인 경우에는 천공신을 대신하여 지모신의 배우자가 된다. 식물을 자라게 하는 데 필수적이라는 사실 때문에 태양은 생명과 성장을 주관하기도 한다. 태양적 요소와 식물적 요소가 결합되면 생명력과 창조적 에너지의 축적과 분배가 강조된다. 태양은 밝음의 근원이라는 점에서 지성, 새로움, 선(善) 등의 관념을 상징하기도 한다. 또한 태양은 창조적 힘을 상징하면서 동시에 파괴적인 힘을 지니고 있다. 천제의 아들인 열 개의 태양이 한꺼번에 떠올라서 온 세계가 타 죽게 된 것을 천계의 궁수 예(羿)가 활을 쏘아 그중 아홉 개를 떨어뜨렸다는 고대 중국 신화는 널리 알려져 있다. 중국 신화에서 화살을 맞고 떨어진 것은 "태양의 정령"인 거대한 삼족오(三足鳥)였다고 한다.[208] 중국과 한국에서 태양을 상징하는 삼족오는 일출, 정오, 일몰이라는 태양의 세 모습을 나타낸 것이라고도 하며, 태양 속의 흑점을 표상한 것이라고도 한다. 여러 문화에서 가장 분명하게 태양을 가리키는 것은 원반의 형태다. 이집트에서 태양신은 원반을 머리에 이고 있었고, 아시리아와 인도에서도 날개가 달리거나 광선이 그려진 원반의 형태가 태양을 상징했다. 황금은 태양의 색과 같다고 여겨져 태양을 나타내는 색으로 종종 이용되었다. 잉카제국의 태양 사원은 엄청난 양의 금으로 장식되었다.[209]

태양은 밤이 되면 보이지 않는 어디론가 가 버리고, 계절에 따라 영향력이 달라지기도 하며, 때로는 부분 혹은 전체가 사라지는 일식 현상도 있어서, 밝음과 어둠, 생명과 죽음을 동시에 상징한다. 태양을 가리키는 원반에 죽음을 의미하는 뱀이 감겨 있는 상징물은 태양의 이러한 양면성을 보여 준다. 고대 이집트인들은 태양의 배가 밤에는 지상 세계 반대편을 돌아서 아침마다 뱀의 입으로부터 다시 나온다고 생각했고, 일본 신화에서는 아마테라스 오미카미가 동굴로 들어가 버리면 다시 나오게 하는 일이 힘들다고 말한다. 그래서 태양은 장례와도 관련된다. 원시 무덤들이 동쪽을 향하는 것도 태양과 관련된다. 불사의 존재이면서 매일 밤 죽은 자의 나라에 가는 태양처럼 사자(死者)들도 죽음의 힘을 극복하기를 기대한 것이다. 이렇듯 태양은 죽음의 영역을 통과하지만 죽지 않는 존재의 원형이므로, 이전 존재가 죽고 새롭게 태어나는 것을 뜻하는 입사식(入社式)을 통과한 사람들은 태양과 동일시되거나 태양의 여행에 초청되어 구원을 얻는다고 이야기되었다. 다른 한편으로 태양은 세계의 유지를 상징하며, 태양이

이집트 태양신 레.

떨어지는 것은 세계의 종말 혹은 우주 순환 주기의 종결로 여겨진다.

　　태양이 주로 밝음과 관련되는 의미를 포괄하는 상징으로 사용
된다면, 어둠, 안개, 깊은 숲은 무질서, 미지, 공포, 불안 등 밝음과 반
대되는 측면만을 부각시킨다. 근대 이전의 유럽인들에게는 깊은 숲
이 미지와 공포의 장소를 의미했다는 것을 앞 장에서 이미 다루었다.
어둠과 안개는 해가 떠오르면 물러나는, 태양의 빛과 공존할 수 없는
것이다. 어둠과 안개의 이러한 상징적 의미가 현대 소설이나 영화에
서 계속 반복되는 것을 보면, 현대인들에게도 어둠과 안개가 동일하
게 경험되고 있음을 알 수 있다. 예를 들어, 『칼의 노래』에서 어둠과
안개는 불안과 공포를 의미한다.

> 캄캄한 바다에 안개가 차오르고 있었다. 물도 바다도 보이지
> 않았다. 안개는 숙사 방 안에까지 밀려왔다. 허리와 어깻죽
> 지가 결려왔다. 종을 불러 군불을 때라고 일렀다. (…) 어둠 속
> 에서, 안개는 무겁게 가라앉았다. 밤새 숨이 버거웠다.
>
> 멀리서 비스듬히 다가오는 아침 햇살이 스미면 안개는 섬 사
> 이를 띠처럼 흘러서 먼바다로 몰려갔다. 해가 수평선을 딛고
> 물위로 올라서면, 해 뜨는 쪽으로 몰려간 안개의 띠들은 분홍
> 빛 꼬리를 길게 끌면서 사라졌다.[210]

어둠 속에서 안개가 차오르고, 밀려오고, 가라앉는다는 표현
은 두려움과 불안이 극대화되었음을 보여 준다. 어둠과 안개가 상징

하는 불안과 공포를 물리칠 수 있는 것이 바로 태양이다. 밤새 자욱한 안개가 아침이 되면서 걷힌다는 표현은 불안과 공포가 극복된다는 것을 의미한다. 불안과 공포를 의미하는 어둠과 안개는 해가 떠오르면서 사라진다. 태양은 두려움과 불안의 극복이라는 상징적 의미도 지니고 있는 것이다.

2) 달과 물

① 달의 종교 상징

달은 예로부터 많은 사람의 감성을 자극하여, 백제의 가요 「정읍사」로부터 「찬기파랑가」 등의 향가, 조선시대의 수많은 시조에 이르기까지 고대 예술 작품에 자주 등장하는 소재였다. 공주 송산리 6호분이나 온천 매산리 사신총 등의 고대 고분벽화에는 달이 해보다 훨씬 다양하고 역동적으로 표현되어 있다. 이것은 달이 해보다 "상징성이나 상상적인 심상에 있어 매우 복잡한 감정적 반응을 촉발"했기 때문이다.[211] 달은 신화의 주제로도 가장 많이 채택되었을 뿐 아니라, 삶을 구성하는 세시 풍속과 관련된 의례에 가장 큰 영향을 끼쳤다. 농가에서 한 해의 시작은 첫 보름달이 뜨는 정월대보름이었다. 세시 풍속에 따른 가장 중요한 명절이 바로 대보름이었다는 것은 앞에서도 언급했다. 물론 풍요와 연관된 세시 풍속이 약화된 이래, 그리고 1969년 아폴로 우주선이 달에 착륙한 이래, 사람들이 달에게서 느끼는, "가장 날카로운 합리주의도 어쩔 수 없는 인간 내면의 층위에 호소"하는 힘이 많이 약화된 것은 사실이다.[212] 그러나 달은 사람들이 사용하는 상징의 세계에서 중심적인 위치를 차지한다.

　　주기적으로 스러졌다가 다시 완전한 모양을 회복하는 달은 거의 언제나 같은 모양을 지닌 태양과 달리 순환 및 재생과 잘 연결된다. 달은 죽음 앞에서 좌절할 수밖에 없는 인간에게 다시 살아나리라는 희망을 부여했으며, 한 생명을 끝내고 시들어 버린 식물들이 다음 해에 다시 열매를 맺을 것이라는 확신을 주었다. 사람들은 달을 보면서 자신과 다른 생명체들이 우주 전체와 하나를 이룰 수 있는 가능성을 보았고, 우주의 생명력이 달을 중심으로 통일된다고 생각했다. 해가 불이라면 달은 물을 지배한다. 수업 시간에 달을 바라보면서 "젖는다"는 느낌을 받은 적이 있냐는 질문을 하면 적지 않은 수의 학생들이 그렇다고 대답한다. 『칼의 노래』를 읽는 독자들은 "나는 달빛에 젖어 잠들었다"는 이순신의 말을 전혀 어색하게 느끼지 않는다.[213] 달은 번개와 같은 것으로 이해되기도 한다. 번개가 칠 때 보이는 빛은 달빛과 같은 종류의 것이라고 여겨졌다. 또한 앞에서 말한 대로 번개는 불과 물을 함께 상징하는데, 달도 빛을 내면서 물을 지배한다는 점에서 번개와 같다.

　　달은 죽음과 재생을 관장한다. 고대 인도인들은 죽은 자의 영혼이 달에 머물다가 이 땅으로 돌아온다고 생각했다. 다음 오스트레일리아 신화에서 달은 처음으로 죽었다가 다시 살아나서 모든 생명체가 죽고 살아나는 과정의 원형적 모델이 된다.

아주 오랜 옛날, 태곳적, 세상이 아직 완전히 창조되지 않았을 때 달과 앵무새물고기가 만나 대화를 나누었다. "앞으로 우리는 어떻게 되는 거지?" 앵무새물고기가 물었다. "나는 죽을 거야." 달이 대답했다. "하지만 영원히 죽는 것은 아니야. 어느 날부터 점점 야위고 야위어서 뼈만 남게 될 거야. 그러나 얼마 후에 다시 살아나서 강해지는 거지. 우리 모두 그렇게 되는 건 어때?" 달이 제안했다.[214]

이 신화에서 달은 그 자신이 죽고 다시 살아나는 속성을 지녔을 뿐 아니라 세상의 다른 모든 것이 죽고 다시 살아나게 되는 데 본보기를 제공하는 것으로 묘사된다. 또한 달은 홍수와 연결되어 파괴 및 재생을 나타내기도 한다. 달이 주관한 홍수로 인하여 세계가 멸망하고 이후에 새로운 역사가 시작되는 것은 달이 기울고 다시 차는 과정과 비교된다. 그믐달에서 초승달로, 이어서 보름달로 이어지는 달의 주기적 변환은 죽음과 생명, 어둠과 빛의 순환을 나타낸다. 만월이 밝게 비추는 보름과 달이 없는 그믐의 대조는 선과 악의 대립을 의미한다. 그믐은 죽음의 시간으로도 여겨졌다. 여러 문화에서 보름달과 초승달은 각각 긍정적인 상징적 의미를 가지고 있었다. 보름달이 전체성과 완벽함을 나타낸다면 초승달은 계속 팽창하는 우주적 에너지를 말한다. 고대 서아시아에서 우주적 힘을 상징했던 초승달은 오늘날에도 이슬람교에서 신의 권위와 부활을 상징한다.

아주 오랜 옛날부터 사람들은 달의 변화 주기에 따라 달력을 만들어 사용했다. 최초의 달력은 모두 태음력이었던 것으로 추정된다. 조수간만의 차가 달의 주기에 영향을 받는다는 것도 이미 선사시대부터 관찰된 것으로 보인다. 달의 주기는 계절의 변화, 강우, 동식물의 번식 등의 리듬을 지배한다고 여겨졌다. 식물의 순환도 달의 순환 주기에 따라 계산되었다. 월경 주기가 달의 주기와 일치하기 때문에 여성의 성적인 능력도 달의 영향 아래 있는 것으로 생각되었다. 아이를 갖기를 원한 우리 할머니들은 달을 보고 빌며 달의 기운을 받기를 기원했다. 많은 풍요의 여신 및 지모신은 달의 여신이기도 했다. 이집트의 지모신 이시스의 상징은 초승달이었고, 그리스 신화에서 지모신의 속성을 지닌 아르테미스 여신은 달의 여신이기도 했으며, 로마의 디아나 여신은 수목, 풍요, 다산의 신이자 달의 여신이었다. 달이 여신 및 생산력과 연결되어 온 오랜 전통은 가톨릭 도상학에서 초승달이 마리아의 원죄 없는 잉태를 상징하는 것에도 영향을 끼쳤다.

　　수많은 동물의 상징적인 의미는 달의 상징적인 의미와 연결된다. 달 표면의 형상을 보고 토끼와 개의 모습을 찾아낸 사람들은 신의 메신저인 토끼와 개가 달에 살고 있다고 생각했다. 두꺼비는 그늘지고 습한 곳에 사는 습성과 몸의 형태가 변한다는 것 때문에 달을 상징하는 동물에 포함되었다. 고대 중국인들은 서왕모의 불사약을 먹은 항아가 두꺼비가 되어 달에 머문다고 말함으로써 달에 두꺼비가 있다는 것을 좀 더 복잡한 신화로 이야기한다. 개구리는 몇 가지 특성 때문에 달의 재생 및 순환과정과 유사하다고 여겨졌다. 겨울에 숨어서 자다가 봄을 알리며 다시 등장하는 점, 알에서 올챙이로, 이어서 성체로 변하는 과정, 몸을 부풀렸다가 다시 원래대로 돌아가는 모양 등이 그것이다. 황소는 다산과 풍요를 상징하는 동물이라는 점과 뿔이 초승달과 닮았다는 점 때문에 달을 상징할 수 있었다. 인간의 숨겨진 동물적 본성을 상징하는 늑대인간이 주기적으로 보름달 밤에 나타나는 것은, 캄캄한 밤에 숨겨진 것을 드러내는 달의 특성과 연관된 것이다. 같은 맥락에서 달은 비밀스러운 지식을 상징하기도 한다. 달팽이는 껍질에 들어갔다가 나오는 습성, 즉 모습을 나타냈다가 사라지는 습성으로 인해 달과 연관된다. 달팽이 껍질의 나선형 혹은 소용돌이 모양은 시간의 순환적 반복과 재생하는 생명력의 상징이며, 잠재된 성적인 능력을 가리키기도 한다. 나선형은 세계의 거의 모든 문화에서 순환과 생명력의 상징으로 사용되어 온 것으로 보인다. 어떤 학자는 태극 문양도 삶과 죽음의 순환 지속 과정, 생명의 잠재적 가능성이 함축되어 있는 상태 등을 상징하는 소용돌이 형태에서 발전된 것이라고 말한다.[215]

세계 어디에서나 종교 상징적인 의미를 가진 동물로 가장 자주 이용되는 것은 뱀일 것이다. 많은 문화에서 뱀은 달과 밀접한 연관을 맺고 있다고 여겨진다. 리투아니아 신화에 따르면, 달이 뱀을 창조했다. 태초에 창조신의 동반자였던 달은 창조신이 인간의 시조를 만드는 과정을 지켜보았다. 달은 자신이 관찰한 것을 직접 실행해 보고자 했지만, 인간이 태어나는 과정을 제대로 관찰하지 않았기 때문에 발이 없이 기어 다니기만 하는 뱀을 만들게 된 것이다.[216] 뱀의 상징은 달의 상징과 많은 부분을 공유한다. 습한 곳에 주로 거주하고, 강한 생식 능력을 지녔고, 똬리를 틀었을 때와 머리를 들었을 때의 변화는 남성의 성기의 변화와 유사하며, 땅을 기어 다니다가 땅속으로 사라지고, 허물을 벗어 새롭게 태어난다는 특성들 때문에 뱀은 재생, 풍요, 다산, 성적 에너지 등의 의미를 나타내는데, 달 역시 이런 상징적 의미를 지닌다는 것은 앞에서도 언급했다. 힌두교 시바 신의 허리에는 종종 풍요를 상징하는 코브라가 감겨 있다. 코브라가 시바 신의 성적 능력을 상징하는 링감(lingam)과 함께 나타나는 것도 풍요와 관련이 있다. 메소포타미아 신화에서 뱀은 죽지 않는 동물이다. 길가메시가 어렵게 구해 온 불로초를 훔쳐 먹은 후 허물을 벗어 놓고 도망 갔기 때문이다. 제주도 신화 「차사본풀이」에서도 뱀은 염라대왕이 인간 수명을 적어 이승으로 보낸 적패지(赤牌旨)를 삼켜서 "죽는 법이 없어 아홉 번 죽었다가도 열 번 다시 달아나는 법이다"라고 묘사된다.[217] 달은 변신과 새로운 탄생을 의미하기도 하며, 뱀 역시 같은 상징적 의미를 지닌다. 그리스 신화에서 프시케가 괴물 뱀으로 알고 결혼한 신랑이 사실은 에로스 신이었고, 우리나라 전래 민담에서는 하늘의 벌을 받아 구렁이의 모습을 하고 태어났던 '신선비'가 인간 여자와 결혼을 한 후 허물을 벗고 멋진 사람으로 변신한다.

　　달은 주기적인 변화로 인하여 풍요와 생명의 순환, 시간의 구성, 성적인 능력 등 인간과 우주의 속성을 나타내는 상징이 되고, 수많은 동물, 원초적 문양, 땅, 물 등의 상징적 의미들이 달의 상징으로 수렴되어 하나의 전체를 이룬다. 달이 지금까지 인간의 삶을 구성하는 중요한 요소로 자리 잡았던 것도 당연하다고 하겠다.

② 물의 종교 상징

　　물은 우주의 근원이 되는 물질로 여겨졌다. 원초적인 물은 삶과 죽음의 미분화를 상징하고, 물에는 잠재적 형질이 내포되어 있다고 생각되었다. 많은 창조 신화는 물을 우주 창조의 모태로 본다. 천지창조 이전에도 "어둠이 뒤덮은 깊은 물 위에 신의 기운이 휘돌았다"는 『구약성서』 「창세기」의 구절은 물에서 땅이 나왔다는 고대 히브리 우주관을 반영한다.[218] 『신약성서』 「베드로후서」는 "하늘이 옛적부터 있는 것과 땅이 물에서 나와 물로 성립된 것도 하나님의 말씀으로 된 것"이라고 말하여 천지창조 이전부터 물이 있었다는 관점을 확인시켜 준다.[219] 바빌로니아 신화에서 마르두크가 죽여 세계 창조의 재료로 삼은 티아마트는 바닷물을 상징하며, 이집트 신화에서 세계를 창조한 태양신 아톤은 큰 바다에서 나왔고, 인도 신화의 창조신 프라자파티 역시 원초적 바다에서 생겨났다. 남태평양 군도의 신화들은 땅이 바다에서 건져 올려진 것이라고 말한다. 스칸디나비아 신화는 아무것도 없던 태초에는 오직 텅 빈 심연 밑바닥에 수증기가 올라오는 물이 있었을 뿐이라고 전한다. 또한 물은 창조력 및 성적인 능력과 연결된다. 비는 하늘의 정액이며, 샘은 땅의 여신의 생식기의 입구라는 상징적 의미를 갖는다. 여성을 공물로 받는 뱀은 물과 습한 곳을 좋아하며, 다른 수생 동물들도 성적인 능력이 많은 것으로 이야기된다. 제주도 신화에서 표선 지역의 샘물을 지키는 수신(水神)이 뱀으로 묘사되기도 하며, 김녕에 있는 굴에는 매년 처녀를 한 사람씩 제물로 받는 큰 뱀이 살았다고 전해진다.[220]

물에서 우주가 창조되는 반면, 물은 전체 우주를 멸망시키는 힘도 지닌다. 수많은 홍수 신화는 물로 인해 전 세계가 멸망되었다고 말한다. 『길가메시 서사시』에서 우트나피쉬팀은 폭풍의 신 엔릴이 일으킨 홍수 끝에 생존한 유일한 사람이었고, 『구약성서』의 노아도 홍수로 세상이 심판받은 후 살아남아 새로운 인류의 조상이 된다. 중국 신화에는 뇌공이 일으킨 홍수로 인해 대지에서 인류가 사라지고 복희·여와 남매만 남아, 이들이 결혼하여 새로운 인류의 기원이 된다는 이야기가 있다. 물이 파괴한 세계에서 새로운 세계가 시작되는 것처럼, 물은 옛것을 파괴하면서 새로운 탄생을 예고한다. 그리스도교의 세례가 옛 존재를 소멸시키는 동시에 새로운 존재를 탄생시킨다는 상징적 의미를 지니고 있다는 것은 앞에서 설명했다. 물은 옛것을 파괴할 뿐 아니라 씻어서 정화하기도 한다. 정화의 상징으로 사용되는 물은 과거의 존재, 죄, 현재의 문제점, 인간 세상의 범속함 등을 소멸시키는 힘이 있다. 그리스 신화에서 미다스 왕은 파크톨로스강에서 몸을 씻음으로써 손을 대는 모든 것을 황금으로 만드는 끔찍한 능력을 벗어 버릴 수 있었고, 에우리피데스의 『타우리스의 이피게니아 (Iphigenia in Tauris)』에서는 어머니의 피로 부정하게 된 오레스테스가 바닷물로 정화되었다.

파괴, 정화와 재생이라는 물이 가진 상징적 의미에는 현대인들도 고개를 끄덕인다. 몇몇 영화에서 물이 지닌 파괴와 재생의 상징적 의미가 채용되었다는 것은 앞에서도 언급했다. 바다는 다른 물보다 더 강력한 정화의 힘을 지니고 있다. 『칼의 노래』에서 바다는 태초의 창조의 공간이자, 정화의 힘을 통해 태초의 시간이 반복되는 공간이기도 하다.

바다에서, 삶과 죽음은 단순하지 않았다. 삶과 죽음은 서로
꼬리를 물고 있었다.

바다는 전투의 흔적을 신속히 지웠다. 저녁에 사라진 빛들이 아침이면 수평선 안쪽 바다를 가득 채우고 반짝였다. 지나간 것들의 흔적이 물위에는 없었고 바다는 언제나 새로운 바다였다.

바다는 언제나 낯선 태초의 바다였다. 수평선 너머에서 새롭게 다가오는 시간들이 적인지 아군인지 식별할 수 없었다. 그 시간은 싸움에 의해 더럽혀지지 않은, 맑은 시간이었다.[221]

여기서 바다는 삶과 죽음이 분화되지 않은 태초의 공간이며, 늘 새로운 시간인 태초가 재현되는 공간으로 그려진다. 작가와 독자 사이에서 바다의 상징적 의미가 별 어려움 없이 소통되고 있는 것이다.

물이 가진 다른 상징적 의미는 '생명'과 관련된다. 물을 마시지 않으면 누구나 죽게 되며, 죽어가는 식물에 물을 주면 다시 살아난다. 죽은 자의 상태는 물이 없는 상태로도 이해된다. 그래서 '죽은 자의 갈증'을 달래는 의례도 있다. 물이 생명에 필수적이라는 사실은 생명수의 상징으로 이어졌다. 모든 생명의 원천인 물은 최고의 주술적인 약효와 치료의 힘이 있는 물질로 인식된다. 많은 힌두교인은 갠지스강 물이 이 땅의 생물들을 번성하게 할 뿐 아니라 지하에 있는 죽은 혼령의 생명력을 되살아나게 한다고 믿는다. 바빌로니아 신화에서 지하 세계에서 죽은 이슈타르(Ishtar) 여신을 살려 낸 것은 담수의 신이자 지혜의 신 엔키가 보낸 생명수였다.

신화 속에서 생명수는 구하기 매우 어려운 보물로 묘사된다.

우리나라의 전통 서사무가 「바리공주」에도 생명수를 구하는 일이 얼마나 어려운지 잘 나타난다. 바리는 자신을 버린 부왕을 살리는 불사약 생명수를 구하기 위해 저승을 지나 선계에 이르는 험한 길을 가야 했다. 거기서 무장신선을 위해 나무하기, 물 긷기, 불 때기의 노역을 각각 3년씩 하고, 무장신선과 결혼해 아들 일곱을 낳아 준 뒤에야 불사약을 받을 수 있었다. 불사약은 바로 그 집에서 그냥 밥 지을 때 쓰는 물이었다. 바리가 돌아왔을 때 이미 죽어 있던 부왕은 그 물을 마시고 살아나고, 바리는 그 공으로 만신(萬神)의 왕이 된다.

황석영은 소설 『바리데기』에서 생명수를 새롭게 해석한다. 주인공 바리는 꿈속에서 생명수를 찾아 떠난다. 온갖 어려움을 겪은 후 생명수가 있는 곳까지 가지만, 무서운 마왕이 지키고 있었다. 구리거울을 비춰 마왕을 노쇠한 노인으로 변하게 하고, 바리가 물었다. "생명의 물은 어디 있죠?" 노인은 답한다. "그런 게 있을 리가 있나. 저 안에 옹달샘이 있긴 하지만, 그건 그냥 밥해 먹는 보통 물이야."[222] 바리는 그 물을 마시지만 가지고 올 수는 없었다. 꿈에서 깨어나 자신을 돌보던 시할아버지 압둘에게 세상을 구할 생명수를 찾아 헤매는 꿈을 꾸었다고 하자, 압둘이 말한다.

> 희망을 버리면 살아 있어도 죽은 거나 다름없지. 네가 바라는 생명수가 어떤 것인지 모르겠다만 사람은 스스로를 구원하기 위해서도 남을 위해 눈물을 흘려야 한다. 어떤 지독한 일을 겪을지라도 타인과 세상에 대한 희망을 버려서는 안 된다.[223]

황석영은 "남을 위해 흘리는 눈물"이 온갖 고통과 부조리로 가득한 이 세상을 구할 생명수라고 말하고 있다. 이는 이 소설의 마지막 장면에서 다시 확인된다. 버스가 폭파되는 테러의 현장에 있던 바리와 남편 알리는 눈물을 흘린다.

> 도로 한가운데서 버스가 폭파되었다. (…) 아가야, 미안하다.
> 나는 부른 배를 잡고 헐떡이며 걷다가 그렇게 중얼거렸다. 알
> 리와 나는 길을 메운 채 움직이지 않고 서 있는 차들 사이를
> 이리저리 돌아서 길을 건너갔다. 내가 흐르는 눈물을 두 손으
> 로 닦으면서 걷다가 돌아보니 알리도 울고 있었다.[224]

세상을 위해 흘리는 바리와 남편 알리의 눈물은 바리가 찾아 헤매던 생명수다. 물론 황석영이 처음으로 눈물에 성스러운 의미를 부여한 것은 아니다. 종교적인 고백의 내용을 담은 시를 쓴 것으로 알려진 김현승의 「눈물」이라는 시를 살펴보자.

> 더러는
> 옥토에 떨어지는 작은 생명이고저…….
>
> 흠도 티도
> 금가지 않은
> 나의 전체는 오직 이뿐!

더욱 값진 것으로
드리라 하올 제,

나의 가장 나아종 지니인 것도 오직 이뿐!

아름다운 나무의 꽃이 시듦을 보시고
열매를 맺게 하신 당신은

나의 웃음을 만드신 후에
새로이 나의 눈물을 지어 주시다.

이 시에서 눈물은 생명수의 종교 상징적 의미를 포함하고 있다. 무엇보다도 눈물은 '생명'이다. 또한 웃음이 꽃이라면 눈물은 열매다. 흠과 티가 없는 시인의 정수이며, 시인이 가진 가장 값진 것이다. '눈물'도 '물'과 같이 생명이라는 상징적 의미를 갖고 있는 것이다.

마지막으로 물은 삶의 영역과 죽음의 영역을 구별하고, 때로는 신의 영역과 인간의 영역을 나누며, 불교에서는 붓다의 세계와 속세를 구별하는 상징으로 사용된다. 황석영의 『바리데기』에서 죽은 할머니는 강물 위로 놓인 다리를 건너 바리를 만나러 오며, 바리는 배를 타고 "서천의 끝"으로 생명수를 구하러 간다.[225] 〈센과 치히로의 행방불명〉에서는 시냇물 위에 놓인 다리를 건너서 신의 영역으로 들어간다. 그리스도교에서 원래 '요단강'을 건너는 것은 『구약성서』에서 이스라엘 민족이 약속의 땅에 들어가는 것을 말했는데, "며칠 후 며칠 후 요단강 건너가 만나리"라는 찬송가 구절에서처럼 죽은 뒤 천국에 들어간다는 의미도 갖게 되었다. 죽음과 삶의 영역을 구별하는 강은 배를 타거나 다리를 이용하여 건너야 한다. 우리나라 무속 전통에서 씻김굿을 할 때 쓰는 넋당석은 망자를 저승으로 데려다준다는 상여 모양의 소쿠리 배다. 이집트의 피라미드에서 발견되는 범선은 죽은 뒤 저승에 갈 때 물을 건너가도록 만든 것이다. 켈트족은 왕이나 영웅들이 사후에 배를 타고 아발론(Avalon)이라는 섬으로 간다고 생각했다. 그리스 신화에서는 스틱스(Styx)강을 건너야 저승에 도착했다. 장례 시 죽은 자의 눈이나 혀 밑에 동전을 놓는 것은 스틱스강의 사공인 카론(Charon)에게 지불할 노자를 주는 것이다. 신화에는 살아서 스틱스강을 건너간 영웅의 이야기도 있다. 오르페우스는 아내 에우리디케를 구하기 위해 수금을 연주하여 카론을 매료시켜 강을 건너갔고, 헤라클레스는 카론을 물리적 힘으로 제압하여 강을 건너갔다. 멕시코 아즈텍 문화에서도 죽은 사람들이 죽음의 강을 건너 저승에 간다고 생각했다. 무덤에 개를 묻는 것은 죽음의 강을 건널 때 개가 도와줄 것이라는 믿음 때문이다.[226]

　　제주도 신화 「삼승할망 본풀이」에 따르면, 굿을 할 때 신을 청하기 위해 무명이나 광목을 깔아 놓는 것은 신이 강을 건널 수 있도록 다리를 만드는 것이다. 신화 속에서 건너 산신(産神) 삼승할망은 역신(疫神) 대별상의 집으로 행차할 때 서천강에 놓인 명주 다리를 밟고 갔다. 한 신이 성격이 다른 신의 영역으로 넘어갈 때 다리를 타고 강을 건너갔고, 신이 인간의 영역으로 넘어올 때도 다리를 이용하여 강을 건너온다는 생각이 깔려 있다. 창덕궁 궁궐 마당에는 금천이라는 인공 시내와 금천교라는 다리가 있다. 왕의 영역과 외부를 구별하기 위해 시내를 만들었고, 외부의 나쁜 기운이 들어오지 못하도록 금천교의 네 모서리에 '산예'라는 동물의 석상을 세워 놓았다. 불교 사원 부근에 있는 시내나 강은 종종 불교적 이상향을 상징하는 사원의 영역과 속세를 구별하는 의미를 지니며, 다리를 놓아 두 영역을 상징적으로 연결한다. 경상북도에 있는 직지사에는 '도피안교(到彼岸橋)'가 속세와 정토 세계 피안을 연결하며, 앞서 언급했듯이 충청남도의 마곡사에서는 '극락교(極樂橋)'가 이 역할을 한다.

3) 땅과 돌

① 성스러운 어머니 대지

땅은 생명이 자라나는 어머니의 배다. 많은 문화에서 땅속에서 식물이 자라는 것은 어머니의 자궁에서 생명이 자라는 것이라고 생각했다. 땅속에서 나오는 광물도 어머니의 품속에서 점점 성장하는 것이라고 이해되었고, 동물이나 사람도 어머니의 일부인 흙으로 만들어져 다시 어머니에게로 돌아간다고 생각되었다. 또한 땅은 천공신의 배우자 여신으로 의인화된다. 오세아니아, 이집트, 중국 등의 신화에서는 원래 하늘과 땅은 붙어 있었는데 태초의 신적인 영웅이 둘을 떼어놓았다고 한다. 중국 신화에서는 반고의 도끼질에 의해 하늘과 땅이 갈라졌고, 반고의 키가 커지면서 하늘과 땅 사이가 벌어졌다고 한다. 그리스 신화에서 지모신 가이아(Gaia)는 하늘의 어머니이자 배우자다. 가이아는 혼돈[Chaos, 혹은 공허(Void)]으로부터 나와서 자신을 완전히 덮는 하늘 우라노스를 낳은 후 그와 혼인한다.

『종교형태론』에서 엘리아데는 대지가 어머니이자 모체라는 종교 상징적인 사고에 기인한 풍속과 신화들을 소개한다. 고대 유럽 인들이 아이가 태어나면 씻겨서 강보에 싸자마자 땅 위에 올려놓았던 풍습은, 대지의 어머니에게 아이를 헌납하거나 아이가 대지의 힘을 받도록 하기 위한 것이라고 한다. 원하지 않는 자식을 버릴 때 땅 위에 올려놓는 것도 아이의 생사 여부를 지모신이 결정하도록 하기 위한 것이다. 그래서 아기 때 버려졌으나 어머니 대지에 의해 길러진 사람은 보통의 인간과 구별되는 영웅이다. 인도에서 두 살 이하의 아이가 죽으면 화장 대신 반드시 매장을 해야 했는데, 이것은 아이를 어머니의 품속으로 되돌려서 다시 태어나도록 하기 위한 것이다. 병이 든 사람을 땅 위에 눕히거나 바위 구멍에 넣는 것은 어머니로부터 새롭게 태어나게 하기 위한 것이다. 우리나라의 곳곳에 있는 '자궁 바위'도 같은 의미를 지니고 있어서, 요즘도 재미 삼아 들어갔다가 나오는 등산객들이 많이 있다.

땅은 존재하는 모든 것의 토대이자 생명의 모체다. 그래서 땅은 풍요 및 다산을 지배한다. 여성은 땅, 곧 경작지로 여겨졌다. 우리나라 남부 지방의 고싸움놀이에 여성을 상징하는 편이 이겨야 풍년이 들 것이라는 관념이 있다는 것은 앞에서도 지적했다. 아프리카와 인도에서는 불임 여성이 농경에 위험을 가져온다고 여겼으며, 아메리카 인디언들은 여성이 작물의 성장에 특별한 영향을 끼친다고 생각했다. 여성이 땅이라면 남근은 쟁기와, 생식 행위는 경작과 동일시되었다. 근대 이전 유럽 등지의 밭에서 파종 기간에 볼 수 있었던 성행위를 하는 의례는 연대성이 있는 양자가 결합하면 생식력이 증대될 것이라는 기대에서 유래했다.

땅은 생명의 모체라는 의미에서 물의 상징과 많은 부분이 겹치지만, 다음과 같은 차이점을 지적할 수 있다. 먼저, 신화 속에서 물이 우주적 창조의 모체라면, 땅은 개별 존재를 산출한다는 점에서 구별된다. 원초적 물에서 세계가 생성되는 시간이 매우 오래 걸린다면, 땅의 생산 주기는 한 해 단위의 빠른 시간이다. 물을 통한 상징적인 재생은 이전 세계의 소멸과 새로운 세계의 탄생을 나타내는 반면 땅은 주기적인 재생과 연관된다. 또한 물에서 탄생된 것은 물과의 관계를 지속하지 않지만 땅에서 생성된 것은 땅의 자녀로서 관계를 지속한다. 엘리아데는 인간의 죄로 인한 땅의 오염도 땅과 인간의 "유기적 연대성"에 기인한다고 말한다.[227] 고대사회에서 존속살인이나 근친상간처럼 인간 영역의 질서를 어지럽히는 범죄는 땅을 오염시키는 것으로 여겨졌다. 오염된 땅은 풍요로움을 제공하지 못하기 때문에, 오염원인 범죄자를 그 땅에서 추방시켜야 했다. 그리스 신화에서 처자식을 죽인 헤라클레스나 아버지를 죽이고 어머니와 결혼한 오이디푸스는 모두 그 땅에서 추방되었다.

하늘의 신의 관념이 약해지고 폭풍의 신과 태양신이 그 역할을 대신한 것처럼, 점차 대지의 여신이 잊히고 곡물의 여신이 어머니의 위치를 차지하게 된다. 그러나 곡물의 여신에게도 어머니 대지의 개념이 남아 있다. 그리스 신화에서 데메테르 여신은 곡물의 여신이면서 대지의 여신 가이아의 속성을 지니고 있다. 딸 페르세포네가 하데스에게 납치되어 낙담한 데메테르가 자신의 역할을 하지 않자 모든 대지가 힘을 잃어 식물이 시들어 버렸다. 데메테르가 풍요와 출산의 여신이면서 동시에 지하 세계의 여신이라는 것도 그녀가 땅의 여신이라는 점을 증명한다. 데메테르의 상징은 곡물의 여신임을 나타내는 온갖 곡식으로 채운 바구니와, 지하의 신이라는 것을 보여 주는 뱀이었다. 엘리아데가 말한 대로, "땅은 자신에게서 나온 모든 것에 생명을 부여하며, 자신에게 돌아오는 모든 것에 새로운 삶을 부여한다." 달리 말하면 풍요의 여신이자 지하 세계의 여신인 데메테르처럼, 땅은 새로 태어나는 생명체는 물론 죽어서 땅으로 돌아가는 존재들도 관장한다. 종교적 인간들에게 "삶과 죽음이라는 것은 어머니 대지의 전체적인 과정 중 두 개의 다른 국면에 불과하다. 삶은 단지 땅의 자궁으로부터 분리된 것이고 죽음은 다시 집으로 돌아가는 것이다."[228]

② 힘과 풍요를 상징하는 성스러운 돌

예로부터 사람들은 장엄한 바위와 우뚝 선 암석을 보고 견고함, 안정성, 영속성이라는 성스러움의 속성을 연상했다. 세계의 여러 지역에서 돌은 속의 세계의 불안정함을 초월하는 절대적인 존재 양식의 상징이었다. 아메리카 원주민들은 돌이 어머니의 뼈라고 생각했고, 그리스와 소아시아에서는 돌을 위대한 어머니 여신 키벨레(Cybele)의 현현으로 여겼다.[229] 우리나라를 비롯한 동아시아에는 산을 넘거나 급류를 건너는 사람들이 그 땅의 신령에게 경의를 표하기 위해 돌을 쌓는 전통이 있다. 많은 종교에서 돌로 제단과 신상을 만들어 성스러움을 표현했고, 여러 고대 문화에서 돌은 깨뜨릴 수 없는 약속의 표상으로 사용되었다. 앞에서 언급했듯이, 『구약성서』에서 라반과 야곱이 돌기둥을 세우고 돌무더기를 만들어 약속의 증거로 삼은 것은 무엇보다 단단한 성질을 가지고 있는 돌이 변치 않는 약속을 상징하기에 적합했기 때문이다.

성스러운 장소를 표시하기 위해 돌이 사용된 예도 아주 많다. 고대 이집트인들은 태양신 레의 사원 앞에 거대한 돌기둥 오벨리스크(Obelisk)를 세웠다. 『구약성서』에서 야곱은 꿈에 신을 만난 장소를 '신의 집'이라고 부르고 돌로 단을 만들어 그곳을 다른 장소와 구별했다. 이슬람교의 성지 메카에 있는 카바 신전이 무슬림들에게 세계의 중심 역할을 한다는 것은 앞에서도 언급했다. 카바는 원래 아브라함이 세웠다고 전해지는 직사각형 형태의 석조 건물이며, 성지순례자들은 이 건물의 한구석에 있는 검은 돌에 입을 맞춘다. 우리나라의 서낭당을 성스러운 공간으로 표시하는 것도 나무와 돌무더기다. 통일신라 이후부터 불교 사찰 앞에 세워진 당간지주(幢竿支柱)도 성스러운 지역을 구별하기 위한 것이다.[230] 성스러운 공간은 '세계의 중심'이기 때문에, 성스러운 공간을 표시하는 돌 자체가 세계의 중심이라고 여겨지기도 한다. 고대 그리스인들이 델포이 신전에 있는 돌을 옴팔로스(Omphalos), 즉 '세계의 중심'이라고 불렀고, 온 세계에 있는 이슬람교인들이 메카에 있는 카바 신전을 향해 절하며 기도한다는 것을 상기하면 쉽게 동의할 수 있을 것이다.

돌은 영원한 생명을 상징한다. 창덕궁 후원에는 하나의 큰 돌을 깎아 만든 '불로문(不老門)'이 있는데, 이 문을 드나드는 왕의 불로장생을 기원하는 상징적 의미를 지니고 있다. 에콰도르 신화에 따르면,

창덕궁 후원에 있는 불로문(不老門). ⓒDalgial

신은 돌로 인간을 만들려 했으나 대신 진흙으로 만들게 되어 인간이 영원히 살 수 없게 되었다.[231] 돌이 영원한 생명의 의미를 지니고 있기 때문에, 많은 문화에서 선조의 정령이 머무는 곳에 돌을 세우면 조상들이 풍요의 복을 내려준다고 생각했다. 고인돌 등의 거석묘와 이집트의 피라미드와 같이 거대한 돌로 만든 무덤은 죽은 자에게 사후 세계에서의 영원한 삶을 보장한다. 고인돌 형태로 만들어진 거대한 돌무더기로 구성된 스톤헨지(Stonehenge)라는 영국의 선사시대의 유적도 죽은 조상을 위해 세워진 것이라고 추측된다.[232]

돌은 죽음의 영향력을 막을 수 있는 힘을 가지고 있다고 여겨지기도 한다. 중앙아프리카 신화에 나오는 선한 신 카발리는 죽음이 다니는 길에 신성한 돌을 두도록 하여 사람들이 죽는 것을 방지했다.[233] 제주도 김녕리에 전해지는 신화에서 돌은 귀신을 누르는 힘이 있는 것으로 여겨진다. 밤마다 묘지에서 귀신들이 나와서 마을을 엉망으로 만드는 일이 생기자 마을 사람들은 의논 끝에 나무 팻말에 "악장군지묘(惡將軍之墓)"라고 써서 묘를 막았다. 하지만 귀신들이 팻말을 뽑아 부수고 계속 마을에 행패를 부렸다. 그래서 다음에는 돌에다가 같은 글을 새겨 묘지 앞에 세웠더니 귀신이 이겨 내지 못하고 마침내 마을에 평화가 왔다.[234] 쿤데라의 『참을 수 없는 존재의 가벼움』에서 여주인공 사비나는 이런 바위의 힘을 잘 알고 있다.

> 그녀의 시선이 구덩이 곁 한구석에서 기다리고 있는 바위에서 멈췄다. 이 돌은 그녀에게 공포심을 불러일으켰고, 그녀는 황급히 집으로 돌아왔다. 그녀는 하루 종일 그 바위에 대해 생각했다. (…) 무덤이 이 바위로 폐쇄된다면, 죽은 자는 더 이상 거기서 빠져나오지 못할 것이다. (…) 무덤을 바위로 덮는

다면 그것은 죽은 자가 되돌아오길 바라지 않는다는 뜻이다. 무거운 돌이 "거기 그대로 있어!"라고 죽은 자에게 말하는 것이다.[235]

　여기서는 죽은 자를 죽은 자의 영역에 머물러 있도록 억제함으로써 산 자를 보호하는 돌의 상징적 힘이 분명히 드러난다. 여주인공은 아버지의 무덤을 덮은 바위의 힘으로 인하여 자신과 아버지가 완전히 단절된다고 느낀 것이다. 많은 원시 문화에서 무덤에서 마을로 가는 길에 큰 돌을 세워놓는 것은 돌이 가졌다고 생각되는 이 힘 때문이다. 짐승에게 잡아먹히거나 벼락을 맞는 등 어떤 사람이 갑작스럽게 죽는다면 죽은 자의 영혼이 그 자리를 떠나지 않을 것이라고 생각하여 바로 그 자리에 돌을 세웠다.[236]

　성스러운 돌은 생명을 부여하는 주술적인 힘을 지니고 있는 것으로 여겨진다. 세계 각지에는 신혼부부가 자식을 갖게 해 달라고 거석을 향하여 기도하거나, 불임 여성들이 돌에 공물을 바치거나, 임신을 위해서 돌 위를 걷는 등의 풍속이 있다. 우리나라에서도 많은 사례를 찾아볼 수 있다. 전국에 있는 수많은 불상에 코나 머리가 없는 것은 아들을 낳는 데 효험이 있다고 생각한 우리 어머니들이 갈아서 먹었기 때문이다. 남근석은 풍요와 다산을 주는 것으로 믿어져 숭배의 대상이 된다. 우리나라에서는 아들을 낳기를 원하는 여성들이 남근석에 앉았다가 일어나기도 했고 개인적으로 제사를 올리기도 했다. 마을 전체가 공동체 차원에서 남근석에 풍요를 기원하는 의례도 있었다. 인도의 시바 신도 남근의 모습을 한 링감의 형태로 숭배되

인도 바라나시 부근에 있는 시바 사원의 링감과 요니.
두 사진 모두 링감과 요니가 결합된 형태를 보여 준다.　ⓒ류경희

며, 풍요와 연관된 성적인 힘이 있는 것으로 여겨진다. 여성의 성기 모양을 한 여근석도 풍요와 다산과 연관된 상징적 의미를 가지고 있다. 특히 구멍이 있는 바위는 '자궁 바위'라고 불리며, 여기에 들어갔다가 나오면 병이 치료된다고 여겨졌다. 인도에서 여성의 성기를 상징하는 돌 요니(yoni)는 시바 신의 배우자 샤크티 여신의 상징이며 여성의 성적인 힘을 의미한다. 우리나라에도 주술적인 힘이 있다고 여겨져 숭배를 받았던 남근석과 여근석이 전국 각지에 분포되어 있다. 관악산에는 남근석과 자궁 바위가 있고, 인근의 삼성산에는 남근석과 여근석이 있어서 여전히 많은 방문객을 맞고 있다.

당연한 이야기이지만, 아무 돌이나 성스러움을 드러내는 것으로 여겨진 것은 아니었다. 어떤 돌은 길거리에 굴러다니기만 할 뿐 아무런 주목도 받지 못한다. 성스러운 장소에서 가져온 돌은 그 기원으로 인해 의미가 부여되었다. 특히 운석은 하늘의 성스러운 영역에서 떨어졌으므로 하늘의 힘을 지니고 있다고 생각되었다. 아메리카 원주민들은 운석을 하늘에서 떨어진 신이라고 믿었고, 이 운석에는 비밀스러운 모든 것을 아는 힘이 깃들어 있다고 생각했다. 메카의 카바 신전에 있는 돌도 운석으로 알려져 있다. 그러나 더 많은 경우 돌이 가진 성스러운 의미는 장례 거석처럼 거대한 크기나 남근석과 여근석처럼 다른 것을 연상시키는 모양에서 유래한다. 그렇다고 해서 돌이 꼭 자연 그대로의 모양과 위치로 인해서 성스러움의 상징으로 받아들여진 것은 아니다. 큰 돌기둥이나 성기 모양의 석상이 여러 문화에서 제작되었다. 인도에서는 링감과 요니가 신상으로 제작되었고, 우리나라에서도 양기(陽氣)가 약하다고 판정된 마을은 이를 보충하기 위해 남근석을 만들어 세우기도 했다. 또한 우리나라 마을 입구에 세워진 선돌은 원래 있던 장소에서 옮겨 온 것이다.

4) 식물과 동물

① 식물의 종교 상징적 의미

성스러운 식물, 특히 나무의 상징은 전 세계의 모든 종교에서 나타난다. 사람들이 나무를 경험하는 방식에 따라 나무는 다양한 의미를 전달하는 절대적, 초월적 실재의 상징으로 이용되었다. 나무는 계절에 따라 싹을 내고 잎이 무성해지고 열매를 맺다가 다시 죽는 과정을 반복하기 때문에 재생이나 풍요의 상징이 되었다. 나아가 주기적인 생명의 순환이라는 우주의 속성을 재현하는 것으로 인식되어, 우주 자체를 상징하기도 한다.

나무는 하늘을 향해 자라는 줄기와 위로 팔을 뻗은 듯한 가지와 땅속 깊이 내리는 뿌리 때문에 하늘과 땅과 지하 세계를 연결하는 우주목이 될 수 있었다. 고대의 종교적 인간에게 나무가 하늘과 땅을 이어 주는 사다리의 역할을 했다는 것은 앞에서도 언급했다. 우리나라에서 마을의 수호신이자 토지의 신인 서낭신이 머무는 곳으로 여겨진 서낭당에는 신수(神樹) 서낭나무가 있다. 이 나무는 하늘과 땅, 신과 인간을 연결해 주는 우주목이다. 시원적 종교에서 성스러운 장소는 나무와 돌이 결합되어 구성되기도 하는데, 서낭당도 대개 신수와 돌무더기로 이루어져 있다. 인도, 오스트레일리아, 그리스, 오리

엔트 등지에서도 성소는 흔히 나무와 돌 제단으로 구성되었다. 나무가 수직 돌기둥과 결합하면 성스러운 힘이 배가되는 것으로 여겨진다. 생명력을 지닌 나무와 견고하고 영속적인 돌이 함께 하늘을 향하기 때문이다.

오래된 신수뿐 아니라 의례 시에 특정한 나무를 임시로 우주목으로 지정하거나, 미리 준비한 나무를 세워 우주목으로 사용할 수 있다. 강릉의 국사성황당에서 행하는 단오산신제 중에는 무속인이 신이 내려오는 나무를 정하는 순서가 있다. 또한 이 나무를 삼색 천으로 장식하고 신처럼 모셔 인근 지역을 도는 '신수 행차'라는 행사를 하기도 한다. 토착 종교 공동체 의례를 행하는 제주도의 마을들 중에는 하늘과 땅을 연결하는 우주목의 역할을 하는 신수가 있는 곳이 있지만 그렇지 않은 지역도 있다. 신수가 없는 곳에서는 제주 무속인 '심방'이 '큰대'라고 불리는 긴 대나무 장대를 미리 준비했다가 제장(祭場) 앞에 세워 신들이 하늘에서 내려오는 통로를 삼는다.

땅에 깊이 뿌리를 내린 나무는 어머니의 몸과 연결된 것으로 여겨지기 때문에, 풍요의 원천인 지모신의 이미지로 사용되며 때로는 지모신의 뜻을 전달하는 매개의 역할을 한다. 특히 수액이 나오는 나무는 신성한 모성이 표출된 것이며, 나무의 풍성한 열매는 어머니의 선물이다. 그래서 인더스, 이집트 외 여러 청동기 문명의 도상에는 꼭 대지의 여신과 식물이 나란히 배치되어 나타난다. 풍요를 상징하는 나무는 물과 결합하여 성스러움을 상징하기도 한다. 원형적인 성스러운 공간, 즉 세계의 중심에는 나무들이 있고, 거기서 물이 발원되며, 그 물이 흐르는 곳의 나무는 풍성하게 자란다는 이상향의 신화

제주 김녕 잠수굿을 하기 전, 서순실 심방이 큰대를 세우고 있다. ⓒ유요한

는 여러 종교에서 볼 수 있다. 시냇가에 심은 나무는 풍요를 상징하고, 생명나무가 있는 곳에서 생명수가 발원하는 것은 구원의 이미지를 지닌다. 그리스도교 전승에서는 예수가 매달려 죽은 십자가가 생명나무의 상징적 의미를 지닌다. 십자가가 에덴동산에 있던 생명나무로 만들어졌다는 이야기와, 예수의 피가 십자가를 타고 흘러 그 아래 묻혀 있던 아담의 뼈에 전해져서 원죄가 씻어졌다는 이야기도 전해진다.

북유럽 신화에서 우주의 중심에 있는 나무 이그드라실(Yggdra-sil)은 하늘과 땅과 지하 세계를 연결하는 우주목이자 생명나무를 상징한다. 이 나무는 신들이 모이는 장소를 제공하고, 생명수의 원천이며, 뿌리가 지옥과 거인의 왕국이 있는 지구의 중심까지 이어진다고 생각되었다. 이그드라실을 파괴하려는 뱀은 『구약성서』에서 인간이 낙원에서 쫓겨나도록 한 뱀처럼, 근원적 생명으로의 접근을 막는다. 길가메시(Gilgamesh)도 뱀에게 불사의 풀을 빼앗겼다. 뱀은 신성한 장소와 중심, 모든 실재를 지키고 감시하며, 인간이 성스러움의 속성을 공유하지 못하도록 한다.

나무의 일반적인 상징적 의미가 하늘과 땅의 연결 및 생명의 주기적 순환이라면, 개별적인 수종은 그 특징에 따라 다양한 상징적 의미를 지닌다. 작은 덩굴에 많은 열매가 맺히는 포도는 지중해 지역에서 생명력과 풍요로움을 상징했다. 지중해 지역과 근동 지방에서 중요한 식용 열매였던 무화과는 씨가 많은 특징으로 인해 풍요를 상징한다. 아담과 하와가 원죄를 지은 후 무화과 잎으로 몸을 가렸다는 이야기가 『구약성서』「창세기」에 전해지기 때문에, 그리스도교 전통에서 무화과는 '선악을 알게 하는 나무'와 동일시되고 욕망을 상징했다. 예수가 예루살렘 성에 들어갈 때 사람들은 종려나무 가지를 흔들었다. 종려나무는 줄기 하나가 30미터 이상 위로 곧게 자라서 꼭대기 부분에 무성한 잎과 열매를 이루는 특성 때문에 정의, 태양, 영광, 승리의 상징적 의미를 가지고 있었다. 앞에서도 언급했듯이, 불교 전통에서는 석가모니 붓다가 보리수 아래에서 깨달음을 얻었기 때문에 보리수가 붓다 자신을 상징한다. 인도 산치(Sanchi) 지역에 남아 있는 불교 유적에는 원숭이가 붓다를 상징하는 보리수에 공양을 바치는 장면을 묘사하는 부조가 있다. 종자가 많은 연꽃은 세계 여러 지역에서 다산을 상징한다. 불교에서는 더러운 물에서 아름다운 꽃을 피우는 연꽃이 속세에 물들지 않는 청정함과 극락세계를 상징한다. 연꽃이 지혜를 상징하는 것은 석가모니가 팔만 대중 앞에서 연꽃을 보여주었을 때 제자 마하가섭만이 혼자서 그 의미를 이해하고 미소를 지었다는 이야기와 관련이 있다. 중국 전통 종교에서 복숭아는 신성한 과일이다. 복숭아나무에는 귀신을 쫓는 능력이 있고, 도교적 이상향은 복숭아꽃이 만발한 곳으로 묘사된다. 손오공은 천계의 반도원에서 무병장수의 효능이 있는 복숭아를 몰래 따 먹었다.

　　세계 여러 지역에는 사람이 죽은 뒤 꽃이 피어났다는 설화가 전해진다. 꽃으로 변한 사람의 이야기는 현대에도 만화나 동화의 소재로 이용될 만큼 흔히 접할 수 있는 것이다. 나르키소스를 따라서 물에 빠져 죽은 님프 프리지아는 프리지아꽃으로 변했고, 아폴론의 사랑을 받기를 갈망하던 처녀는 해바라기가 되었으며, 괴물 뱀과 싸운 영웅 레오나르도의 피에서는 은방울꽃이 피어났다. 성주가 절개를 지킨 예쁜 처자를 목 베어 죽이자 그 무덤에서는 무궁화가 피어났고, 전쟁에서 죽은 애인의 유해에 뿌리던 향수에 불이 붙어 죽은 여인이 있던 자리에서는 장미꽃이 피어났다. 미모로 인해 억울하게 높은 성에 갇힌 아내를 그리워하다가 죽은 남편은 나팔꽃이 되어 성으로

보리수가 붓다를 대신하여 붓다의 자리에 있는 초기 불교 조상(彫像). 아소카 왕이 세웠다는 인도 산치 대탑의 일부다.　ⓒ유요한

올라갔다. 촉나라 왕 두우가 억울하게 죽은 뒤 두견새가 되었고, 이 새가 울면서 피를 토한 자리에서 두견화, 즉 진달래가 피어났다. 여기서 우리가 주목해야 할 점은 인간과 초목의 생명이 전체의 체계 속에서 하나를 이루며 순환할 수 있다는 생각이다. 이러한 이야기들의 바탕에는 사람의 생명과 초목의 생명이 유기적으로 연결되어 있다는 생각이 깔려 있는 것이다.

② 동물의 종교 상징적 의미

엘리아데는 『종교형태론』에서 동물의 상징적 의미를 따로 다루지 않는다. 그러나 종교적 인간이 성스러움과 연관된 의미를 나타내기 위해 동물도 종종 사용했던 것은 분명하다. 비둘기는 하늘의 신과 인간 사이를 매개하는 메신저로 인식되었고, 사자, 호랑이, 매, 독수리 등은 신의 위엄을 상징하는 동물이었다. 예를 들어 『나니아 연대기』에서 사자는 예수 그리스도를 의미하며, 우리나라의 민속 탱화에서 산신은 호랑이와 함께 등장한다. 동물은 인간과의 관계를 통해 종교 상징적 의미를 부여받는다. 인도의 힌두교인들은 우유, 땔감(쇠똥), 노동력을 제공하는 소를 어머니와 동일시하여 출생, 성장, 양육을 상징하는 신성한 존재로 여긴다. 3세기경 활동한 신플라톤주의 철학자 포르피리오스(Porphyrios)는 이집트에서 동물이 신의 현현으로 숭배되는 것은 인간과 유사성을 지녔기 때문이라고 말했다. 시원적 종교의 신화 속에서 동물들은 일반적인 인간보다 우월한 능력을 지닌 것으로 묘사되는 경우가 많다. 신화의 주인공인 조상이나 영웅은 초월적 능력을 지닌 동물을 물리침으로써 지위를 인정받는다.

동물은 공동체의 상징으로도 자주 사용되었다. 종족 공동체를 상징하면서 동시에 공동체가 세습적으로 숭배하는 '토템' 동물은 전 세계에 걸쳐 나타난다. 또한 단군 신화처럼, 오세아니아와 아메리카 인디언 신화들 중에는 토템 동물을 인간의 조상으로 말하는 경우도 많다. 동물이 종족 공동체를 상징하는 전통은 중세를 거쳐 오늘날까지도 이어진다. 중세 유럽의 유력한 가문의 문장에는 사자, 표범, 호랑이, 말, 늑대, 개, 독수리, 사자와 독수리가 결합된 그리핀, 수탉, 유니콘 등이 가문을 상징하는 동물로 나타난다. 독수리는 로마의 상징으로 채택된 이래, 현대 국가들의 국장(國章)에도 많이 등장한다.

일반적으로 동물은 삶의 본능적인 요소나 인간 안에 있는 동물적인 본성을 상징하며, 인간이 성스러움의 영역으로 들어가기 전에 넘어야 하는 본능적이고 감정적인 충동 등을 나타낸다. 특히 신화 속에서 살해되거나 길들여져야 하는 것으로 묘사되는 동물은 인간의 동물적 본능과 연관된다. 인간에게 친근한 개와 유사하게 생겼으나 인간에게 가장 공격적이고 파괴적인 동물 중 하나인 늑대는 문명 뒤에 감추어진 인간의 폭력적이고 이중적인 모습을 단적으로 보여 준다. 또한 사람의 모습을 하고 있으면서 어느새 주변의 사람을 파멸로 이끄는 여우인 구미호도 본능과 충동을 상징하는 대표적인 예일 것이다.[41] 신화 속에서 동물과 전쟁을 벌이는 것은 인간이 극복해야 할 본능에 맞서거나, 인간에게 닥친 어려움과 맞서는 것을 의미한다.

그러나 동물은 긍정적인 의미의 상징으로도 많이 이용된다.

---

41   단, 구미호는 여성의 모습을 하고 있으면서 남성을 홀려 파멸로 이끈다는 점에서 타자인 여성에 대한 남성의 두려움을 반영하고 있다는 것도 생각해야 할 것이다.

인간의 탐욕과 본능을 상징하는 돼지는 중국과 한국에서 풍요와 다산의 상징이기도 하다. 돼지 저금통은 누구나 하나씩 가져 봤을 것이며, 거대한 돼지가 열 마리가 넘는 새끼에게 젖을 먹이는 그림은 음식점 벽에 걸리는 용도로 인기가 높다. 길들여지지 않은 본능을 상징하는 동물이 때로는 '타락' 이전의 이상적 상태를 상징하기도 한다. 시원적 종교에서 샤먼 등의 종교 전문인이 동물의 가죽이나 가면을 쓰는 것은 낙원의 상태와 인간과 동물 사이의 언어를 재생산하려는 갈망, 즉 인간이 상실해 버린 순수한 지혜에 접근하고자 하는 의도를 나타낸다. 신화 속에서 인간을 돕거나 인간과 동행하는 동물은 인간의 지식을 초월한 자연의 본능적이고 직관적인 힘을 상징한다.

종교적 인간의 관점에서는 우주 전체가 유기적으로 연결되어 있기 때문에 동물과 인간이 친밀한 관계를 맺는 것이 당연하다. 동물과 말하는 사람은 가장 본원적인 순수함을 지닌 사람으로 간주된다. 따라서 동물과의 친분과 우정은 낙원의 상태, 황금기의 회복 및 진입을 상징한다. 고대 이스라엘의 낙원은 사자들이 어린양과 뛰놀고 독사 굴에 손을 넣어도 물리지 않는 곳으로 묘사된다. 『나니아 연대기』 시리즈의 『사자와 마녀와 옷장』에서 나니아 왕국은 인간과 반인반수의 괴물, 동물들, 나무와 시냇물까지 인간과 의사소통을 할 수 있는 곳이며, 동물이 인간과 역사(연대기)를 공유하는 곳이다. 같은 시리즈의 다음 편인 『캐스피언 왕자』에서 오랜만에 나니아에 돌아온 주인공 남매들이 동물들과 대화할 수 없게 된 것은 나니아가 낙원의 지위와 원초적 순수함을 상실했음을 의미한다.

한편 인간 세상의 질서와 문명을 강조하는 신화에서는 인간과 동물 또는 식물이 구별되지 않고 섞여 있는 것이 현 세상의 질서가 성립되기 이전의 혼란을 나타낸다. 중국 신화에서 우(禹) 임금은 치수의 과업을 수행할 때 지나치게 무성해진 초목을 태우고 사람들을 해치는 동물들을 쫓아 버림으로써 세상의 질서를 세운다.[237] 제주도 신화에서 이승의 신 소별왕이 처음 본 세상의 모습은 혼란 그 자체였다. 이 혼란의 두드러진 특징은 구별되어야 할 존재들이 섞여 있다는 것이었다. 새와 짐승 그리고 초목까지 사람처럼 말을 하고, 귀신과 살아 있는 사람이 나뉘지 않았고, 배우자의 구별 없이 간음이 행해졌다. 저승의 왕 대별왕은 동생을 도와 이승의 질서를 잡기 위해 동물과 식물이 말을 하지 못하게 만들었다.[238] 혼란을 끝내고 질서를 수립하기 위해서는 동물이 인간의 말을 할 수 없도록 만드는 절차가 꼭 필요한 것이다.

다양한 문화와 역사적 상황에 따라 동물의 상징은 다르게 나타나지만, 공통적인 부분도 찾을 수 있다. 서로 다른 문화의 사람들도 어느 정도는 비슷한 방식으로 동물들을 인식하기 때문이다. 누구나 사자나 호랑이는 무섭고 위엄이 있다고 생각하며, 하늘의 상징 부분에서 말했듯이 새는 하늘에 가깝다고 느낀다. 새가 하늘과 땅을 연결한다면 바다에 살면서 육지로 올라오기도 하는 거북이는 바다와 땅을 연결한다. 거북이는 우리 전래동화에서 육지로 파견되는 용왕신의 신하로 그려지며, 제주도 전통 신화 「초공본풀이」에도 용왕의 사자로 등장한다.[42] 우주의 순환을 상징하여 풍요나 다산과 연결되는 동물들은 대부분 달의 상징 부분에서 다루었다. 하지만 뱀의 종교 상징적 의미는 좀 더 설명할 필요가 있다. 뱀이 성적인 에너지와 연관되었다는 것은 이미 언급했다. 구렁이가 처녀를 요구하고 납치했다는 설화나 뱀이 지나간 후 임신되었다는 전설에는 성적 에너지의 표상이자 땅을 지키는 신으로서의 뱀의 특징이 잘 반영되어 있다. 뱀은 땅의 신과 동일시되기도 하며, 거주민에게 풍요를 보장하는 가신(家神)이고, 특정 지역의 토착 수호신이기도 하다. 뱀은 가장 원초적 존재로 간주되어, 우주의 창조 및 유지와 관련이 있다고 여겨지기도 한다.[239] 힌두교 신화에 따르면 우주가 창조되기 전에 비슈누 신은 우주적 대양 위에 떠 있는 뱀 아난타(Ananta) 위에서 잠을 자고 있다. 잠에서 깨어난 비슈누 신의 배꼽에서 연꽃이 자라나는데, 여기서 나타나는 창조신 브라흐마가 우주를 창조하는 것이다. 북유럽 신화에 등장하는 원초적 뱀은 상반된 이미지를 함께 가지고 있다. 어떤 신화에서는 우주목 이그드라실의 뿌리를 갉아 먹는 것으로 묘사되기도 하지만, 다른 버전에는 자신의 꼬리를 입에 문 채 우주목의 줄기를 감싸고 우주의 구조를 지탱하는 것으로 이야기된다.[240]

앞에서 다룬 달팽이, 토끼, 황소 등을 제외하고도, 조개와 굴도 달이나 물로 대표되는 생산과 풍요의 상징과 관련이 있다. 조개는 여성의 생식기와 모양이 유사하며 그 속에서 진주가 만들어지기 때문에 여성의 성적인 힘(sexuality)과 수태의 상징으로 널리 수용되었다.[241] 또한 시원적 종교에서 물고기는 남성의 성기와 유사한 모습으로 인

---

42 거북이는 물과 땅을 연결하는 동물의 의미 외에도, 특징을 수용하는 방식에 따라 여러 문화에서 다양한 종교 상징적 의미를 나타낸다. 예컨대, 인도에서는 거북이가 우주를 지탱하는 동물로 그려지며, 몽골 신화에서는 금 거북이가 우주의 중심에 있는 산을 등에 싣고 나른다. 중국을 비롯한 동 아시아 문화권에서 거북이는 장수를 상징하며, 아프리카에서는 지혜의 동물로 그려지고, 북미 오지브웨이(Ojibway) 부족의 신화에서는 땅을 창조한 신이다.

하여 풍요, 생식, 새로워진 남성적 에너지, 재생 등을 상징하며, 여러 문화에서 여신들이 좋아하는 음식으로 여겨지기도 한다. 용은 폭넓고 다양한 의미로 이해되어 온 뱀과 유사한 상징적 의미도 가지고 있으나, 뱀에게는 없는 하늘을 나는 능력까지 겸비한 상상의 존재다. 용이 인간의 상상 속에 등장하기 시작한 것은 선사시대로 거슬러 올라간다. 물이나 동굴에 살지만 날 수 있으며 입에서는 불을 뿜는 용은 물, 불, 땅, 하늘을 다 아우르며 우주의 요소들을 통합하는 존재다. 용이 원초적인 에너지나 원초적인 물질로 간주될 때는 우주 창조의 근원이 된다.

또한 동물들은 각 종교적 맥락에 따라 다양한 상징적 의미를 지닌다. 유럽에서는 늑대가 인간의 숨겨진 탐욕과 간계를 상징하는 반면, 몽골 초원의 유목민들은 늑대를 하늘이 보낸 초원의 주재자라고 생각했다.[43] 힌두교에서 큰 물고기 마츠야는 비슈누의 화신으로 최초의 인간 마누에게 대홍수를 알려 준다. 늘 눈을 뜨고 있는 특징 때문에 불교에서 물고기는 승려들이 구속과 욕망으로부터 벗어나 수도에 정진하는 자세를 상징한다. 중요한 불교 의식용구인 목탁과 목

---

43 장룽, 『늑대 토템 1』, 50–51, 66, 109, 172–173, 225–229, 377, 495쪽 등. 그중에서도 몽골의 "민간 신화"를 소개하는 172–173쪽에서 늑대와 하늘의 연관 관계를 가장 직접적으로 설명한다. "텡그리[하늘의 신]가 바이인와라 신산과 올론 초원을 보호하도록 초원의 늑대를 이곳으로 보냈다는 거야. 만약 누가 초원과 산을 짓밟기라도 하면 텡그리와 바이인와라산의 신이 노해서 늑대를 시켜 그것들을 물어 죽이게 하고, 상으로 그걸 먹을 수 있게 해 주었다고. 그래서 늑대 무리는 천신과 산신의 상을 받을 때마다 신이 나서 그 주위를 에워싸고 한 바퀴 두 바퀴 뛰면서 큰 원을 만든다고 했어. 텡그리처럼, 태양이나 달처럼 둥글게 말이야. 그 원은 늑대가 텡그리에 보내는 답장인 셈이지. (…) 그리고 늑대는 고개를 들어 하늘의 달을 올려다보면서 텡그리를 향해 길게 우는 습관이 있어. 그때 만약 달 옆에 밝은 고리가 생기면 그날 밤에는 틀림없이 바람이 불고, 그래서 그날은 늑대들도 반드시 활동을 하게 된다는 거야. 그래서 늑대는 사람보다 날씨를 잘 예측해. 이렇게 늑대가 동그라미를 볼 줄도, 그릴 줄도 알고 있으니, 그게 바로 늑대가 하늘과 통한다는 뜻이란다."

어는 물고기의 모양을 본떠서 만들어졌다. 그리스도교에서 물고기는 중요한 상징으로 수용된다. 물고기는 예수가 축복하고 대중들에게 나누어 준 음식이자 부활 후 제자들과 함께 먹은 음식이다. 또한 예수는 제자들에게 '사람을 낚는 어부'가 되라고 권했기 때문에, 그리스도교인들은 물고기를 자신들의 상징으로 이용하기도 했다. 무엇보다도 그리스어로 물고기를 의미하는 단어(익튀스, *IΧΘΥΣ*)가 '예수 그리스도 신의 아들 구주'의 머리글자를 조합한 것과 같았기 때문에 초기 그리스도교인들의 신앙고백의 상징으로 이용되기도 했다. 용은 동양에서나 그리스도교 이전의 서양에서는 긍정적으로 간주되었지만, 그리스도교에서 악마의 상징으로 채택되면서 악, 혼돈, 파멸의 힘 등 부정적인 의미가 부각되었다.

　　　　많은 동물은 이중적, 양면적인 상징적 의미를 지닌다. 사람들과 오랜 세월 가장 가깝게 지내 온 동물인 개는 충직한 종과 보호자의 의미를 지니고 있다. 트로이전쟁 이후 오랜 세월 떠돌다가 거지로 분장하고 돌아온 오디세우스를 알아본 것은 그를 기다리던 늙은 개뿐이었다. 또한 개는 인간이 보지 못하는 것을 볼 수 있는 능력을 지녔으며, 특히 열 살이 넘은 개는 영물로 여겨지기도 한다. 많은 문화에서 개는 죽음의 영역과 연관된 것으로 생각된다. 그리스 신화는 머리가 셋 달린 개 케르베로스(Cerberus)가 지옥을 지킨다고 말하고, 아즈텍인들은 개가 죽은 사람의 영혼을 죽음의 강 건너로 데리고 간다고 생각했다. 제주도 신화인 「차사본풀이」에서도 흰 강아지가 이승과 저승을 오가는 길을 안내한다. 한편 기민하고 재빠른 원숭이는 속임수, 천박한 본능, 탐욕, 추함 등을 상징하지만, 힌두교인들은 원숭이를 하누만 신과 연관된 동물로 여겨 존중한다. 신화 서사시 『라마야나 (Rāmāyana)』에서 원숭이 모습을 한 하누만은 강력한 힘을 가지고 비슈누의 화신인 라마 왕을 헌신적이고 충직하게 섬긴다. 이집트에서 고양이는 관능적 아름다움을 지닌 달의 여신과 연관되었고, 로마에서는 자유의 상징이었다. 그러나 고양이는 밤중에 돌아다니며 변덕스럽다고 여겨지는 속성으로 인해 켈트족의 전승에서는 사악하고 불길한 존재로 그려진다. 돼지는 한편으로는 땅의 비옥함과 번영, 풍요를 상징하면서, 동시에 탐욕, 욕심, 미련함, 부정함 등을 나타낸다. 돼지와 멧돼지는 모두 농경 신이나 대지의 여신에게 신성한 동물이다. 북유럽에서 멧돼지는 힘과 용기의 상징이었다. 힌두교에서도 비슈누의 세 번째 화신으로 유명한 멧돼지는 강력한 힘을 상징한다. 비슈누는 악마 히라냐샤(Hyranyaksha)가 온갖 악행을 저지르고 세상을 바닷속에 침몰시켰을 때 멧돼지의 모습을 한 바라하(Varāhā)로 환생하여 악마를 제압하고 해저에 가라앉은 대지를 어금니로 끌어올렸다. 반면 멧돼지는 강력한 힘과 저돌적인 성격으로 인해 파괴와 통제되지 않는 욕심을 상징하기도 한다.

5) 남성성과 여성성

'자연을 통해 나타나는 종교 상징의 의미'를 보이기 위해서 지금까지 이 장에서는 하늘, 태양, 달, 물, 돌, 대지, 식물, 동물 등 구체적인 자연물들의 상징적 의미를 살펴보았다. 이제 마지막으로, 상징으로 사용되는 대상을 명시하지 않고, 자연의 중요한 원리로 인식되어 온 남성성과 여성성에 대하여 논하고자 한다. 종교적 인간들이 남성성과 여성성이 조화를 이루어야 완성된 전체를 이룬다고 생각한 것은 분명하지만, 한편으로는 남성 중심적 시각의 종교 신화가 발전하면서 여성성과 여성적인 요소들이 상대적으로 무시되고 소외된 것도 사실이다. 여성적 요소들이 무시된 사회에서만 여성이 차별을 받은 것은 아니다. 여성적 요소가 칭송을 받는 종교가 주류를 이룬 문화에서도 여성은 차별을 받아 왔다. 종교에서 여성이 갖는 상징적 의미를 검토하는 작업은 종교를 통해 인간의 속성과 모습을 이해하기 위해서 반드시 요구되는 일이다.

성과 관련된 내용은 이 책의 초반부부터 계속 다루어졌다. 특히 농경문화에서 성행위와 생산력이 연결된다는 것, 성행위가 우주 창조를 상징적으로 재현한다는 것, 도덕적 제약이 없는 성적인 방종이 의례화되어 창조 이전의 혼돈 상태를 재현한다는 것 등은 반복해서 설명했다. 여기서 남성성과 여성성은 상호 보완적 성격을 지닌다는 것에 주목해야 한다. 생명이 창조되기 위해서는 하늘, 씨앗, 산, 해 등 남성적 요소로 인식된 것과 땅, 밭, 물, 달 등 여성적 요소로 인식된 것이 같이 있어야 한다.[44] 인도에서 시바 신과 그의 충일한 생명력을 상징하는 발기한 남성 성기 형태의 링감이 대개 여성 성기 모양의 요니와 함께 완성된 형태를 이루고 있는 것처럼 말이다. 시원적 종교

---

44 이와 같은 도식적인 남성성과 여성성의 구별은 편의를 위한 것이다. 문화에 따라 이와는 반대로 인식되는 경우도 많다. 예를 들면 일본에서 태양신 아마테라스는 여성이며, 이집트 신화에서 하늘의 신 누트(Nut)는 여신, 그 배우자 겝(Geb)은 대지의 신이다.

와 밀교 형태로 발전된 종교에서, 분리된 상태의 남성과 여성은 불완전함, 고독함, 척박함 등을 상징한다.[242] 중국의 전통적인 사고도 음과 양의 조화를 강조한다. 많은 창조 신화에서 창조주 신은 남성성과 여성성을 모두 갖춘 완벽한 존재였고, 어떤 샤먼들은 신과 접하는 상태에서는 양성을 다 지닌 존재처럼 행동한다. 남성성과 여성성은 상호 보완적이며 조화를 이루어야 한다는 생각이 종교적 인간의 사고에 깔려 있었던 것이다.

그러나 많은 종교 신화는 남성 중심적 시각을 반영하여 여성적 요소들을 무시한다. 여신들의 위상은 상대적으로 약화되고 남성 신이 주도적인 위치를 확보한다. 상호 보완적인 양과 음에도 위계가 생겨서 음은 양에 비해 부정적인 것으로 인식되며, 남녀 양성적 성격을 모두 지닌 것으로 추정되는 원형적 신의 개념에서 여성성이 약화되었다. 여러 전통 종교의 신화와 의례에서 여성이 경시되는 모습이 잘 드러나는 사례를 몇 개만 들어 보겠다. 그리스 신화는 인간의 모든 고통이 호기심 많고 어리석은 여인 판도라 때문에 시작되었다고 전한다. 『구약성서』에서 여성은 전리품 중 하나처럼 언급된다. 아버지 다윗 왕에게 반기를 든 압살롬은 남아서 궁을 지키던 후궁 열 명과 대낮에 성행위를 하는 장면을 대중들에게 공개함으로써 아버지와의 완전한 결별 의지를 표명한다. 『신약성서』의 「에베소서」는 아내가 남편에게 순종하는 것이 미덕이라는 당대의 가치관을 그대로 가르친다. 붓다는 전생에 여성이었던 적이 한 번도 없다. 붓다가 불법이 약해지는 것을 우려하여 여승을 받아들이려 하지 않았다는 이야기와, 불교 수행자라면 무조건 여자를 피하라는 초기 경전의 가르침도 전해진다. 불제자들이 지켜야 할 계율을 모아 놓은 『마하승기율(摩訶僧祇律)』은 여승인 비구니에게 남자 승려의 계율보다 훨씬 많은 계율을 부과한다.[45] 이슬람교에도 여성을 남성에게 종속된 것으로 보는 종파가 여전히 있다. 와하비 이슬람의 경우, 남편이 없는 여자는 어린 아들의 승인이 있어야 여행 및 이주가 가능하다. 세계 대부분의 지역에서 국가 의례는 물론 조상에게 지내는 가정의례에서도 여성들은 소외되었고, 여성이 사제가 되는 것은 더더욱 불가능했다. 여성 사제가 인정되는 여신 사원도 없었던 것은 아니나 소수에 불과하다. 유교는 삼종지도를 내세워 여성을 남성에게 철저히 종속된 존재로 간주한다. 주지하다시피 여성은 제사에서 절도 하지 못했다. 우리나라에서는 과학적 사고가 도입되기 전까지 불임이 완전히 여자 혼자의 책임이었다. 아들을 보기 위해서는 첩을 들이는 것이 당연했고, 자식이 없는 여자는 쫓겨나기도 했다. 아들만 중시하는 사고는, 여섯 공주를 낳았던 왕과 왕비가 아들을 얻으려 치성을 드렸으나 일곱째도 딸이 태어나자 화가 난 왕이 막내딸을 버렸다는 「바리공주」 설화에도 잘 나타난다.

　　이야기하기조차 무서운 남성 중심적 행위들도 있었다. 대표적인 것이 남편이 죽으면 아내를 함께 장사 지내는 순장 풍습이다. 한반도에서도 삼한과 부여에 순장 풍습이 있었음을 보여 주는 고고학

45　초기의 불교와 그리스도교는 당대 사회 내의 가치관에 비해 혁명적으로 여성들을 존중한 것이라고 볼 수 있다. 여성을 철저히 배제하는 힌두교 문화를 생각하면 불교 성립 초기부터 여자 승려가 있었다는 사실만으로도 불교에서 여성이 상대적으로 매우 존중되었음을 알 수 있다. 그리스도교에서 예배 등의 의례에 여성의 동등한 참여가 가능했고 여성들이 디코니스(deaconess)라는 직분을 맡아 여성 세례 등의 성례에서 중요한 역할을 담당했던 것은, 유대교나 그리스 전통 종교에서는 상상도 하기 어려운 일이었다.

적 자료들이 많이 발굴되었다. 『80일간의 세계일주』에도 나오듯이, 인도에는 남편이 죽으면 아내를 같이 화장하는 사티 풍습이 있었다 (이 책 120쪽 참조). 이 풍습은 1829년 영국 식민 정부에 의해 금지되었고, 현 인도 정부도 엄격히 금지하고 있지만, 오늘날도 시골 마을에서는 몰래 행해지고 있다고 한다. 아프리카, 중동, 티베트 등지에서 여전히 행해지는 여성 할례는 여성의 성적 즐거움을 박탈하기 위한 것이라고 이야기된다.

전통 종교의 여성 이미지는 남성의 시각에 의해 구축되었다. 철저한 남성 중심적 시각에서, 여성은 알 수 없는 미지의 존재, 즉 타자다. 자신보다 약하지만 늘 마음을 빼앗기고 마음대로 할 수는 없다. 그래서 매력적이면서도 위험한, 통제와 경계의 대상이다. 때로는 남성을 향한 여성의 사랑도 통제할 수 없을 정도로 위험하게 여겨진다. 그리스 신화 최고의 영웅 헤라클레스는 모든 역경을 물리쳤지만 결국 아내의 의심 때문에 처절한 죽음을 맞이한다. 메데이아는 사랑을 위해 모든 것을 바쳤으면서도 무서운 마녀이자 악처로 이름을 남긴 여성이다. 이아손이 아르고 선을 타고 코르키스에 갔을 때 마법의 힘을 지닌 메데이아 공주가 헌신적으로 돕지 않았더라면 황금 양피를 구하는 목적을 달성하지 못했을 것이다. 사랑에 눈먼 메데이아는 추격해 오는 남동생을 잔인하게 죽여 바다에 버리기까지 했다. 그녀는 사랑을 위해서는 가족을 배신하고 살인도 불사하는 무서운 여인이다. 남자들은 이 무시무시한 여성이 지금은 자신을 사랑하지만 행여 자신의 마음이 변하면 이 강력한 힘이 자신을 향할 수 있다는 것을 알기 때문에 더 위험하다고 생각한다. 이아손이 그녀를 버리고 권력을 얻기 위해 코린토스의 크레온 왕의 사위가 되기로 결심하자, 그녀는 무서운 복수의 화신이 된다. 메데이아의 복수는 크레온 왕과 그 딸을 죽이는 데서 그치지 않았다. 그녀는 이아손과 자신 사이에서 태어난 두 어린 아들을 무참하게 살해하기까지 한다. "여자가 한을 품으면 오뉴월에도 서리가 내린다"는 우리 속담은 여성들이 그렇게도 많은 한을 품게 한 남성들이 자기 반성 없이 여성을 위험한 존재로 규정한 결과일 것이다.

앞서 인간의 본능과 충동을 상징한다고 설명했던 구미호 역시 남성들이 타자인 여성들에게 품은 매혹과 두려움을 표상한다고도 볼 수 있다. 그리스 신화에서는 남성 영웅들을 때로는 위협하고 때로는 유혹하는 많은 괴물들이 여성으로 그려진다. 영웅들은 이 여성 괴물들을 죽이거나 피해야만 과업을 달성할 수 있다. 오이디푸스가 맞섰던, 불가해한 수수께끼를 내고 사람들을 죽인 스핑크스는 사자의 몸, 독수리의 날개, 뱀의 꼬리를 가지고 있었지만 얼굴은 아름다운 여자였다. 오디세우스는 일행을 돼지로 만들어 버린 마녀 키르케의 마법을 극복해야 했고, 노래를 불러 뱃사람들을 미혹시키고 죽음에 이르게 하는 바다 요정 세이렌의 유혹을 이겨 내야 했다. 페르세우스는 눈이 마주친 모든 사람을 돌로 만들어 버리는 괴물 메두사의 목을 베었다.

융은 남성 무의식 속에 공유되어 각인된 보편적인 여성의 원형적 이미지를 아니마(anima)라고 불렀다. 양면성을 지닌 아니마에서 여성은 감성적 분위기가 어울리는 부드러운 존재이며 때로는 동정의 대상이다. 이런 이미지가 극대화되어 표현된 것이 바로 마법의 성에 간힌 공주다. 동시에 남성의 무의식 속에는 무자비하고 약은 악녀의 원형적 이미지도 공존한다. 이들은 남성을 유혹하여 파멸에 이르게 한다. 춤으로 헤롯 왕의 마음을 녹이고 세례 요한의 목을 베도록 한 살로메와 그녀의 어머니 헤로디아가 대표적인 인물이다. 마법의 성에 갇힌 공주나 악녀 이미지 모두 남성이 바라는 이미지를 여성에게 강요하거나 여성을 타자로 인식하는 철저한 남성 중심적 여성상을 반영한 것이다. 물론 융은 여성의 무의식 속에 공유되어 각인된 보편적인 남성의 원형적 이미지인 아니무스(animus)에 대해서도 설명했다. 여기에는 역경을 뚫고 여성을 구해 내는 백마를 탄 왕자의 이미지와, 여성을 꼬드긴 후 순결을 빼앗은 뒤 버리는 악한의 이미지가 공존한다.[243]

그러나 사회적 권력을 쥐고 있던 남성은 자신이 여성에 대해 갖는 기대와 두려움을 강요할 수 있었던 반면, 권력을 가지지 못한 여성은 그렇게 하지 못했다. 여성을 통제하고 경계하는 규칙은 곧 남성과 여성을 포함하는 인간을 통제하는 규칙에 덧붙여졌다. 여성이 갖는 상징적 의미와 여성인 어머니의 상징적 의미가 다르다는 것도 주목해야 하는 점이다. 어머니는 어느 문화에서나 긍정적인 상징적 의미를 지니며 누구나 어머니의 사랑과 희생을 인정한다. 그러나 남성 중심적인 관점은 이를 여성에 대한 존중으로 연결시키지 못했다. 여성의 상징적 의미가 어머니의 상징적 의미와 분리되었기 때문에 어머니에게 별로 미안해하지 않으면서 여성 전체를 존중하지 않을 수 있었던 것이다.

신화 속에서 여신은 여성의 모든 면을 다 지니고 있다. 여신은 자애로운 어머니이자 생명의 근원이며 생산의 에너지이고, 이상적인 여성으로서 지혜와 아름다움의 화신인 동시에, 두려움의 대상으로서 질투와 파괴를 일삼는 존재이기도 하다. 우리나라의 여러 신화의 여주인공들도 이러한 양가적인 속성을 잘 드러낸다. 신화 속 여신들은 종종 남성과의 관계를 주도하며 더 지혜롭고 능력 있는 존재로 그려지지만, 「문전본풀이」에서 변소의 여신인 측도부인은 원래 남편과 자식들을 파멸로 몰아가는 나쁜 계모였고 「지장본풀이」의 지장아기와 「세경본풀이」의 서수왕따님아기는 새[鳥]로 환생하여 인간에게 온갖 나쁜 것[邪]들을 가져다준다.[46]

여성성은 어머니의 배에서 나온 모든 인간에게 편안함을 제공한다. 그래서 마리아가 지옥에 떨어지는 파우스트를 구원할 때 천사들이 "모든 여성스러운 것이 우리를 구원한다네"라고 말한 것에 많은 이들이 공감한다. 또한 여성적인 요소가 마리아 숭배나 여성화된 관세음보살의 형태로 전통 종교 속에 남아 있는 것도 이러한 이유 때문일 것이다. 여신의 여성성을 중시하는 사람들은 신을 남성으로 인식하는 종교들에 반대한다. 그리스도교 이전의 유럽 이교도(pagan) 전통 종교를 계승하는 현대 종교운동 '위커(Wicca)' 신봉자들은 유대교, 그리스도교, 이슬람교의 남성 중심적 태도에 대한 해결책으로 여성성을 지닌 여신을 숭배해야 한다고 강조한다. 이들은 '여성 영성' 또는 '여신 운동'이라고 불리기도 하는 미국 사회의 여성주의 운동과 자신들의 종교를 연결하여, "하느님(남신) 대신에 여신을 찾으라. 너희 남

---

46 제주에서는 사(邪)를 흔히 '새'로 읽는데, 이것이 와전되어 새[鳥]와 혼동되곤 한다. 예를 들어, 의례에서 새를 쫓는 듯한 동작을 취하는 행위는 부정과 나쁜 기운을 씻어 내는 것을 상징한다.

성들의 종교 대신에 여성들의 영성을 개발하라. 이것이 너를 옛 종교로 가는 길로 인도할 것이다"라고 주장한다.[244]

그러나 숭배의 대상인 여신도 남성 중심적 관점에서 여성을 차별하고 이용하는 합리화의 근거가 될 수 있다는 점을 기억해야 한다. "신이 남성인 곳에서는 남성이 신이다"라는 페미니스트 신학자들의 비평은 맞지 않는 경우가 너무나 많다. 여신이 신인 곳에서 남성이 더 강력하게 지배하는 사례가 적지 않기 때문이다. 도니거는 "여신이 강력하고 위험하다고 인식되는 문화에서는 여성도 강력하고 위험하게 인식되어 그들을 통제하는 더 강한 조치가 취해져야 했다"고 말한다.[245] 작가 강석경이 인도인 남성들에게 여성의 결혼 지참금인 다워리(dowery)에 대해 물었을 때, 뭄바이 대학의 건축학도가 다음과 같이 설명했다고 한다.

> 인도인에게 여성은 곧 지구이다. 지구는 고통을 받아들이는 극도의 힘을 갖고 있다. 그것은 인내와 사랑, 보호의 상징이다. 인도인 여자는 받지 않고 오직 주는 것만 안다. 다워리는 가정을 세우는 선물로서 주어진 것이고 그것으로 새 인생이 시작된다.[246]

강석경이 만난 인도인 대학생은 두려움의 대상으로서의 여신

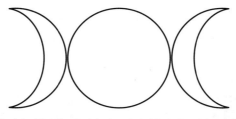

위커의 상징 중 하나. 점차 차올라서 보름달이 되고, 다시 이울어 가는 달의 모습을 형상화한 것이다.

의 이미지는 제외하고 어머니와 이상적인 여성의 상징만 이야기했다. 그러나 그가 말한 "인내와 사랑, 보호의 상징"은 결국 여성 착취를 합리화하는 수단으로 이용되었다.

　　종교 상징을 연구하는 목적인 '인간의 이해'에 이르기 위해서는 어떤 자료들이 남성 중심적 관점에서 비롯된 것인지를 명확히 통찰해 낼 수 있어야 한다. 오랜 세월 지속된 남성 중심적 관점은 결코 공정한 인간 이해의 근거가 될 수 없기 때문이다.

8장

한계상황에 맞서는 종교적 인간

한계와 맞서지 않는 인간은 없다. 어떻게 보면 인간은 인간으로서의 한계를 인정하고 그 한계를 넘어서기를 갈망한다는 점에서 종교적이다. 신화는 한계를 초월하는 세계를 제시하고, 의례는 초월적 세계를 상징을 통해 재현한다. 대부분의 종교적 인간은 자신이 직접 한계를 뛰어넘으려고 하는 대신, 인간의 한계를 뛰어넘는 초월적 존재를 갈망하며 그들과 연관을 맺음으로써 한계를 뛰어넘으려 한다. 샤먼 등의 종교 전문인들은 인간의 한계를 넘어 신의 영역으로 건너간다고 생각되었다. 샤먼이 인간의 영역을 넘어갈 때 사용하는 무구(巫具)는 중요한 종교 상징이다. 강력한 신의 상징으로 악귀를 위협하는 데 사용하는 신칼, 신을 불러올 때 사용하는 방울, 신에게 선물하는 돈 모양의 종이인 지전, 굿을 하는 중 신의 위엄을 나타내는 동작을 할 때 쓰는 부채, 신을 불러와 즐겁게 해 주고 다시 돌려보내는 데 사용하는 무악기 등이 샤먼의 무구들로, 상징적인 의미를 지닌 이러한 도구들은 인간이 한계 너머를 경험하는 데 도움을 주었다.[47] 수많은 한계 중에서도 가장 버거운 상대는 시간과 공간일 것이다. 일상의 시간 및 공간과 구별된 성스러운 시간과 공간을 설정하는 것은 일상을 비하하려는 것이 아니라 일상의 한계를 뛰어넘기 위한 시도라는 것은 앞에서도 언급했다. 인간은 우주를 영역으로 구별하고, 영역 간의 질서를 수립한다. 인간의 영역은 사실 매우 제한되어 있어서 더 우월한 존재의 영역, 죽음의 영역 등과 충돌할 수밖에 없으나, 인간은 자신의 영역이 부과한 한계를 넘어서기 위한 노력을 멈추지 않았다. 시간의 흐름을 거스르려는 처절한 도전은 노병사(老病死) 등과 같은 시간의 방어가 코웃음을 쳐도 아랑곳하지 않고 계속되었다.

　　자신이 직접 시공의 한계를 뛰어넘는 존재가 되기 위해 노력한 종교적 인간도 있었다. 중국에는 자리에서 갑자기 사라져서 다른 곳에 '펑' 소리와 함께 나타나며, 시간이 흘러도 늙지 않는 신선과 관련된 신화가 많이 있다. 어떤 종교의 창시자나 강력한 카리스마를 지닌 종교 지도자 중에는 스스로가 모든 한계를 초월한 존재라고 선언한 사람도 있다. 그러나 이러한 선언 역시 인간에게는 한계가 있다는 것을 인정하기 때문에 가능한 일이다.

47　무구는 단순한 도구일 뿐 아니라 종종 신 자신으로 여겨지기도 한다. 샤먼들이 사용하는 도구들은 신과 같은 힘을 지닌 신의 몸, 즉 신체(神體)이기도 하다. 제주도 토착종교의 무속인인 심방들은 기본 무구인 '멩두', 즉 신칼, 산판, 요령을 신으로 모신다. 북미 아메리카 인디언 부족에서는 성스러운 담뱃대와 같은 신성한 물건을 가져야 샤먼이 될 수 있었고, 이 신성한 물건은 신 자체라고 여겨졌다. 라코타 부족의 샤먼에 따르면, "샤먼은 항상 그의 무구를 가지고 있어야 하며 그것을 의례에서 항상 사용해야 한다. 그것은 신이다. 무구는 신의 힘을 가지고 있고, 그 힘을 지닌 신과 같다." Walker, *Lakota Belief and Ritual*, p.95. 필자의 번역.

신선처럼 시공을 초월하는 초능력자에 대한 이야기는 현대에도 끊임없이 반복되고 있다.[48] 여전히 사람들은 시공의 초월이라는 불가능을 꿈꾸며 신화에 반영하기 때문이다. 영화와 만화에서 최고의 초능력을 지닌 영웅은 '슈퍼맨'일 것이다. 모든 사람이 슈퍼맨에 대해 이야기하고, 언론의 관심도 그에게 집중되어 있다. 곤경에 빠진 사람들이 "도와줘요, 슈퍼맨!"이라고 외치면, 그는 순식간에 날아와서 그들의 필요를 충족시켜 준다. 그는 빛보다 빨리 움직여 시간을 되돌리며 순식간에 어디든지 갈 수 있는, 시간과 공간을 초월한 존재다. 그러나 슈퍼맨은 단순한 영웅이 아니라 신적인 존재다. 〈슈퍼맨 리턴즈(Superman Returns)〉(2006)에 나오는 대사들을 주의 깊게 살펴보면 이 영화가 슈퍼맨을 어떻게 설정하고 있는지를 잘 알 수 있다. "당신은 신이 아니야"라는 애인의 말에, 악당 렉스는 "맞아. 신은 빨간 망토 걸치고 뽐내며 날아다니는 놈이지"라고 말한다. 초월적 능력을 지닌 슈퍼맨이 신이라는 말이다. 크립톤 행성의 아버지는 "인간은 위대한 존재다. 그러나 인간은 오직 비춰 줄 빛이 필요할 뿐이다. 그래서 내 외아들 너를 인간에게 보낸다"라고 말한다. 성서에서 말하는 '빛'

---

48 시간과 공간의 한계를 뛰어넘는 인간들에 대한 신화는 영화를 통해 끝없이 재생되고 있다. 〈점퍼(Jumper)〉(2008)는 장소를 뛰어넘는 능력을 지닌 초능력자인 '점퍼'에 대한 영화다. 점퍼들을 찾아 죽이는 것을 목적으로 하는 단체인 '팔라딘'의 요원은 "그런 능력은 신에게만 허락된 것이다"라는 말을 반복한다. 공간의 초월이라는 신의 능력을 지닌 인간은 인간 영역의 질서를 위태롭게 한다. 인간 영역의 존재론적 지위에서 벗어난 능력을 지니고 있기 때문이다. 시간의 극복을 다룬 영화는 많이 있다. 타임머신을 소재로 하는 영화들이 계속 제작되고 있고, 〈벤자민 버튼의 시간은 거꾸로 간다(The Curious Case of Benjamin Button)〉(2008)나 〈영원한 젊음(Youth without Youth)〉(2007)처럼 세월이 흐르면서 오히려 젊어지는 사람을 그린 영화도 적지 않다. 영화 〈어바웃 타임(About Time)〉(2013)이나 일본 애니메이션 〈시간을 달리는 소녀(The Girl Who Leapt Through Time)〉(2007)는 시간을 거슬러 이미 일어난 사건을 되돌리는 능력을 지닌 사람에 대한 이야기다.

이자, 하늘 저 멀리서 내려온 외아들인 슈퍼맨은 그리스도교의 메시아를 연상시킨다. 지금은 남의 아내가 된 슈퍼맨의 옛 애인은 "세상은 구원자(구세주)가 필요 없어. 나도 그렇고(The world doesn't need a savior. Neither do I)"라고 말하지만 결국 그의 도움을 받는다.[49] 슈퍼맨이 그녀의 구원자라는 것을 인정하게 되는 셈이다.

현대인들은 기계의 힘을 빌려 시간을 초월하는 경험을 즐긴다. 밀란 쿤데라는 『느림』에서 오토바이와 자동차라는 기계가 인간에게 "속도"를 선물하여 잠시나마 시간을 초월하는 경험을 부여한다고 말한다. 오토바이를 타는 것은 뛰어가는 것과는 달리 자기 육체 밖에서 속도가 발생하도록 하여 자신의 한계에 갇히지 않게 한다는 것이다.

> 오토바이 위에 몸을 구부리고 있는 사람은 오직 제 현재 순간에만 집중할 수 있을 뿐이다. 그는 과거나 미래로부터 단절된 한 조각 시간에 매달린다. 그는 시간의 연속에서 빠져나와 있다. 그는 시간 바깥에 있다. 달리 말해서 그는 엑스터시 상태에 있다. 그런 상태에서는 (…) 그는 두려울 게 없다. 두려움의 원천은 미래에 있고, 미래로부터 해방된 자는 아무것도 겁날게 없는 까닭이다.[247]

쿤데라는 폭주족들이 죽음을 두려워하지 않고 속도를 내는 것은 잠시나마 "시간 바깥에" 있음으로써 시간을 초월하기 때문이라고

---

49 우리나라에 출시된 DVD 자막에는 '구세주(savior)'가 '영웅'으로 번역되어 있다.

설명한다. 자동차나 오토바이를 타며 속도를 올리는 사람들은 시간을 뛰어넘는 영화 속의 주인공이 된다. 잠시나마 위험한 엑스터시를 통해 맛보는 한계의 초월이다.

시간의 흐름에 의해 발생하는 더 근본적인 인간의 한계는 '죽음'일 것이다. 누구나 죽음 앞에서는 어쩔 도리가 없다. 조금 더 생명을 연장할 수는 있을지 몰라도, 언젠가 죽는다는 사실은 변함없다. 종교적 인간에게 죽음만큼 큰 도전은 없었다. 도대체 왜 인간은 죽어야만 하는지에 대한 물음, 스스로 불사의 존재가 되려는 노력, 죽음을 초월한 영원한 생명에 대한 갈망 등은 모두 죽음이라는 벽 앞에서 인간이 대처하는 방식이었다. 물론 살아가는 순간순간이 한계상황인 사람들은 죽음을 한계로 여기지 않을지도 모른다. 이들에게 죽음은 다른 의미다. 누구나 죽는다는 사실, 죽음 이후에는 이 세상의 고통으로부터 자유로운, 더 나은 세상이 펼쳐질 것이라는 기대는 이 세상 속의 한계상황에 지친 영혼들에게 위로가 되었다. 인간이 죽어야 한다는 사실에 견딜 수 없었던 사람들은 다른 한계상황들로부터 조금은 덜 압박을 받는 사람들이다.

인간이 살면서 부딪히게 되는 고통과 괴로움의 상황들은 시간과 공간보다 더 절박하게 다가오는 한계를 만들어 낸다. 기근, 지진, 홍수 등 자연재해 앞에서 인간은 할 수 있는 일이 별로 없었다. 전쟁의 참혹한 상황 속에서 개별적인 인간은 철저히 무기력하다. 근대 이전까지는 계급, 지위, 권력 등 사회 내에서 개인을 묶어 놓는 한계도 불가항력적이었다. 그 밖에도 삶의 각 단계에서 뛰어넘어야 하는 시련들은 극복하기에 너무 버거운 것들이다. 해마다 대학 입시 성적 결과를 놓고 스스로의 삶을 포기하는 청소년들이 끊이지 않는다. 생각 대로 되는 삶, 바라는 대로 모든 것이 이루어지는 삶은 텔레비전 광고 에서나 가능한 일이다.

죽음을 비롯한 모든 인간의 고통과 한계는 궁극적으로 혼자 맞서야 하는 것이다. 수십만의 대입 수험생이 같은 고생을 하지만 각 각의 수험생이 경험하는 불안과 초조는 누가 대신해 줄 수 없는 각자 의 몫이다. 전쟁 중 수만의 사람이 한자리에서 죽었다고 뭉뚱그려 덤 덤하게 기록하는 역사는 그 수만 명의 개별적인 한 사람 한 사람의 실 존적인 고통을 감춘다. 김훈의 『칼의 노래』에서 이순신은 전쟁 통에 죽어가는 사람들의 고통에 대해 다음과 같이 생각한다.

> 그 각자의 몫들은 똑같은 고통과 똑같은 무서움이었다 하더 라도, 서로 소통될 수 없는 저마다의 몫이었을 것이다. 저마 다의 끝은 적막했고, 적막한 끝들이 끝나서 쓰레기로 바다를 덮었다. 그 소통되지 않는 고통과 무서움의 운명 위에서, 혹 시라도 칼을 버리고 적과 화해할 수도 있을 테지만 죽음은 끝 내 소통되지 않는 각자의 몫이었고 (…)[248]

놀라운 통찰이다. 전쟁터에서 죽어가는 사람들의 공포와 고통 이 똑같다고 하더라도 이는 "소통될 수 없는 저마다의 몫"이라는 사 실을 우리는 너무도 쉽게 망각한다. 다른 책에서 김훈은 이러한 고통 에 대해서 좀 더 자세히 설명한다. "나의 고통은 나의 생명 속에서만 유효한 실존적 고통인 것이다. 인간의 존엄은 그 개별성에 있을 것이다. (…) 나의 병은 다른 모든 유사한 병과 다른 것이다."[249] 모든 사람이 같은 고통을 경험해도 모두가 처절하게 고독하고 두렵다.

　　신화에 나오는 초월적 능력을 지닌 영웅들도 인간의 고독, 고통, 죽음을 다 겪는 경우가 많다. 중국 신화 최고의 영웅 예(羿)는 인간을 위하여 위대한 일을 했지만 천제에게 버림받고 아내 항아에게 속아 불사약을 먹지 못하며 가신 봉몽에게 배신을 당하여 쓸쓸하게 죽어간다.[250] 그리스 신화에서 헤라클레스는 사공 카론을 힘으로 제압하여 스틱스강을 건너가고 지옥 입구를 지키는 개 케르베로스마저 두들겨 팬 후 죽은 사람을 데리고 올 수 있는 힘을 지녔다. 그러나 그는 헤라 여신의 계략에 의해 정신착란을 일으킨 상태에서 아내와 자식들을 죽였고, 이 죄를 씻기 위해 열두 가지의 노역을 감당해야 했다. 나중에 칼리돈(Calydon)의 공주 데이아네이라(Deianeira)와 결혼하지만, 그녀는 켄타우로스족 네소스(Nessus)에게 속아 남편 헤라클레스를 죽게 만든다. 네소스가 데이아네이라를 겁탈하려 하자 헤라클레스는 강력한 독 성분이 있는 히드라(Hydra)의 피가 묻은 화살을 날려 네소스를 죽인다. 죽어가는 네소스는 데이아네이라에게 남편의 사랑이 식을 때 자신의 피를 남편의 옷에 묻히면 사랑이 회복될 것이라고 거짓말을 하고, 이 말에 속은 아내는 훗날 헤라클레스의 옷에 네소스의 피를 묻히게 된다. 헤라클레스는 피부와 뼈가 타들어가는 고통을 이기지 못하고 결국 장작 불 속으로 뛰어들어 스스로를 화장하고 만다.[251] 그리스 신화에서 가장 탁월한 능력을 지녔던 영웅 헤라클레스도 인간의 피가 섞여 있는 한 고통과 죽음이라는 인간의 운명에서 벗어날 수 없었던 것이다.

이 세상에서 한계를 완전히 극복하지 못했기 때문에 더 많은 사랑을 받은 영웅 중에는 길가메시가 있다. 기원전 14세기에 기록된 『길가메시 서사시』는 그보다 훨씬 오래된 수메르 시대의 도시국가 우룩(Uruk)의 왕이었던 길가메시에 대한 이야기다. '늙은이(길가)'가 '젊은이(메시)'가 되었다는 뜻의 그의 이름 자체가 인간의 한계를 넘고자 하는 열망을 반영한다. 헤라클레스와 마찬가지로 길가메시도 인간과 신 사이에 태어난 당대의 영웅으로 신들과도 대적했다. 그가 사람들을 괴롭히자 천공신 아누가 다른 영웅인 엔키두(Enkidu)를 보내 싸우게 하지만 결국 둘은 의기투합하여 친구가 되고, 두 영웅은 힘을 합쳐 삼나무 숲의 파수꾼 신 후와와(Huwawa)를 죽인다. 길가메시가 자신을 유혹하는 이슈타르 여신을 모욕하자, 신들은 하늘의 황소를 보내 그를 징벌하려 한다. 그러나 두 영웅은 이 황소마저도 죽인다. 분노한 신들은 이들에게 죽음의 판결을 내려 엔키두를 먼저 죽게 한다. 절친한 친구의 죽음으로 인해 죽음이라는 실존적인 문제에 맞닥뜨리게 된 길가메시는 해결책을 찾아 나선다. 사공 우르샤나비(Ur-shanabi)의 도움으로 원래 인간이었다가 신적인 존재가 된 우트나피시팀의 섬에 도달한 길가메시는, 7일 동안 잠을 자지 않고 깨어 있다면 불멸의 존재가 될 것이라는 충고를 받는다. 하지만 그는 잠이라는 한계를 극복하지 못했다. 그를 불쌍히 여긴 우트나피시팀은 깊은 바닷속에 불로초가 있다는 것을 가르쳐 준다. 불로초를 구한 길가메시는 이제 시간이 흘러도 다시 젊어질 수 있게 되었다. 그러나 그는 여전히 부주의한 인간이었다. 돌아가는 길에 연못에서 목욕을 하던 중 그가 둑에 놔둔 불로초를 뱀이 나타나서 먹어 버리고, 그 자리에 허물을 벗어 놓은 것

메소포타미아 신화의 주인공, 길가메시.

이다. 결국 죽음을 뛰어넘는 일을 포기하고 만 길가메시는 여행을 함께했던 우르샤나비에게 우룩의 성벽을 자랑한다.[252] 그는 비록 인간의 한계를 극복하지는 못했지만, 인간의 한계 속에서 전과는 다른 존재가 되었다. 신화 후반부에서 길가메시는 초반부에 두드러졌던 야성의 모습 대신, 문화적 업적의 수호자의 모습을 보인다. 고난을 거친 인간은 자신의 한계 속에서 더 나은 모습을 확보할 수 있게 되는 것이다.[50]

인간의 한계, 한계 극복의 갈망, 그리고 이것들에 관한 상징적 표현은 종교적 인간의 모습을 적나라하게 보여 준다. 종교 상징은 성스러움을 가리키고 대신하는 상징물들만을 가리키는 것이 아니라, 성스러움과 관련된 모든 상징을 의미하기도 한다. 범속함의 한계를 넘으려는 인간의 노력에 대한 상징도 종교 상징의 중요한 주제다. 인간의 한계를 논하는 일은 이 책에서 처음부터 계속 반복해 온, '인간은 종교적이며, 상징을 사용하는 속성을 지닌다'는 주장을 다시 강조하는 일이기도 하다.

나는 이 책에서 종교적 인간이 가변적이고 불안정하며 불완전한, 그래서 무의미하고 덧없는 범속한 세상 속에서 살면서도, 불변적이고 항구적이며 초월적이고 유의미한 성스러움을 경험하려 한다는 것을 보이고자 했다. 범속함에서 선별된 기표가 초월적인 성스러움을 가리키고 대신하도록 하는 성스러움의 상징은, 한계가 분명한

---

50 다른 존재가 되려다가 실패하는 신화의 주인공과 관련하여 도니거는 다음과 같이 말한다. "우리가 변신하여 되고 싶었던 다른 사람이 되는 일에 실패하고 맨 처음의 자리로 돌아갔을 때, 우리를 기다리는 우리 자신의 다른 모습을 발견하게 된다. 우리의 많은 자아들 중 [이전과는] 다른 자아다." Doniger, *The Woman Who Pretended to Who She Was*, p.215.

이 세상 속에 무한한 성스러움이 공존하도록 한다. 종교적 인간은 상징을 이용하여 자신의 한계 너머의 어딘가를 바라보고, 또 그것을 자신의 한계 속으로 끌고 들어온다. 종교적 인간이 한계를 자각하고 그 너머를 갈망하는 모습은 신화 속에 드러나며 의례로 극화된다. 수많은 상징은 한계 너머를 가리키며 그것을 현실 속에 실현한다. 한계를 넘어선 영웅은 한계에 도전하는 사람들을 상징한다. 책을 시작하면서, 영웅들이 불가능을 사랑하고 늘 불가능에 도전하는 존재라면, 인간들은 그 영웅들을 지향하는 존재일 것이라고 말했다. 한계를 넘어서지 못하면서도 한계에 맞서는 사람들이 지향하는 영웅은, 한계를 넘는 것에 대한 인간의 갈망과 희망을 상징한다.

고통과 공포와 절망에 맞선 모든 사람이 그것을 극복하는 낭만적인 꿈을 꾸었다는 말은 아니다. 인간이 부딪히는 한계상황들은 그것이 지나간 후의 일을 꿈꾸는 것조차 어렵게 하고, 이 상황을 예전에 극복해 냈다는 영웅들을 생각할 여유조차 갖지 못하도록 만들기도 한다. 여기서 우리는, 절망스러운 한계상황 너머를 생각하지 않고 그 상황을 감내하며 통과해 가는 사람들도 종교적 인간이라고 할 수 있는지의 문제에 부딪힌다. 김훈은 이순신을 절망 너머를 생각할 여유가 없었던 사람으로 보고 있는 듯하다.

> 그러다 우연히, 정말 우연히 『난중일기』라는 책을 읽었어요. (…) 거기에는 희망이나 행복이나 미래가 전혀 없었어요. 이순신이라는 사내가 감당한 것은 그야말로 절망만이 가득 찬 현실이더군요. (…) 그 절망의 시대에서 헛된 희망을 설치하고

그 헛된 희망을 꿈이라고 말하지 않고 그 절망의 시대를 절망 그 자체로 받아들이면서 통과해가는 한 인간의 모습이 거기 그려져 있었습니다.[253]

그러나 절망을 절망 자체로 받아들이면서 통과해 간다고 해서 절망 너머를 생각하지 않았던 것은 아닐 것이다. 절망을 절망으로 인식하고 한계를 한계로 받아들이면서도 그 절망과 한계에 맞서는 모순된 행동을 하는 사람들은 한계 너머의 세상을 만들어 가는 사람들이다. 그들이 한계 너머를 전혀 지향하지 않았다고 할 수 있겠는가? 김훈의 소설 속에서 이순신이 "무의미", "무내용", "헛것"과 싸우면서, 자신의 삶과 죽음에서 '의미'를 확보하려 노력한다는 것은 앞에서 이미 말했다. 무의미한 죽음을 거부하고 의미 있는 행동으로 삶을 구성해 가는 사람은, 차마 희망과 꿈을 말하지 못했더라도, 이미 절망과 한계 너머를 지향하고 있는 것이다.

한 가지 더. 한계상황에 맞선 사람들은 역사 속에서 인간을 종교적 인간으로 만드는 데 중요한 역할을 한다는 점을 기억하자. 이들은 한계에 압도된 사람들이 지향해야 할 신화적 본보기를 제공한다. 김훈의 말대로 이순신은 한계 너머를 전혀 볼 수 없었던 상황을 살았다고 하더라도, 희망을 전혀 품지 않았더라도, 김훈에게 이순신은 한계를 넘었던 영웅이다. 이 책을 시작하면서 인용했던 김훈의 고백으로 돌아가 보자. 그는 "자신의 절박한 오류들"로 인해 희망의 힘으로 살지 못할 때 이순신 장군의 사당에 갔다고 한다. 거기에 있는 칼을 보며 "사랑은 불가능에 대한 사랑일 뿐"이라는 것을 생각했다.[254] 소설 속의 이순신은 그 칼에 고통, 무서움, 쓰레기로 가득한 전장의 바다를 베어 낼 힘이 없다는 것을 알고 있었다. 자신이 할 수 있는 일은 이승의 한계 내에서일 뿐이라는 것도 알았다. "나는 여전히 적의 적이었으며 이 쓰레기의 바다 위에서 나는 칼을 차고 있어야 했다. 죽이되, 벨 수 있는 칼이 나에게는 없었다. 나의 연안은 이승의 바다였다."[255]

그러나 영웅을 바라보며 영웅이 아닌 자신은 "쓸쓸해서 속으로 울었다"는 평범한 인간 김훈에게, 이순신은 큰 칼을 휘둘러 불가능을 베며 사랑을 가능하게 한 영웅으로 다가온 것도 기억해야 한다. 이순신은 불가능에 부딪힌 사람들이 찾아가도록 사당에 모셔졌고, 드라마와 소설과 영화로 재현되어 왔다. 결국 헤라클레스와 이순신은 한계상황에 맞서다가 비극적인 죽음을 맞지만, 절망스러운 한계상황 앞에서 압도된 사람들은 그들을 영웅이자 초월적 존재로 만든다.[256] 탈신화화된 시대를 사는 현대인들도 신화를 잃고, 영웅을 잃고, 본보기를 잃고서는 암담한 현실을 맞닥뜨릴 수 없다. 현대인들도 여전히 종교적 인간의 속성을 지니고 있기 때문이다.

주석

1 신영복, 『강의: 나의 동양고전 독법』 (파주: 돌베개, 2004), 175쪽.

2 『신약성서』 「고린도전서」 (개역개정) 15:20.

3 알랭 드 보통, 『불안』, 정영목 옮김 (파주: 이레, 2005[2004]), 306쪽.

4 Jonathan Z. Smith, *Drudgery Divine* (Chicago: University of Chicago Press, 1990), pp. 121-125, 132-134 참조.

5 이런 지식을 위해서는 백과사전을 찾아보거나 서양에서 많이 출판된 상징 사전들을 구입 하여 참조하는 편이 나을 것이다. 이 책에서는 구체적이고 개별적인 상징을 이해하기 위 해서 다음과 같은 상징 사전들을 참조했다. J. C. Cooper, *An Illustrated Encyclopedia of Traditional Symbols* (New York: Thames & Hudson, 2005[1978]); Jean Chevalier & Alain Gheerbrant, *The Penguin Dictionary of Symbols*, trans. by John Buchanan-Brown (London: Penguin Books, 1996[1969]); Hans Biedermann, *Dictionary of Symbolism: Cultural Icons & The Meanings Behind Them*, trans. by James Hulbert (New York: Penguin Books, 1994[1989]); *The Herder Dictionary of Symbols: Symbols from Art, Archaeology, Mythology, Literature, and Religion* (Wilmette, Illinois: Chron Publications, 1993[1978]); Udo Becker, *Lexikon der Symbole* (Köln: Komet, 1992).

6 Wilfred Cantwell Smith, *The Meaning and End of Religion* (Minneapolis: Fortress Press, 1991[1962]), pp. 12, 16-19 [『종교의 의미와 목적』, 길희성 옮김 (왜관: 분도출판사, 1991)].

7 Mircea Eliade, *Myth and Reality*, trans. by Willard R. Trask (Prospect Heights, IL: Waveland Press, 1998[1963]), p. 43.

8 종교에 대한 다양한 정의와 그 문제점들에 대해서는 Walter Capps, *Religious Studies: The Making of a Discipline* (Minneapolis: Fortress Press, 1995), pp. 1-52 [『현대 종교학 담론』, 김종서 외 옮김 (서울: 까치, 1999)]와 W. Richard Comstock, *The Study of Religion and Primitive Religions* (New York: Harper & Row, 1971), Ch. 2 [『방법론의 문제와 원시종교』, 윤원철 옮김 (서울: 제이앤씨, 2007)]를 참조하면 도움이 될 것이다.

9 Clifford Geertz, *The Interpretation of Cultures* (New York: Basic Books, 1973), p. 90.

10 Talal Asad, *Genealogies of Religion: Discipline and Reasons of Power in Christianity and Islam* (Baltimore: Johns Hopkins University Press, 1993), pp. 43-54.

11 Émile Durkheim, *The Elementary Forms of Religious Life*, trans. by Carol Cosman (Oxford: Oxford University Press, 2001[1912]), p.46.

12 Jonathan Z. Smith, *Relating Religion: Essays in the Study of Religion* (Chicago: University of Chicago Press, 2004), p.323.

13 Melford E. Spiro, "Religion: Problems of Definition and Explanation", in Michael Banton (ed.), *Anthropological Approaches to the Study of Religion* (London: Tavistock, 1966), p.96.

14 Joachim Wach, *Comparative Religion* (New York: Columbia University Press, 1958), Ch. 3-Ch. 5 [『비교종교학』, 김종서 옮김(서울: 민음사, 1988), 3-5장].

15 Ninian Smart, *Worldviews: Crosscultural Explorations of Human Beliefs*, 3rd ed. (Upper Saddle River: Prentice Hall, 2000), pp.3-10 [『종교와 세계관』, 김윤성 옮김(서울: 이학사, 2002), 26-30쪽].

16 Jürgen Habermas, *The Structural Transformation of the Public Sphere: An Inquiry into a Category of Bourgeois Society*, trans. by Thomas Burger (Cambridge, Massachusetts: The MIT Press, 1991[1962]), p.11.

17 Edward B. Tylor, *Primitive Culture: Researches into the Development of Mythology, Philosophy, Religion, Art, and Custom* (New York: Harper, 1958[1871]), pp.22-24. 이 밖에도, "종교가 없는 사회는 존재하지 않았다"고 한 앙리 베르그송, "인간은 이성적 인간이라기보다 종교적 인간이다"라고 주장한 로버트 매럿, "종교는 인간 사회에 보편적이다"라고 말한 레이먼드 퍼스 등 인문 사회 분야의 수많은 학자가 인간의 종교성을 강조했다.

18 르네 지라르, 『문화의 기원』, 김진식 옮김(서울: 기파랑, 2006[2004]), 162, 185-186쪽.

19 루트비히 포이어바흐, 『종교의 본질에 대하여』, 강대석 옮김(서울: 한길사, 2006[1851]), 290쪽.

20 Karl Marx, "Contribution to the Critique of Hegel's Philosophy of Right", in *Karl Marx and Friedrich Engels on Religion, introduced by Reinhold Niebuhr* (New York: Schocken Books, 1964), p.42. 원래는 1843년 단행본으로 출간되었던 책으로, 우리나라에서는 『헤겔 법철학 비판』(홍영두 옮김, 서울: 아침, 1988)이라는 제목으로 출간되었다.

21 포이어바흐, 『종교의 본질에 대하여』, 324쪽.

22 Sigmund Freud, *The Future of an Illusion* (New York: W. W. Norton, 1989[1927]), pp.6-12.

23 리처드 도킨스, 『만들어진 신』, 이한음 옮김(서울: 김영사, 2007[2006]), 306쪽.

24 Mircea Eliade, "Preface", *in The Quest: History and Meaning in Religion* (Chicago: University of Chicago Press, 1969), p.v, 강조는 원저자의 것.

25 Mircea Eliade, *Ordeal by Labyrinth: Conversation with Claude-Henri Rocquet*, trans. by Derek Coltman (Chicago: University of Chicago Press, 1982), p.117.

26 미르치아 엘리아데, 『세계종교사상사 1: 석기시대에서부터 엘레우시스의 비의까지』, 이용

주 옮김(서울: 이학사, 2005), 6쪽, 강조는 필자가 덧붙인 것.

27 Mircea Eliade, *The Sacred and Profane: The Nature of Religion*, trans. by Willard R. Trask (San Diego: Harcourt, 1987[1957]), p.210 [『성과 속: 종교의 본질』, 이동하 옮김(서울: 학민사, 1983[1957]), 186쪽]. 『신화, 꿈, 신비』, 강응섭 옮김(고양: 숲, 2006[1957]), 12쪽에서 종교경험이 "인간이 세상에서 존재 방식을 취하는 것을 깨닫게 하는 포괄적인 실존 경험"이라고 말한 것도 같은 맥락에서다.

28 Jonathan Z. Smith, *Imagining Religion: From Babylon to Jonestown* (Chicago: University of Chicago Press, 1982), p.xi, 강조는 필자가 덧붙인 것.

29 Richard D. Hecht, "'Rites Require Rights': J. Z. Smith's To Take Place: Toward Theory in Ritual After 20 Years Space, Place, and Lived Experience in Antiquity Consultation", *in Journal of the American Academy of Religion* 76 (September 2008), pp.790-791. 이 글에서는 위에 인용된 스미스의 주장이 학계에 끼친 또 다른 중요한 영향이 지적된다. 종교 연구에서 학자들이 지적 능력을 이용하여 상상하고 분석하는 일이 가장 중요하다는 인식이 확산된 것이다. 이는 종교 연구가 주어진 자료(given data)를 정리하는 것임을 당연히 여기던 풍토를 바꾸는 데 영향을 끼친 것으로 보인다.

30 Seyyed Hossein Nasr, "Islam," in Arvind Sharma (ed.), *Our Religions* (New York: HarperCollins, 1993), p.444.

31 김훈, 『남한산성』(서울: 학고재, 2007), 237, 260쪽.

32 http://news.chosun.com/site/data/html_dir/2008/01/18/2008011801089.html. 2008년 1월 21일 자 『인터넷 조선일보』에서 김수혜 기자가 히친스와 인터뷰한 내용.

33 김훈, 『칼의 노래』(서울: 생각의 나무, 2007[2001]), 22, 58, 72-78, 361쪽 등.

34 김훈, 『칼의 노래』, 371쪽.

35 김훈, 『칼의 노래』, 19쪽, 강조는 필자가 덧붙인 것.

36 김훈, 『바다의 기별』(서울: 생각의 나무, 2008), 131쪽.

37 엘리아데, 『세계종교사상사 1』, 6쪽.

38 "이런 이성의 힘이 그 바탕에 있기도 하지만, 그보다 더 깊은 안쪽에는 악과 폭력이 엄연히 존재하고 있다는 운명, (…) 인간의 합리성, 인간의 이성은 악과 폭력 그 위에 자리 잡게 되는 것이겠지요. 그렇기 때문에 약육강식이야말로 인간의 영원한 문제가 되는 것입니다. (…) 그런데 인간으로 태어난 우리의 운명이 약육강식이라면 우리는 인간이 아닙니다. 내가 약자로서 살기 위해 나보다 센 놈한테 내 살점을 먹이로 내주어야만 한다면 또 그걸 뜯어먹는 것이 정당화될 수 있다면 우리는 인간이 아니고 개돼지나 마찬가지입니다. (…) 우리는 인간이라는 이름에 값할 수가 없는 것이죠. 우리는 인간이기 때문에 거기에 승복할

수가 없어요. 거기에 승복할 수가 없음에도 불구하고 또다시 인간이기 때문에 거기에 끝없이 또 짓밟힐 수밖에 없습니다. 짓밟히면서 또 끝없이 저항하는 것이죠." 김훈, 『바다의 기별』, 139-140쪽.

39 김훈, 『바다의 기별』, 13, 21쪽.

40 김훈, 『바다의 기별』, 19쪽, 강조는 필자가 덧붙인 것.

41 황석영, 『바리데기』(파주: 창비, 2007), 268-283쪽 참조. 바리가 딸의 죽음 이후 보름 동안 앓아 누워 꾼 꿈에서, 귀신들이 바리에게 "우리가 받은 고통은 무엇 때문인지, 우리는 왜 여기 있는지"에 대해, "우리의 죽음의 의미"에 대해 묻는다. 바리는 "그 질문의 의미조차 알지 못한 채" 생명수를 가지러 서천의 끝으로 다녀오는 길에 답해 주겠다고 한다. 돌아오는 길에 바리가 답하는 내용은 "인간의 욕망", "이승의 정의", "인간의 절망", "신의 슬픔" 등이다.

42 파울로 코엘료, 『연금술사』, 최정수 옮김(서울: 문학동네, 2001[1988]), 46, 58, 73, 134, 244쪽 참조. 58쪽에는 '표지'와 관련된 다음의 구절이 나온다. "'보물이 있는 곳에 도달하려면 표지를 따라가야 한다네. 신께서는 우리 인간들 각자가 따라가야 하는 길을 적어 주셨다네. 자네는 신이 적어 주신 길을 읽기만 하면 되는 거야.' 산티아고가 무슨 말인가 하려는 순간, 나비 한 마리가 팔랑거리며 두 사람 사이로 날아왔다. 할아버지 생각이 났다. '산티아고, 나비는 행운의 표지란다.' 어린 시절 할아버지의 음성이 들리는 듯했다. 귀뚜라미와 메뚜기처럼, 회색 도마뱀과 네 잎 클로버처럼."

43 엘리아데의 성스러움에 관한 이론을 둘러싼 논쟁은 더글라스 알렌, 『엘리아데의 신화와 종교』, 유요한 옮김(서울: 이학사, 2008[2001]), 1, 3, 4장에 잘 소개되어 있다.

44 Eliade, *The Sacred and the Profane*, p.13.

45 엘리아데, 『신화, 꿈, 신비』, 18쪽.

46 미르치아 엘리아데, 『종교형태론』, 이은봉 옮김(파주: 한길사, 2004[1949]), 34, 66, 68, 72, 81, 84쪽 등; 『신화, 꿈, 신비』, 18쪽.

47 James R. Walker, *Lakota Belief and Ritual*, ed. by Raymond J. DeMallie & Elaine A. Jahner (Lincoln, Nebraska: University of Nebraska Press, 1991), pp.67-73 참조. 이 책은 워커가 1900년대 초반 라코타 부족 샤먼들과 면접한 후 채록한 것을 후대 학자들이 정리한 것이다.

48 「귀신」, 『파스칼세계대백과사전』 권4 (서울: 동서문화사, 1996), 2113쪽.

49 엘리아데, 『종교형태론』, 72쪽.

50 Mircea Eliade, *Patterns in Comparative Religion*, trans. by Rosemary Sheed (Lincoln, NE: University of Nebraska Press, 1996[1949]), p.324, 강조는 원저자가 한 것.

51 엘리아데, 『종교형태론』, 73, 87, 324, 562쪽 등 참조.

52 알랭 드 보통, 『여행의 기술』, 정영목 옮김(파주: 이레, 2004[2002]), 216쪽.

53　드 보통, 『여행의 기술』, 236-242쪽.

54　드 보통, 『여행의 기술』, 225-226, 229, 231쪽, 강조는 필자가 덧붙인 것.

55　황석영, 『바리데기』, 225-226쪽.

56　이는 엘리아데가 『종교형태론』의 결론 부분에서 강조하는 말이기도 하다. 엘리아데, 『종교형태론』, 577쪽.

57　잭 트레시더, 『상징 이야기』, 김병화 옮김(서울: 도솔, 2007[2000]), 201쪽.

58　밀란 쿤데라, 『참을 수 없는 존재의 가벼움』, 이재룡 옮김(서울: 민음사, 2008[1984]), 98쪽.

59　Louis Dupré, *Symbols of the Sacred* (Grand Rapids: Eerdmans Publishing Company, 2000), p.1. "Symbols are the exclusive property of man." 부분을 번역한 것.

60　폴 리쾨르, 『악의 상징』, 양명수 옮김(서울: 문학과지성사, 2006[1960]), 322쪽. 그는 "상징에서 출발하는 철학은 그 바탕 안에 이미 전제로 자리 잡고 있는 인간을 발견한다"라고 말하기도 했다. 『악의 상징』, 330쪽.

61　리쾨르, 『악의 상징』, 27-29쪽 참조.

62　뒤프레는 "실재의 변화"와 같은 철학적 용어를 사용하여 이를 설명한다. "모든 상징은 감각적으로 드러난 것을 넘어서 실재를 드러낸다. (…) 상징은 이미 존재하는 실재를 단순히 가리키는 법이 없다. 상징은 새로운 것을 드러낸다. 기호는 지시 대상에 변화를 일으키지 않는 반면, 상징에서 원래의 실재는 근본적으로 변화를 일으키는 것이다." Dupré, *Symbols of the Sacred*, p.2.

63　지라르는 상징의 "다의성"을 지적하면서, "상징은 기호와 똑같은 가치를 가진 것이 아니며, 같은 지시체에서 하나의 관계만을 갖는 것이 아니"라고 말한다. 지라르, 『문화의 기원』, 164쪽.

64　「언어」, 웹스터 온라인 사전(Webster's Online Dictionary), https://www.merriam-webster.com/dictionary/language(2021년 3월 8일).

65　이와 대조적으로, 모국어를 처음 습득할 때는 지시적 의미와 상징이 함께 수용된다. Dupré, *Symbols of the Sacred*, p.2를 볼 것.

66　슈퍼맨의 종교 상징적 의미에 대한 연구는 적지 않다. 엘리아데가 *Myth and Reality*, pp.184-186 등에서 슈퍼맨 만화에 나타난 전통 신화적 주제를 분석한 이래, 슈퍼맨을 비롯한 '슈퍼히어로'에 대한 종교학적 연구가 지속적으로 이루어져 왔다. 최근의 논의 중에는 Ben Saunders, *Do The Gods Wear Capes?: Spirituality, Fantasy, and Superheroes* (London: Continuum, 2011)와 B. J. Oropeza (ed.), *The Gospel According to Superheroes: Religion and Popular Culture* (New York: Peter Lang, 2005)가 주목할 만하며, 졸저 『우리 시대의 신화: 현대 소설 속 종교적 인간의 이야기』(서울: 서울대학교출판문화원, 2012), 1장도 참조할 것.

67 Dupré, *Symbols of the Sacred*, p.1, 강조는 원저자가 한 것.

68 Clifford Geertz, *The Interpretation of Cultures* (New York: Basic Books, 2000 [1973]), p.90.

69 Dupré, *Symbols of the Sacred*, pp.6-7.

70 Geertz, *The Interpretation of Cultures*, p.91, 강조는 필자가 덧붙인 것.

71 Geertz, *The Interpretation of Cultures*, p.127 참조. 기어츠는 인간이 구체적인 것에 개념을 부여할 수 있기 때문에 상징이 작용한다고 말했지만, 칸트는 순서를 반대로 하여 표상의 작용에 의해 개념이 발생하는 것이라고 주장한다. 칸트에 따르면, 인간이 감각한 것이 수용되려면 표상을 통해 종합되어야 한다. Immanuel Kant, *Critique of Pure Reason*, trans. by Norman Kemp Smith (New York: St. Martin's Press, 1965[1787]), pp.132-133. 그렇게 종합된 내용이 객관화되어 개념이 되는 것인데, 그 내용이 객관화되는 대신 표상 위에 머물러 있다면 개념이 아니라 상징이 되는 것이다. 그는 "상징이 개념을 간접적으로 제시"하는 점을 강조하며, "우리가 개념에 선험적으로 부여하는 모든 직관은 도식이나 상징이다. 도식은 개념을 직접적으로 표상하는 반면 상징은 간접적으로 표상한다"라고 말한다. Immanuel Kant, *The Critique of Judgment*, trans. by James Creed Meredith (Oxford: Oxford University Press, 1952[1790]), p.221; Dupré, *Symbols of the Sacred*, pp.4-5를 참조할 것.

72 Geertz, *The Interpretation of Culture*, p.127, 강조는 필자가 덧붙인 것.

73 Smart, *Worldviews*, p.29.

74 Smart, *Worldviews*, p.27.

75 학문적으로 타당한 비교종교학 방법론에 대한 논의는 유요한, 「새로운 비교종교 방법론의 발전 가능성과 그 방향: 조나단 스미스의 "같은 지점"의 확인을 통해」, 『종교와 문화』 13호(2007), 서울대학교 종교문제연구소, 89-115쪽; 유요한, 「종교학의 비교방법론」, 『종교와 문화』 14호(2008), 서울대학교 종교문제연구소, 147-177쪽 등을 참고하라. 여기서 비교 연구의 과정을 언급한 것은 비교종교학 연구에서 상징적 의미의 이해가 중요한 위치를 차지하는 사례를 보이기 위한 것이다.

76 Mircea Eliade, *Journal III, 1970~1978*, trans. by Teresa Lavender Fagan (Chicago: University of Chicago Press, 1989), p.186. 엘리아데는 종교 상징의 연구에서 인간의 성스러움에 대한 지향성과 지적인 활동이라는 두 측면에 초점을 맞추었다는 점에서 다른 비교종교학자들보다 이 책의 논의에 잘 부합한다.

77 Mircea Eliade, "Methodological Remarks on the Study of Religious Symbolism," in Mircea Eliade & Joseph M. Kitagawa (eds.), *The History of Religions: Essays in Methodology* (Chicago: University of Chicago Press, 1959), p.95.

78 Mircea Eliade, "Methodological Remarks," p.105. "독자적인 창조 행위를 하는 영혼은 자연

현상을 지켜보는 이에게 드러나는 힘과 거룩함의 상징으로 [자연현상을] 자유롭게 변형시
킨다."

79 Eliade, *Patterns*, pp.448-452를 볼 것.

80 Eliade, *Patterns*, p.452.

81 KBS Media에서 나온 〈차마고도 2: 순례의 길〉(2008)은 티베트 불교의 활불(活佛) 제도를 잘
    보여 주는 최근의 영상 자료다.

82 Eliade, *Patterns*, p.449 [『종교형태론』, 564쪽]. *Patterns*, p.453과 Mircea Eliade, *Images
    and Symbols: Studies in Religious Symbolism, Philip Mairet* (Princeton: Princeton University Press,
    1991[1952]), p.37 [『이미지와 상징: 주술적·종교적 상징체계에 관한 시론』, 이재실 옮김(서울:
    까치, 1998[1952]), 43쪽]도 참조할 것.

83 Eliade, *Patterns*, p.452 [『종교형태론』, 567쪽].

84 Eliade, *Myth and Reality*, p.32.

85 Eliade, *Myth and Reality*, p.141.

86 윌리엄 블레이크, 『블레이크』, 김영무 옮김(서울: 혜원출판사, 1987[1863]), 198쪽. 이 시는 1803년
    작품으로 추정되지만 블레이크 사후인 1863년에 처음 출판되었다고 한다.

87 김훈의 『현의 노래』의 한 부분에서 이와 관련된 내용을 찾을 수 있다. "일관은 산역이 벌어
    지고 있는 능선 위로 올라갔다. 일관은 무덤자리 앞에 무릎을 꿇고 밤하늘을 우러렀다. 보
    름달은 창백했고 별들은 들떠 있었다. 차고 푸른 별들이 능선 쪽으로 다가와 떨어질 듯 위
    태로웠고, 먼 별들은 더욱 아득히 어둠 속으로 물러나 있었다. (…) 자미성은 남쪽으로 깊
    이 기울었고 주변의 어둠은 흔들리는 기색이 없이 고요했으나 그 적막은 차갑게 굳어 있었
    다. (…) 일관은 신음했다. -아하, 태적이 소란하고 금성이 혼미하구나. 궁창에 허열이 번져
    서로 윽박지르는구나. 땅은 오래 가지런하지 못할 것이다. 장례가 길어져서는 안 된다."
    김훈, 『현의 노래』(서울: 생각의 나무, 2004), 89-90쪽.

88 Sigmund Freud, *Totem and Taboo*, trans. by A. A. Brill (Mineola, NY: Dover Publications,
    1998[1913]), pp.109-114.

89 Eliade, *Images and Symbols*, p.14. 상징이 여러 의미를 나타낸다는 엘리아데의 설명은
    Eliade, *Patterns*, p.450도 참조할 것.

90 미르체아 엘리아데, 『대장장이와 연금술사』, 이재실 옮김(서울: 문학동네, 1999[1956]), 54-55, 114-
    115쪽.

91 Carl G. Jung, "Psychological Aspects of the Mother Archetype," in Violet Staub de Laszlo
    (ed.), *The Basic Writings of C. G. Jung* (New York: The Modern Library, 1993[1959]), p.417. 이 논문은
    1954년에 처음 출판되었지만 1938년 에라노스(Eranos) 학회에서 강연했던 내용을 근거로 하

고 있다. 에라노스 학회는 융이 주축이 되어 만들었던 모임으로, 엘리아데는 1950년부터 융이 죽기 전해인 1960년까지 이 학회에 계속 참여했다.

92 Eliade, *Ordeal by Labyrinth*, pp.162-163. 엘리아데는 『종교형태론』 등의 주저를 출관한 뒤에 융을 알게 되었다는 점을 강조한다.

93 Eliade, *Ordeal by Labyrinth*, p.164.

94 Jung, "Psychological Aspects of the Mother Archetype," pp.408-415을 참고할 것. 이 부분(pp.408-415)은 논문의 첫 장으로, "원형의 개념에 관하여"라는 제목이 달려 있다. *The Basic Writings of C. G. Jung*의 편집자 드 라즐로(de Laszlo)가 쓴 "Editor's Introduction," p.xxv를 보면 융의 원형 개념이 더 잘 요약되어 있다.

95 Eliade, *Images and Symbols*, p.121. "종교학을 가능하게 하는 것은 바로 원형을 지향하며 그 완벽한 형태를 복구하려는 한결같은 경향이다."

96 Eliade, *Patterns*, pp.441-444 [『종교형태론』, 555-558쪽].

97 Eliade, *Patterns*, pp.440-446 [『종교형태론』, 553-560쪽] 참조.

98 주요한 힌두교 신들의 계보와 각각의 특성을 보려면 류경희, 『인도신화의 계보』(서울: 살림, 2003)를 참조할 것.

99 Geertz, *The Interpretation of Cultures*, p.127; Thomas J. J. Altizer, "The Religious Meaning of Myth and Symbol," in Thomas J. J. Altizer, William A Beardslee, and J. Harvey Young (eds.), *Truth, Myth and Symbol* (Englewood Cliffs, N. J.: Prentice-Hall, 1962), p.90.

100 리쾨르, 『악의 상징』, 164-166쪽 참조.

101 뒤프레는 신화의 상징적 성격을 다음과 같이 표현했다. "신화는 언어로 발전된 상징이며 상징의 주석이다. (…) 신화는 상징의 언어다. 그리고 원래는 유일한 언어였다." Louis Dupré, *Symbols of the Sacred*, p.90.

102 이 부분은 엘리아데의 신화 개념을 정리한 알렌의 책에서 인용했다. Allen, *Myth and Religion in Mircea Eliade*, p.129.

103 Eliade, *Myth and Reality*, p.139.

104 Bruce Lincoln, *Theorizing Myth: Narrative, Ideology, and Scholarship* (Chicago: University of Chicago Press, 1999), pp.19-43.

105 Eliade, *Myth and Reality*, p.3.

106 Eliade, *Patterns*, pp.410-411.

107 마방 교역을 하는 사람들에 대한 정보를 얻으려면 KBS에서 제작한 〈차마고도 1: 마지막 마방〉(2008)을 볼 것.

108 Walker, *Lakota Belief and Ritual*, pp.241-243.

109 Eliade, *Patterns*, p.416.

110 현용준, 『제주도 신화』(서울: 서문당, 2002[1976]), 11-12쪽.

111 김훈, 『현의 노래』, 122쪽. "어두운 산맥의 연봉은 서쪽으로 뻗어 나갔다. 그 끝 쪽에서 가
     야산의 검은 윤곽은 멀고 완강했다. 북두는 가야산 위로 흘러와 있었다. 아득한 시절부터
     여러 고을의 사람들이 말하여 옮기기를, 가야산의 산신은 여자였는데, 그 여자의 두 가랑
     이는 양쪽 산줄기였고 그 사이로 강이 흘렀다. 강물이 부푼 봄 밤에 그 여자는 가랑이를 벌
     리고 천신과 교접했다. 산이 뒤틀리고 폭우가 쏟아졌다. 골짜기가 찢겨나가고 젖은 바위
     들이 번개에 번쩍였다. 번갯불이 사타구니 사이로 파고들면서 여자의 몸 속을 지졌다. 여
     자는 두 가랑이를 하늘로 치켜들고 비명을 지르다가 혼절했다. 여자가 잉태하니 아들이었
     다. 아이는 자라서 산을 내려왔다. 그 아이가 세상을 열고 고을들을 추슬러 왕국의 시조가
     되었다. 아이가 산에서 내려올 때 인간의 이름을 정했는데, 그 이름은 쇠 김(金)이었다."

112 Wendy Doniger, *The Woman Who Pretended to Be Who She Was: Myths of Self-Imita-
     tion* (Oxford: Oxford University Press, 2005), p.4; Wendy Doniger, *Splitting the Difference: Gender
     and Myth in Ancient Greece and India* (Chicago: University of Chicago Press, 1999), p.4.

113 Eliade, *Myth and Reality*, p.21.

114 현용준, 『제주도 신화』, 20, 128, 130쪽.

115 J. Z. Smith, *Imagining Religion*, pp.98-101, 118-120을 참조할 것.

116 피에르 클라스트르, 『폭력의 고고학: 정치 인류학 연구』, 변지현·이종영 옮김(서울: 울력,
     2002[1980]), 20-21쪽.

117 김훈, 『현의 노래』, 158-159쪽. "바다는 흉흉한 풍문으로 젊은 이사부를 유혹했다. 고구
     려의 동쪽 연안 어민들이 동해를 표류하다가 영일만에 닿은 적이 있었는데, 해 뜨는 곳을
     향해 몇 날 몇 밤을 흘러갔더니 사방을 알 수 없는 바다 한가운데 섬이 있고 거기에 사람
     이 살고 있었다고 전했다. 어떤 자들은 그 섬이 왜라고 했고 또 우산이라고 했으며, 해 뜨
     는 부상이라고도 했다. 섬보다 더 멀리 표류했던 자들은 해가 그 섬에서 뜨는 것이 아니라,
     섬으로부터 다시 아득히 먼 수평선 너머에서 솟았는데, 거기가 어디인지는 알 수 없다고
     도 했다. (…) 그들의 전하는 말은 흉흉했다. 그 섬에서는 개가 생선과 교미해서 생선을 낳
     고 개들은 물가로 몰려와 생선에게 젖을 물리는데, 바다의 생선은 모두 그 개들의 자식으
     로 때가 되면 모두 사나운 개로 변해 육지를 쳐들어올 것이라고도 했다. (…) 또 그 섬에서
     는 산 것의 종자가 따로 없어서 날짐승이 들짐승과 교미해서 알을 낳았는데, 그 알은 모두
     뱀이었다고 했다. 육지에서 저무는 해는 다시 그 섬으로 돌아가서 섬에는 밤이 없이 늘 낮
     뿐이라고도 했고 (…)"

118 드 보통, 『여행의 기술』, 26-27쪽. 드 보통에 따르면, 인간의 상상과 예술 작품은 단순화

와 선택을 통해 현실이 우리에게 강제하는 것을 생략함으로써 "귀중한 요소들은 현실보다 예술과 기대 속에서 더 쉽게 경험"되도록 만든다.

119 Rudolf Bultmann, "New Testament and Mythology: The Problem of Demythologizing The New Testament Proclamation(1941)," in *The New Testament and Mythology and Other Basic Writings*, trans. by Schubert M. Ogden (Minneapolis: Fortress Press, 1984), pp.1-43.

120 J. Z. Smith, *Relating Religion*, pp.368-372; Jonathan Z. Smith, *Drudgery Divine: On the Comparison of Early Christianities and the Religions of Late Antiquity* (Chicago: University of Chicago Press, 1990), pp.36-42.

121 Wendy Doniger, *The Implied Spider: Politics & Theology in Myth* (New York: Columbia University Press, 1998), p.90.

122 리쾨르, 『악의 상징』, 30-31쪽. 리쾨르는 2차 상징인 신화는 1차 상징의 의미가 발생하도록 이야기를 전개한다고 말한다.

123 Doniger, *The Implied Spider*, p.90.

124 Eliade, *Patterns*, pp.431-434. 엘리아데는 이러한 과정을 "신화의 타락"이라고 불렀다.

125 Jonathan Z. Smith (ed.), *The HarperCollins Dictionary of Religion* (New York: HarperCollins, 1995), p.930.

126 Evan M. Zuesse, "Ritual", in Lindsay Jones (ed.), *Encyclopedia of Religion*, 2nd edition (Farmington Hills, MI: Thomson Gale, 2005), p.7834. 참고로, 『종교 사전』과 『종교 백과사전』 모두 '일상적으로 행하는 습관적인 일'이라는 흔히 사용되는 의례의 의미를 배제하며, 의례에 대한 논의에 인간이 아닌 동물들을 포함시키는 것을 거부한다.

127 Catherine Bell, *Ritual Theory Ritual Practice* (Oxford: Oxford University Press, 1992), pp.88-93; Catherine Bell, *Ritual: Perspectives and Dimensions* (Oxford: Oxford University Press, 1997), pp.118-119.

128 실행 이론과 행위의 강조에 대해 보려면 Bell, *Ritual: Perspectives and Dimensions*, pp.82-83을 참조하라.

129 Smart, *Worldviews*, p.119.

130 Mircea Eliade, *The Myth of the Eternal Return or, Cosmos and History*, trans. by Willard R. Trask (Princeton: Princeton University Press, 1991[1949]), p.22.

131 문무병, 『제주도 본향당 신앙과 본풀이』(서울: 민속원, 2008), 149-154쪽.

132 인간 희생 제의에 대한 부분은 Eliade, *Patterns*, pp.345-347, 집단 성행위에 대한 부분은 Eliade, *Patterns*, pp.356-359, 남성 성기 분할 의례는 Mircea Eliade, *Rites and Symbols of Initiation: The Mysteries of Birth and Rebirth*, trans. by Willard R. Trask (Putnam, CT: Spring Publications, 2005[1958]), pp.25-28을 참조할 것.

133   공양의 원리가 "신과 서로 선물을 주고받는다"는 개념이라는 주장에 대해서는 Walter Burkert, *Creation of the Sacred: Tracks of Biology in Early Religions* (Cambridge: Harvard University Press, 1996), pp.129-155를 볼 것.

134   『사자의 서(*The Book of the Dead*)』의 주문 65에는 "레(Re) 신이여, 내가 내 대적들을 맞설 수 있도록 하지 않으면 (…) 레 신은 강으로 들어가 물고기를 먹고 살게 될 것이오"라는 구절이 있다. *The Egyptian Book of the Dead: The Book of Going Forth by Day*, trans. by Raymond O. Faulkner (San Francisco: Chronicle Books, 2000), p.107. 기원전 8세기 후반 이집트를 통치했던 피야(Piya)에 대한 기록 중에는 왕궁을 방문한 네 명의 제후 중 물고기를 먹은 세 명은 입장할 수 없었고 "물고기를 먹지 않고 정결한 한 제후"만이 들어갈 수 있었다는 구절이 있다. *The Victory Stela of King Piya in Miriam Lichtheim, Ancient Egyptian Literature*, vol. 3 (Berkeley: University of California Press, 1980), p.80.

135   Hesiod, *Theogony*, trans. by Norman Brown (New York: Liberal Art Press, 1953), pp.68-69에서 요약했다.

136   Arnold van Gennep, *The Rites of Passage*, trans. by Monika B. Vizedom & Gabrielle L. Caffee (Chicago: University of Chicago Press, 1960[1909]), pp.1-12.

137   Eliade, *The Sacred and the Profane*, pp.184-201.

138   어머니의 옷 속에 들어갔다가 나오는 행위가 새로운 탄생을 상징하기도 한다. 현용준, 『제주도 신화』, 59쪽 참조.

139   Eliade, *Patterns*, p.324.

140   시자(尸子), 『시자: 국민을 이끄는 정치술』, 신용철 해역(서울: 자유문고, 1997), 127쪽. "天地四方曰字, 往古來今曰宙." 선진시대에 활동했던 시자의 원저서는 이미 송대에 소실되었고, 현재 남아 있는 것은 후대의 학자들이 인용한 것을 청대에 재편집한 것이라고 한다. 이 구절 중 "天地四方曰字"는 "上下四方曰宇"로 전해지기도 한다.

141   Eliade, *Patterns*, p.385.

142   Eliade, *Patterns*, pp.380-382.

143   로이 롭슨, 『세계 종교 산책』, 윤원철·유요한 옮김(서울: 시그마프레스, 2013[2011]), 270쪽.

144   「수미산」, 『파스칼세계대백과사전』 권15 (서울: 동서문화사, 1996), 8784쪽.

145   Eliade, *The Sacred and the Profane*, pp.30-31.

146   「건축의례」, 『파스칼세계대백과사전』 권2 (서울: 동서문화사, 1996), 650쪽.

147   허균, 『사찰 장식: 그 빛나는 상징의 세계』(파주: 돌베개, 2000), 191-198쪽. 「경주남산 소개」, 경주남산연구소 홈페이지 http://www.kjnamsan.org(2021년 3월 8일) 참조.

148   김훈, 『현의 노래』, 67-68쪽. "왕의 죽음이 임박하자 집사장은 해토 무렵부터 능선 위에서

산역을 벌렸다. 능선 중턱의 남쪽 사면을 헐어 냈다. 나무를 베고 뿌리를 뽑아내 땅을 골랐다. 평평한 개활지가 드러나자 거기에 구덩이를 팠다. 왕과 문무 측신 두 명이 함께 묻힐 주석실은 가로가 스물한 척, 세로가 일곱 척, 깊이가 열 척이었다. 일관(日官)이 정동(正東)으로 침향(枕向)을 잡았다. 그 바닥에 덩이쇠 오천 근을 깔아야 하는 일이 남아 있었다. 주석실 주변 동서남북으로 근위 무사 네 명이 묻힐 구덩이를 팠고, 그 바깥쪽으로 작은 구덩이 서른 개를 팠다. 주석실을 중심으로, 구덩이들은 자미원(紫微垣)의 별자리 모양으로 배치되었다. 일관이 구덩이들의 위치를 정해서 솟대를 꽂았다."

149   알랭 드 보통, 『행복의 건축학』, 정영목 옮김(파주: 이레, 2007[2006]), 115, 124, 125쪽. "나는 비와 호기심 때문에 타르를 칠한 듯한 어둠 속에 가라앉은 동굴 같은 예배당으로 들어갔다. (…) 바깥 세계의 경묘한 소음은 사라지고 그 자리에 경외와 정적이 들어앉았다. (…) 방문객들은 빠져나가고 싶지 않은 어떤 집단적 꿈에 깊이 빠져든 듯 본능적으로 목소리를 죽였다. (…) 인간 본성의 진지한 모든 면을 표면으로 불러낸 것 같았다. 한계와 무한에 대한 생각들, 무력함과 숭고함에 대한 생각들. 이 석조 건물은 손상되고 무디어진 모든 것을 도드라지게 부각시키고, 완전함에 이르도록 살아 보고자 하는 갈망에 불을 붙였다." "물론 세속적 건축은 이를 옹호해 줄 분명하게 규명된 이념도 없고, 인용할 성스러운 문서도 없고, 숭배할 신도 없다. 그러나 종교적 건축과 다를 바 없이 그 궤도 안으로 들어오는 사람들에게 영향력을 행사한다. 종교가 이따금씩 주변의 장식을 진지하게 생각하는 것을 보면서 우리는 세속적인 장소의 장식에도 똑같은 의미를 부여하게 된다. 그런 장소 역시 우리의 더 나은 부분이 사는 집이 될 수 있기 때문이다." "우리 주위의 재료들은 우리가 우리 자신에게 품고 있는 최고의 희망을 이야기한다. 이런 환경에서는 성실과 활력이 지배하는 정신 상태에 더 가까이 갈 수 있다. 속으로 해방된 느낌을 받을 수 있다. 깊은 의미에서 집으로 돌아갈 수 있다. 신을 섬기지 않더라도, 가정적인 건축 하나가 사원이나 교회와 다를 바 없이 우리의 진정한 자아를 기억하는 일을 도울 수 있다."

150   Eliade, *Patterns*, pp.382-384.

151   Malcolm X, "Letter from Mecca," in *The World's Wisdom: Sacred Texts of the World's Religions* (New York: HarperCollins, 1994), pp.331-332.

152   드 보통, 『여행의 기술』, 52-53쪽.

153   드 보통, 『여행의 기술』, 17, 23, 34쪽.

154   성 어거스틴, 『성 어거스틴의 고백록』, 김광채 옮김(서울: 기독교문서선교회, 2004[401]), 355, 359쪽 참조.

155   김병종, 『김병종의 라틴화첩기행』(서울: 랜덤하우스, 2008), 10쪽.

156   김훈, 『현의 노래』, 168, 311쪽.

157 어거스틴, 『성 어거스틴의 고백록』, 352-363쪽.

158 김성호, 『종교건축기행 34』(서울: W미디어, 2007), 83-84쪽.

159 밀란 쿤데라, 『향수』, 박성창 옮김(파주: 민음사, 2000), 165쪽.

160 쿤데라, 『향수』, 135-136쪽.

161 정순우, 『공부의 발견』(서울: 현암사, 2007), 168쪽.

162 Eliade, *Patterns*, p.402.

163 앨프레드 테니슨, 「우렁찬 종소리여 울려 퍼져라」 중, 장영희, 『장영희의 영미시 산책: 축
복』(서울: 비채, 2006), 147쪽.

164 김훈, 『남한산성』, 88-89쪽.

165 김훈, 『남한산성』, 237쪽. 이 책의 1장에서 간략히 언급했듯이, 모든 사람이 같은 종교적
경험을 하는 것은 아니다. 얼마나 종교적인지에 따라서, 혹은 성스러운 가치를 어디에 부
여하는지에 따라서 성스러운 시간의 재현이 다르게 경험될 수 있다는 것을 이 소설은 잘
보여 준다. 제사가 진행되는 동안 제사를 주도하는 영의정 김류, 이조판서 최명길, 예조판
서 김상헌은 각기 다른 생각을 하고 있었다. 김류는 "일천육백 년 전의 무덤 속에서 피어
오른 온조의 혼백이 일천육백 년을 건너서 이쪽으로 다가오지 않고 더 아득한 태고 속으
로 사라지는 환영"을 느꼈다. 소설에서 주관이 뚜렷하지 않은 인물로 그려지는 김류는 종
교적인 경험도 분명하지 않다. 최명길은 "세상이 무너져도 삶은 영원하고 삶의 영원성만
이 치욕을 덮어서 위로할 수" 있으므로 "성문을 열고 나가야 할 것"을 생각하고 있었다. 그
에게 가장 중요한 것은 공동체의 생존이고 그것이 "영원성"을 지닌 것, 즉 성스러운 것이었
다. 본문에서 강조하는 '의례를 통해 재현하는 신화의 태초의 시간'을 완벽히 경험하는 것
은 김상헌뿐이다.

166 김훈, 『남한산성』, 258-260쪽.

167 Eliade, *Patterns*, pp.349-352.

168 「멕시코의 명절 '죽은 자의 날'」, 『주간조선』 1986호(2007년 12월 31일 자)를 참조했다.

169 죽음이 없던 과거, 죽음의 기원, 죽음에서 벗어나려는 인간의 노력 등을 그린 신화를 모아
놓은 자료를 보려면, 실비아 쇼프, 『죽음의 탄생: 세계의 신화와 설화로 풀어본 죽음의 비
밀』, 임영은 옮김(서울: 말글빛냄, 2008[2007])을 참조할 것.

170 민두기, 『중국의 역사인식』(서울: 창작과비평사, 1985), 56쪽.

171 『신약성서』 「고린도전서」(개역개정) 13:10-12.

172 엘리아데는 성스러움이 범속함 속에 숨어 있도록 한 것이 서구 세계의 중요한 종교적 창
조성의 결과라고 말한다. "그 마지막 장에서 독자들은 근대 서구 세계의 유일한, 그러나 대
단히 중요한 종교적 창조성에 대해 판단할 수 있을 것이다. 그것은 탈성화(desacralisation)의

최후의 단계와 연관되어 있다. 그 과정은 종교학자로서는 커다란 관심사이다. 왜냐하면 그것은 '성스러움'의 완전한 위장(camouflage), 보다 정확하게 말하면 '범속함'과의 동일시를 보여 주고 있기 때문이다." 엘리아데, 『세계종교사상사 1』, 10쪽.

173 Eliade, *Patterns*, p.17을 참조할 것.

174 지라르, 『문화의 기원』, 164쪽.

175 나렌드라 자다브, 『신도 버린 사람들』, 강수정 옮김(파주: 김영사, 2007[1993]), 85-87쪽, 강조는 필자가 덧붙인 것.

176 Walter Burkert, *Greek Religion*, trans. by John Raffan (Cambridge, MS: Harvard University Press, 1985[1977]), p.202. 죽음과 연관된 신들이 다른 신들의 혐오의 대상이라는 것을 보려면, Hesiod, *Theogony*, p.74 참조.

177 김훈, 『현의 노래』, 86, 139쪽.

178 Jacob Milgrom, *Leviticus 1~16* (New York: Doubleday, 1991), pp.45-47.

179 Robert Parker, *Miasma: Pollution and Purification in Early Greek Religion* (Oxford: Oxford University Press, 1983), pp.35-40.

180 Euripides, *Heracles*, 1233~1234, 1399~1402, in *Euripides II*, trans. by William Arrowsmith (Chicago: University of Chicago Press, 1983).

181 C. Scott Littleton, *Shinto* (Oxford: Oxford University Press, 2002), p.90.

182 Genichi Kato, *A Historical Study of the Religious Development of Shinto*, trans. by Shoyu Hanayama (New York: Greenwood Press, 1988), p.139.

183 다음의 자료를 참조했다. Michiko Yusa, *Japanese Religious Traditions* (Upper Saddle River: Prentice Hall, 2002) p.20; Kato, *A Historical Study of the Religious Development of Shinto*, p.142. 여성도 오염원이었다고 보는 사람도 있지만, 엄밀히 말하면 월경 중인 여성이 부정을 일으키는 것으로 여겨졌다고 하는 것이 옳을 것이다. 한편 여성을 오염원으로 간주하는 것은 신도 고유의 개념이 아니라 불교의 영향을 받은 것이라고 주장하는 논문인 D. P. Martinez, "Women and ritual," in Jan van Bremen & D. P. Martinez (eds.), *Ceremony and Ritual in Japan* (London: Routledge, 1995), pp.185-186도 참조할 것.

184 『구약성서』 「레위기」 21:1-3, 11; Parker, *Miasma*, p.36.

185 『구약성서』 「사사기」(개역개정) 6:22.

186 『구약성서』 「에스라」(개역개정) 1:2.

187 『구약성서』 「열왕기상」(개역개정) 8:27-30, 강조는 필자가 덧붙인 것.

188 『구약성서』 「출애굽기」 20:24; 40:35.

189 『구약성서』 「레위기」 16:2.

190 Littleton, *Shinto*, pp.24-25. 일본 종교에서 신의 개념은 매우 광범위한 영적인 존재들과 다양한 초자연적인 힘을 아우른다는 것에 주의할 것.

191 Nelly Naumann, "The State Cult of the Nara and early Heian Periods," in John Breen & Mark Teeuwen (eds.), *Shinto in History: Ways of the Kami* (Honolulu: University of Hawaii Press, 2000), p.63.

192 Kato, *A Historical Study of the Religious Development of Shinto*, p.139에서 재인용.

193 유대인들의 정체성과 이방인이 유발하는 부정 사이의 관계에 대해서는, Christine E. Hayes, *Gentile Impurities and Jewish Identities: Intermarriage and Conversion from the Bible and the Talmud* (Oxford: Oxford University Press, 2002)를 참조할 것.

194 김경학·이광수, 『암소와 갠지스: 인도의 두 어머니』(부산: 산지니, 2006), 65-76쪽.

195 김경학 외, 『암소와 갠지스』, 157쪽.

196 Aeschylus, *The Eumenides*, 278~281, in The Oresteia: Agamemnon, *The Libation Bearers, The Eumenides*, trans. by Robert Fagles (New York: Penguin Books, 1966). 반면 에우리피데스의 버전에는 타우리스로 도망간 오레스테스가 이피게니아의 충고를 받아 깊은 바닷물로 정화하는 것으로 되어 있다. Euripides, *Iphigenia in Tauris*, 1036~1039, in *Euripides II*, trans. by Witter Bynner.

197 Walker, *Lakota Belief and Ritual*, p.113.

198 정순우, 『공부의 발견』, 174쪽.

199 드 보통, 『불안』, 341-342쪽.

200 현용준, 『제주도 신화』, 16, 152쪽; 문무병 외, 『제주신화집 1』(제주: 제주문화원, 2010), 13, 214쪽.

201 장룽, 『늑대 토템 1』, 송하진 옮김(파주: 김영사, 2008[2004]), 523쪽 참조. 이 책은 소설의 형식으로 되어 있지만, 작가의 경험과 연구 결과를 바탕으로 한 것이다.

202 트레시더, 『상징 이야기』, 94쪽.

203 Walker, *Lakota Belief and Ritual*, pp.93, 102.

204 *The Kalevala: The Epic Poem of Finland*, trans. into English by John Martin Crawford (A Penn State Electronic Classics Series Publication, 2004[1988]), pp.44-45, 필자의 번역.

205 장룽, 『늑대 토템 1』, 308쪽 참조.

206 김훈, 『남한산성』, 21-22쪽.

207 Eliade, *Patterns*, pp.125-126.

208 위앤커, 『중국신화전설 1』, 정인초·김선자 옮김(서울: 민음사, 2007[1984]), 300쪽.

209 David Fontana, *The Secret Language of Symbols* (San Francisco: Chronicle Books, 2003[1993]), pp. 201-202.

210 김훈, 『칼의 노래』, 262쪽, 284-285쪽.

211 「달」, 『파스칼세계대백과사전』, 권7 (서울: 동서문화사, 1996), 3676쪽.

212 Eliade, *Patterns*, p.126.

213 김훈, 『칼의 노래』, 293쪽.

214 쇼프, 『죽음의 탄생』, 65쪽.

215 허균, 『선인들이 남겨놓은 삶의 흔적들: 한국인의 미의식』(서울: 다른 세상, 2004), 214-220쪽.

216 세르기우스 골로빈 외, 『세계 신화 이야기』, 이기숙·김이섭 옮김(서울: 까치, 2007[1998]), 98쪽.

217 현용준, 『제주도 신화』, 130쪽.

218 『구약성서』 「창세기」(공동 번역) 1:2.

219 『신약성서』 「베드로후서」(개역개정) 3:5.

220 현용준, 『제주도 전설』(서울: 서문당, 2002[1976]), 40, 101쪽.

221 김훈, 『칼의 노래』, 244, 252-253, 264쪽.

222 황석영, 『바리데기』, 279-280쪽.

223 황석영, 『바리데기』, 286쪽.

224 황석영, 『바리데기』, 292쪽.

225 황석영, 『바리데기』, 124-125, 264-266쪽.

226 쇼프, 『죽음의 탄생』, 203쪽.

227 Eliade, *Patterns*, p.255.

228 Eliade, *Patterns*, p.253.

229 트레시더, 『상징 이야기』, 163쪽.

230 "당간지주는 통일신라시대부터 당을 세우기 위하여 사찰 앞에 설치되었던 건조물이면
     서, 한편으로는 사찰이라는 신성한 영역을 표시하는 구실을 하였던 것으로 생각된다."
     「당간지주」 한국민족문화대백과사전 온라인, http://encykorea.aks.ac.kr/Contents/Item/
     E0013868(2021년 3월 8일).

231 쇼프, 『죽음의 탄생』, 111-112쪽.

232 Lewis M. Hopfe, *Religions of the World* (Englewood Cliffs, NJ: Prentice Hall, 1994[1976]), p.23.

233 쇼프, 『죽음의 탄생』, 37-38쪽.

234 현용준, 『제주도 전설』, 166쪽.

235 쿤데라, 『참을 수 없는 존재의 가벼움』, 146-147쪽.

236 Eliade, *Patterns*, p.218.

237 위앤커, 『중국신화전설 1』, 367쪽.

238 현용준, 『제주도 신화』, 19-20쪽.

239 류경희, 『인도신화의 계보』, 32-33쪽.

240 Kimberly C. Patton, *Religion of the Gods* (New York: Oxford University Press, 2009), p.228.

241 Eliade, *Images and Symbols*, pp.124-150 참조. 이 책의 4장은 모두 '조개의 상징체계'에 대한 내용으로 이루어져 있다.

242 Fontana, *The Secret Language of Symbols*, p.49.

243 아니마와 아니무스에 대한 설명은 Jung, "The Relations between the Ego and the Unconsciousness," in *The Basic Writings of C. G. Jung*, pp.200-229와 Fontana, *The Secret Language of Symbols*, pp.19-21을 참조했다.

244 롭슨, 『세계 종교 산책』, 302쪽.

245 Doniger, *Implied Spider*, p.117.

246 강석경, 『인도 기행』(서울: 민음사, 2001[1990]), 74쪽.

247 밀란 쿤데라, 『느림』, 김병욱 옮김(서울: 민음사, 1995), 6쪽.

248 김훈, 『칼의 노래』, 135쪽.

249 김훈, 『바다의 기별』, 42쪽.

250 위앤커, 『중국신화전설 1』, 323-338쪽.

251 Thomas Bulfinch, *Bulfinch's Greek and Roman Mythology: The Age of Fable* (Mineola, NY: Dover Publication, 2000[1855]), pp.116-120; Timothy Gantz, *Early Greek Myth: A Guide to Literary and Artistic Sources* (Baltimore: The Johns Hopkins University Press, 1993), pp.374-466 등을 참고했다.

252 Stephanie Dalley (trans.), *Myths from Mesopotamia: Creation, the Flood, Gilgamesh and Others* (Oxford: Oxford University Press, 1991), pp.50-120의 내용을 간략히 요약했다.

253 김훈, 『바다의 기별』, 130-131쪽.

254 김훈, 『칼의 노래』, 19쪽.

255 김훈, 『칼의 노래』, 135쪽.

256 헤라클레스는 그리스 전역에서 가장 인기가 높은 영웅이면서 가장 많은 사람이 숭배하는 신이기도 했다. 헤라클레스 축제 시에는 먼저 영웅 헤라클레스에게 희생 제의를 바친 후 다음으로 신으로서의 헤라클레스에게 제의를 바쳤다. Walter Burkert, *Greek Religion*, trans. by John Raffan (Cambridge, MA: Harvard University Press, 1985[1977]), p.208.

340

343

찾
아
보
기